AMÉDÉE MERIEL

HISTOIRE DE FALAISE

ANTIQUITÉ

GOUVERNEMENT MILITAIRE

FORTIFICATIONS

FALAISE
Imprimerie Montauzé, Grand'Rue Saint-Gervais

1889

Tiré à 500 exemplaires.

Le 15 février 1890

A Moutacy

AMÉDÉE MERI[illegible]

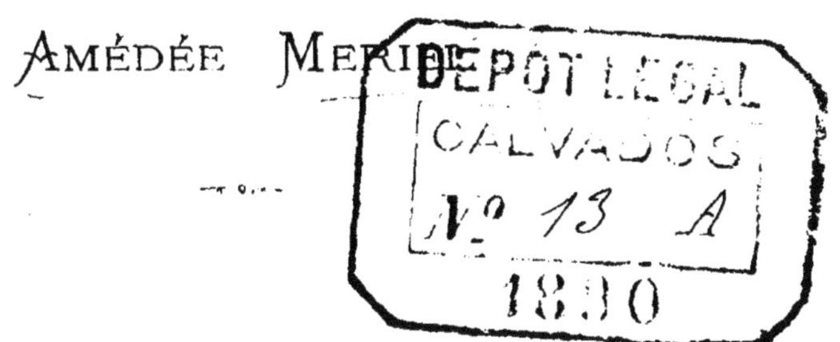

HISTOIRE DE FALAISE

ANTIQUITÉ

GOUVERNEMENT MILITAIRE

FORTIFICATIONS

FALAISE
Imprimerie Montauzé, Grand'Rue Saint-Gervais

1889

ANTIQUITÉ DE FALAISE

La cité de Guillaume a, dit-on, emprunté son nom aux falaises ou rochers sur lesquels elle est assise et qui l'environnent. Le dictionnaire historique et géographique publié en 1722 et attribué à Longuerue dit que Falaise vient du mot allemand *Falesz* ; mais la lumière ne nous paraît pas faite encore sur la science étymologique. Après la conquête des Gaules un certain nombre de localités perdirent ou conservèrent leur nom celtique, et les invasions successives dont notre beau pays fut le théâtre ne permettent guère de discourir avec certitude sur ces points nécessairement obscurs de nos époques primitives.

Quoiqu'il en soit, l'opinion de nombreux auteurs qui donnent à Falaise la Nature pour marraine n'est certes pas à dédaigner, et nous ne saurions mieux faire que de l'accepter.

Ipsius asperitate loci Falesa vocatus.
Asperitate loci retinet Falæsia nomen.

dit Philippe Lebreton, l'historien de Philippe-Auguste.

Le poète Vauquelin de la Fresnaye célèbre aussi cette étymologie dans un sonnet dont nous reproduisons ces vers :

« Mais n'ont-ce point été quelques divins Orphées
« Qui, jouant de la harpe, ont les rocs amassés,
« Et les ont l'un sur l'autre, ô Falaise, entassés
« Pour en faire à la fois aux Muses leurs trophées !

. . . .

« Fût-ce pas Arion qui sortant de la mer
« Fut suivi jusqu'ici d'une haute Falaise
« Dont il fit lors ainsi Falaise te nommer. »

Les citations de ce genre ne nous feraient pas défaut ; mais l'origine et l'antiquité du donjon et de la ville offrent un plus puissant intérêt et ouvrent un champ plus vaste à la discussion.

A ce propos, la critique, si intelligente et si respectable qu'elle soit, nous permettra d'élever la voix, de protester contre ses appréciations et de défendre énergiquement les souvenirs précieux que la tradition et l'histoire nous ont laissés et qu'elle veut impitoyablement nous ravir. Toutefois, nous ne nous séparons pas d'elle quand il s'agit de reconnaître qu'une imagination ardente et l'amour du clocher ont pu entraîner certains écrivains loin de la vérité ; mais quand ces écrivains se résument en disant que Falaise sous les Celtes et les Gaulois était une enceinte religieuse, qu'à l'époque de la conquête des Gaules l'autel druidique s'écroula et vit une forteresse s'élever sur ses ruines. que cette forteresse enfin fut bâtie par les lieutenants de César, alors nous avons la ferme conviction que ces laborieux auteurs ont cette fois le pied sur un terrain solide, et nous croyons pouvoir dire à la Critique : prouvez qu'ils ne sont pas dans le vrai.

« Monsieur Galeron, dit le très regretté Monsieur
« Richomme, dans ses origines de Falaise, a coulé
« à fond l'origine romaine, cette fiction qui attri-
« buait à César la construction de notre château-
« fort ; et l'on s'accorde à reconnaître aujourd'hui

« dans ce monument l'ouvrage des Normands et « l'âge probable du XIe siècle. »

Quelles sont donc les bases sur lesquelles s'appuie le savant auteur de la statistique pour que Monsieur Richomme accepte son opinion sans contrôle ? Qu'ils nous soit permis de les produire et d'essayer d'en rechercher la solidité.

La tradition qui attribue à César la construction du donjon existe-t-elle réellement ? se demande M. Galeron. Pour s'en assurer, il a consulté des hommes *graves* et *instruits* qui lui ont répondu que c'était une opinion vague attribuée aux savants du pays. Cette réponse est déjà la constatation de l'existence de la tradition. M. Galeron ajoute que pour croire à l'origine romaine il voudrait qu'on découvrît à Falaise une grande quantité de monnaies à l'effigie de nos vainqueurs, et que d'ailleurs l'architecture du donjon annonce bien plutôt un ouvrage du IXe ou du XIe siècle qu'un monument romain ; il regrette de combattre des idées chères aux Falaisiens ; mais il doit céder, dit-il, à ses devoirs d'historien. Quant à l'époque de la fondation de la ville, il ne peut s'arrêter qu'à des présomptions, le silence de l'histoire étant absolu.

Telles sont les armes de M. Galeron, dont le mérite et les services historiques rendus à notre arrondissement ne sauraient être méconnus. Eh bien ! ces armes, si redoutables qu'elles paraissent, doivent-elles nous effrayer, et ne peut-on espérer de soutenir leur choc avec quelque chance de succès ?

Nous avons pour auxiliaires dans cette lutte pacifique d'abord nos concitoyens MM. Lefebvre de la Boderie, Pierre Chancel, et l'abbé Langevin, puis Furetière, Hérembert-Dupatis, André Duchesne, Moreri, de la Martinière et autres qui tous ont religieusement respecté la tradition, et qui, à propos du château, l'ont reproduite en ces termes ou dans un sens analogue :

« On tient que Jules César le fit bâtir pour se fortifier contre les Gaulois s'ils eussent voulu se révolter pendant son voyage en Bretagne. »

L'almanach du diocèse de Sées fait remonter avec Guillaume Armenien la fondation de Falaise même avant Jules César ; et le précieux manuscrit de l'Evêché que MM. Lebreton et Marais, vicaire et secrétaire généraux, nous ont si bienveillamment communiqué, dit également que le donjon passe pour être un ouvrage des Romains.

Dans un mémoire relatif à nos anciennes halles, imprimé et adressé au roi pendant l'administration municipale de M. de la Barberie, nous lisons le passage suivant :

« La ville de Falaise est assurément plus ancienne
« que la monarchie ; la principale tour de son châ-
« teau est un ouvrage des Romains ; elle a été bâtie
« par Silius, lieutenant de Jules César dans cette
« partie des Gaules, etc.... Cette ville, dès son ori-
« gine, avait une enceinte, des rues, des maisons et
« des places publiques, etc. etc. »

L'abbé Langevin dit que ce fut le général Crassus qui s'empara de l'enceinte religieuse de Falaise.

Le 17 août 1862, lors de l'inauguration d'une colonne commémorative à Dives, colonne due à l'infatigable initiative de l'illustre M. de Caumont, un falaisien, M. Renault, qui lui aussi a fait de sérieuses études historiques, s'exprimait ainsi :

« Falaise était depuis longtemps déjà une cité
« florissante et occupait en Normandie un rang dis-
« tingué parmi *moult d'autres bonnes villes et*
« *châteaux*, lorsqu'un jour, il y a 800 ans et plus,

« elle vit entrer par la grande porte de son château, « dans l'enceinte de sa citadelle escarpée, *fort belle « et grascieuse pucelle nommée Arlette.* »

Ainsi, n'avait-il pas fallu des siècles pour que longtemps avant l'entrée de la jolie falaisienne à la cour de Robert Falaise eût atteint ce degré d'importance.

Le docteur Hérembert, sans vouloir affirmer ou contester que Falaise soit une des plus anciennes villes de la Gaule, déclare qu'il a lu lui-même dans les vieilles chroniques de France que : « vers l'an « de grâce 610, sous le règne du roi Clotaire II, dit « le Grand, Falaise fut choisi pour terminer les « questions qui étaient entre Childebert, roi d'Aus« trasie, et Thierry, roi de Bourgogne, cousins du « roi Clotaire, pour le différend des limites de leurs « provinces ; où cette ville eut l'honneur de voir « arriver chez elle tous les grands princes du sang « de Clovis qui, par un bon accord, mirent fin à « leurs divisions au grand contentement de leurs « peuples et de tout le royaume de France. »

N'attribue-t-on pas aussi à Charlemagne, qui monta sur le trône en 768, des travaux de défense à notre *clausum castrum* contre les invasions prévues des Normands ! Et Marin Prouvère, le savant religieux de Saint-Dominique d'Argentan, ne dit-il pas que le duc Rollon visitant son duché, traversa Falaise en 912 !

Ces citations ne paraîtront sans doute pas suffisamment concluantes ; mais serions-nous à bout d'arguments pour réfuter les assertions de la critique !

La preuve relative aux armes, monnaies et tombeaux romains *non trouvés* à Falaise nous semble d'autant moins indiscutable que ces découvertes sont dues le plus souvent au hasard, que le hasard ne sourit pas toujours aux chercheurs, que les chercheurs eux-mêmes sont bien rares, et qu'enfin si M. Galeron eût eu communication du manuscrit de Sées, il eût vu que sous Philippe-Auguste, d'après Paul Dumesle et Paul Armilius, on trouva en creusant dans le donjon un grand nombre de pièces à l'effigie de Jules César : « magna vis nummorum quibus et nomen et imago C. Julii Cesaris erant inscultata. »

Du reste ces monnaies romaines sont très communes entre les mains de nos concitoyens ; nous en conservons nous-même plusieurs, et en 1830 notre aïeul en offrit une d'Adrien au musée de Falaise. Bien certainement la plupart de ces pièces collectionnées avec soin depuis longtemps ont été découvertes dans nos murs et aux environs.

M. Hérembert, qui écrivait en 1652, nous prête encore son concours en nous apprenant, ce qui s'est renouvelé depuis, que des fouilles sur les monts d'Eraines mirent à jour des monnaies à l'effigie du vainqueur des Gaules.

Et M. Galeron lui-même ne vient-il pas soutenir notre thèse et combattre ses propres argumentations ! en effet, dans un certain nombre de communes circonvoisines il se plaît à reconnaître la trace du séjour des Gaulois et des Romains : à Ouilly-le-Tesson, il signale des pièces romaines ; sur le rocher de Saint-Quentin des casse-têtes gaulois, des tombeaux de pierre blanche, des armes, des ornements, des poteries et des monnaies romaines ; à Escures, un camp de César ; à Ussy, deux menhirs, la pierre du post et celle de la hoberie ; à Potigny, Bons, Courcy, etc., beaucoup de médailles romaines ; à Vignats et à Saint-Pierre-Canivet deux casses-têtes gaulois ; enfin il rappelle qu'à Falaise, dans nos belles chaînes de rochers de

Vaux et de Noron qui forment des précipices connus sous le nom de Gouffern, la science a reconnu des monuments celtiques d'une authenticité incontestable ; et il ajoute même que le 19 mars 1816, le vénérable auteur des recherches historiques, l'abbé Langevin, trouva dans le champ *Cosnard*, au fond du vallon méridional du Mont Mirat, une hache celtique placée entre deux rochers.

Alors la lumière semble se faire dans son esprit ; il revient sur ses impressions premières, et finit par reconnaître que ces témoins du passé, la mystérieuse grotte aux fées et autres monuments indiqueraient assez qu'un établissement gaulois exista jadis au milieu de nos vallées.

Nous sommes heureux de ce retour à l'évidence ; car M. Frédéric Galeron n'étant plus de ce monde depuis 1838, ce n'était ni sans regret ni sans appréhension que nous nous placions devant son œuvre en contradicteur inexpérimenté.

« Quant au vieux rocher qui couronne ces abîmes, « dit-il, en parlant de la gorge du Mont-Joly, les « Gaulois, nos aïeux, qui cherchaient pour leurs « campements des points difficiles et autant que « possible inexpugnables, s'y étaient, à ce qu'il « paraît, retranchés dans les temps qui précédèrent « l'invasion des Romains, et leurs braves y auraient « même soutenu, selon toute apparence, plus d'un « assaut meurtrier. L'histoire. il est vrai, est « muette sur ces évènements ; mais les indices cer- « tains s'en sont trouvés dans les couches de ces « chétives bruyères qui recouvrent la pointe du « coteau sauvage. »

De son côté, M. Florent Richomme que la mort a enlevé trop tôt aux lettres et à ses nombreux amis, et qui, ainsi que son autre lui-même, l'excellent et très érudit M. F. G. S. Trebutien, daigna encourager nos premiers essais de versification avec cette indulgence et cette affabilité que possède seul le vrai mérite et aussi avec un intérêt bienveillant dont nous ne perdrons jamais le souvenir, M. Richomme, disons-nous, ne tarde pas à apporter à son opinion des modifications que nous sommes d'autant plus heureux d'enregistrer que la mémoire de l'auteur des poésies rurales et des origines de Falaise nous est profondément chère.

« Quant le silence de l'histoire, dit-il, nous réduit « à des conjectures, l'esprit se tourne instinctive- « ment vers la plus vraisemblable. »

Et à propos de débris de poteries et de briques découverts à Vaston, débris qui peuvent cependant ne pas remonter à une haute antiquité et appartenir seulement à un établissement de bains renommé aux deux derniers siècles, la bonne foi de M. Richomme lui suggère cette nouvelle inspiration basée sur sa croyance à une construction romaine dans ce hameau falaisien :

« L'antiquité évidente de ce lieu d'habitation four- « nit une induction favorable à l'opinion qui suppose « la forteresse de Falaise fondée avant la domina- « tion normande. »

Et bien ! si les Romains sont venus établir un camp à Vaston, ou sur les monts d'Eraines, c'est que Falaise était dès cette époque une bourgade gauloise pouvant inspirer quelques inquiétudes aux envahisseurs ; si au contraire son enceinte était exclusivement consacrée au culte ou n'offrait encore qu'un emplacement désert, alors les conquérants avaient un bien plus puissant intérêt à choisir ce lieu fortifié déjà par la nature qu'à s'établir dans les plaines de Vaston ouvertes à tout venant.

Pourquoi donc s'obstiner en environnant ainsi Falaise de campements gaulois et romains à refuser à cette place ce qu'elle était plus en droit que tout autre de posséder !

César, dit-on encore, ne parle pas de Falaise dans ses commentaires ! en cela quoi d'étonnant ! si nos rochers et nos vallons, nos grottes et les hauts châtaigniers qui couvraient alors notre sol n'avaient jusqu'à ce jour offert leur pittoresque hospitalité qu'à de paisibles druides et à leurs disciples, un combat ne fut pas nécessaire pour se rendre maître du terrain, et dans tous les cas un engagement n'eût pas eu une importance telle que les lieutenants romains se fussent crus obligés d'en faire le récit à leur chef ni d'en conserver eux-mêmes le souvenir. Les commentaires d'ailleurs sont plutôt un admirable esquisse de la conquête qu'une nomenclature géographique.

Pour répondre à l'objection relative à l'architecture du donjon annonçant plutôt une œuvre normande qu'un monument romain, nous dirons, sans apprendre rien à personne, qu'un édifice si solide qu'il soit, ne peut éternellement braver l'influence des saisons, de la guerre et des siècles ; et M. Richomme complète encore notre pensée quand il s'exprime ainsi :

« Le château de Falaise aura pu exister avant la
« domination normande ; mais il doit à ses conqué-
« rants une construction nouvelle, ses fortifications
« et sa renommée. »

En effet, la forteresse romaine élevée dans des conditions précipitées ne pouvait durer bien longtemps ; d'un autre côté, les vainqueurs ne jouirent pas en paix de leur conquête ; des luttes fréquentes et sanglantes se renouvelèrent entre eux et les vaincus ; d'autres s'engagèrent avec les Saxons, les

Alains, les Suèves et les Francs, nouveaux envahisseurs, et sur les ruines amoncelées, chaque peuple, selon son génie, répara, reconstruisit ou édifia des monuments qui perdirent ainsi le caractère primitif.

Terminons cette dissertation fatigante sans doute mais qui présente un intérêt historique de premier ordre en souhaitant vivement que le lecteur se croie suffisamment éclairé pour penser avec nous que l'origine de Falaise est gauloise et que les Romains ont jeté les fondements de son glorieux donjon.

Nous ne nous étendrons pas sur la religion et les mœurs de nos aïeux, ni sur les invasions qui désolèrent notre pays avant l'occupation définitive des Francs, ni enfin sur les divisions territoriales dans lesquelles Falaise se trouva compris à ces époques enveloppées de ténèbres.

L'étude de l'abbé Langevin sur ces temps reculés peut donner satisfaction entière aux imaginations avides de merveilleux. Selon lui, la grotte des Fées était la haute grotte de Mercure, régénérateur et revivifiant, par où ce Dieu était censé ramener les âmes sur la terre.

Les Druides formaient trois classes : Les Druides, possesseurs du pouvoir suprême ou Brenns, chefs des guerriers ; les Eubages, devins et sacrificateurs ; et les Bardes, chantres de la nature et des héros.

La religion druidique admettait l'immortalité de l'âme et la métempsycose ; elle reconnaissait plusieurs dieux tels qu'Ésus, Teutatés, Taranis. Belenus, etc., mais l'objet principal de son culte était la nature.

Les Druides tenaient chaque année leurs assemblées générales dans les environs de Dreux, au milieu d'une immense forêt. Ils étaient en quelque sorte les souverains temporels et spirituels de la contrée, et ils nommaient des officiers et des magistrats pour rendre la justice en leur nom. A cet effet, ils réclamaient souvent le concours de chevaliers et de dames de distinction. Lors des grandes assemblées, ils cueillaient le gui sacré et le distribuaient au peuple qui avait une confiance aveugle en eux. Cette distribution du gui était comme l'annonce du renouvellement de l'année.

Les valeureuses peuplades gauloises dont l'histoire ne commence guère qu'au sixième siècle avant Jésus-Christ s'étaient répandues en Europe à une époque qu'il est impossible de préciser. Leur langue était le celtique ou gaélique, conservée sous le nom d'idiome bas-breton. Après avoir, vers 389, porté jusqu'à Rome la renommée de leurs armes, les Gaulois virent à leur tour les Romains envahir leurs vastes possessions et soumettre notre contrée de 58 à 50 ans avant notre ère.

César établit des gouverneurs, nomma de nouveaux magistrats et des officiers qui sous le nom de Viatores (coureurs) annonçaient au peuple les jours d'audience ; puis des appariteurs qui appelaient les causes, présentaient les libelles d'accusation et arrêtaient les criminels ; enfin des greffiers et des crieurs qui publiaient les lois et les jugements.

Les changements introduits successivement dans les mœurs, les coutumes, le langage et la religion de nos ancêtres ne furent pas généralement ni complètement adoptés ; l'usage résistait aux innovations et plustard opéra ce partage de la France en province coutumière et en pays de droit écrit.

Lors de la division territoriale de notre Gaule celtique armorique, Falaise fut enclavé dans la deuxième Lyonnaise. Cette circonscription, composée de neuf cités principales ou divisions sénatoriales, n'avait pu échapper à la conquête du lieutenant Sabinus malgré les héroïques efforts du vaillant Viridorix.

Après quatre siècles d'une occupation inquiète, la domination romaine, minée par de continuelles attaques et par de nombreuses concessions, devint trop faible pour lutter avec avantage. La destruction, au temps de Clodion, par les Saxons et les Francs, des villes de Bayeux, Lisieux, Vieux, etc., porta le dernier coup à sa puissance dans notre pays; et bientôt on vit les Francs rester le peuple dominant de la Gaule. Les victoires de Clovis sur les Visigoths, les Burgondes, les Romains et les Saxons assurèrent leur occupation définitive.

Après le baptême de ce Prince, vers 496, le christianisme continua son œuvre civilisatrice. Déjà, il avait pénétré dans la deuxième Lyonnaise, et de cette époque, vaguement déterminée, datent l'organisation de nos diocèses spirituels et la formation de ces poétiques pays d'Hiémois et du Houlme (pagus oximensis et pagus holmetius) au centre desquels Falaise sera appelé à jouer un rôle si important à partir de l'invasion normande.

A la mort de Clovis, en 511, la deuxième Lyonnaise fut comprise dans le nouveau royaume de Soissons qui échut à Clotaire Ier, et ensuite dans celui de Neustrie dont le nom apparaît après la mort de Caribert, c'est-à dire peu d'années avant la présence dans nos murs des rois d'Austrasie et de Bourgogne, ennemis de Clotaire II auquel on attribue la création des ducs et des comtes pour gouverner en son nom les différentes parties de ses états. Les comtés furent divisés en vicairies, les vicairies en centenies, et les centenies en décanies.

Telle est la base sur laquelle nous espérons, l'indulgence aidant, grouper successivement quelques humbles élucubrations historiques.

Amédée MERIEL.

GOUVERNEMENT MILITAIRE

DE FALAISE

De 584 à 1108

---

584. — Clotaire II, roi de Neustrie, au règne duquel, ainsi que nous l'avons dit, on fait remonter la création des ducs et des comtes, et le commencement de la puissance des maires du palais, avait, en 613, par la défaite et le supplice de Brunehaut, assuré l'indépendance de son royaume et étendu au loin sa domination. Fils de Chilpéric et de Frédégonde, ce monarque audacieux et intelligent sut retenir à sa cour plusieurs grands seigneurs, et entre autres Pépin de Landen, futur maire d'Austrasie, dont la puissance pouvait nuire à ses intérêts. Aussi, croyons-nous parfaitement pouvoir ajouter foi au récit de la vieille chronique qui fixe en 610, à Falaise, l'entrevue de Clotaire, de Childebert et de Thierry. Rien d'étonnant à ce que la première race de nos rois, dite des Mérovingiens, ait continué l'œuvre des Romains en fortifiant et en agrandissant notre place forte falaisienne.

Pendant le règne de Clotaire, Mahomet fonda la religion musulmane. L'ère de l'hégyre commence en 622.

628. — A l'avènement de Dagobert, l'avenir souriait à la Neustrie. Les ducs, les comtes et les seigneurs rendaient la justice avec équité ; le roi lui-même s'acquittait quelquefois de ce devoir ; la paix et la guerre étaient proclamés dans de grandes assemblées ; les délits et les crimes étaient sévèrement réprimés. La religion jouissait d'une large protection, les églises et les monastères s'élevaient nombreux et florissants. On sait quels immenses services les religieux ont rendus à cette époque à l'humanité qui se transformait. Que de terres incultes fécondées, que de marais desséchés, que de forêts défrichées ! leur intelligence et leur activité métamorphosaient le sol comme la pensée. Sous cette vigoureuse impulsion les sciences, les arts et les lettres se développèrent, et l'or et l'argent firent une rapide entrée dans la circulation.

638. — Sous Clovis II, la Neustrie eut pour maires Œga et Erchinoald. Ces fonctionnaires étaient élus par les grands seigneurs et confirmés par le roi. En 645, une famine affreuse désola notre pays qui fut énergiquement secouru par le souverain.

655. — Le règne de Clotaire III, fils aîné de Clovis II, fut troublé par l'ambition démesurée du maire du palais de Neustrie, Ebroin, qui avait été préféré à Léger, évêque d'Autun.

668. — A la mort de Clotaire, Ebroin appela Thierry, troisième fils de Clovis II, à la succession de la Neustrie ; mais les seigneurs révoltés lui imposèrent Childéric II, second fils de Clovis, déjà roi d'Austrasie, avec l'évêque d'Autun pour ministre.

673-674. — Après l'assassinat, près de Rouen, de Childéric II, Ebroin reparut avec Thierry III, et fut bientôt lui-même victime d'un complot. Les Austrasiens refusèrent alors de se soumettre à Thierry et nommèrent pour princes et ducs des Français, Martin et Pépin d'Héristal, petit-fils de Pépin de Landen. A cette nouvelle, la Neustrie prit les armes, mais Pépin l'écrasa à la bataille de Testry, en 687, et sous les titres de duc d'Austrasie et de maire de Neustrie, fut réellement le roi.

691. — Cependant, ce puissant vassal de la couronne n'osa pas s'emparer du trône ; il choisit lui-même pour la Neustrie le fils de Thierry, Clovis III, qui mourut tout jeune et fut remplacé par son frère Childebert III.

695.— Ce prince, faible et incapable, n'eut d'un roi que le nom. Son maire du palais fut Grimoald, l'un des fils de Pépin. Pendant que ce dernier battait les Suèves et les Saxons, organisait l'armée, administrait la justice et prenait pour étendard la chape de Saint-Martin, Childebert vivait paisiblement dans son palais n'ayant pour seule préoccupation utile que la fondation et le développement des communautés religieuses.

711. — Son fils, Dagobert III, n'eut pas plus d'énergie ni d'autorité que lui. Le principal événement de son règne fut la mort de Pépin d'Héristal, en 714.

716. — Après Dagobert, Charles Martel, fils et successeur de Pépin, présenta Clotaire IV aux Austrasiens pendant que Rainfroy, maire de Neus-

trie, appelait au trône Chilpéric II, dit Daniel, fils de Childéric II. L'accord n'existant pas, la guerre se ralluma. Chilpéric et Rainfroi, battus par Martel, furent obligés de subir les conditions du vainqueur qui, comme son pére, traçait le chemin du trône aux maires du palais.

720. — A la mort de Chilpéric II, la Neustrie reçut comme roi, des mains de Charles Martel, le jeune Thierry de Chelles qui s'effaça entièrement devant la gloire de Charles et celle de son fils Pépin. En effet, les Saxons, les Frisons et les Bavarois sont vaincus dans plusieurs combats, et les Sarrasins, sous la conduite d'Abdérame, défaits complètement à Poitiers en 732. A partir de la mort de Thierry, en 737, jusqu'à celle de Charles Martel en 741, il y eut interrègne, pendant lequel Charles gouverna victorieusement. Avant de mourir il partagea sa puissance entre ses fils. Carloman eut l'Austrasie, Pépin la Neustrie, et Grifon un petit apanage.

741. — Ce fut alors un nouveau fantôme, Childéric III, qui ceignit la couronne. Ce devait être le dernier. Carloman ayant abandonné ses Etats pour se consacrer à Dieu, Pépin ne cacha plus ses aspirations au trône. Son frère Grifon, mécontent de la part qui lui était échue, se fit un parti puissant parmi les Saxons, les Bavarois et les Austrasiens, et réclama ses droits. Mais l'habileté de Pépin triompha des obstacles ; il gagna à sa cause les seigneurs, les évêques et le pape lui-même, et se fit proclamer roi. Quant au malheureux Childéric III, on l'enferma dans un monastère allemand, et la race des Mérovingiens finit avec lui.

Quelle était l'importance de Falaise à cette époque ? Certes, nous ne saurions le dire, et nous n'oserions même pas nous hasarder dans la voie des hypothèses. Toutefois, nous avons la conviction profonde que cette enceinte était animée, qu'une direction quelconque lui était imprimée, et que déjà quelques groupes humains s'étaient formés autour d'elle pour concourir à sa défense ou recevoir sa protection.

N'est-ce pas à l'année 720 qu'on fait remonter la découverte, par un agneau grattant la terre, d'une statue de la Vierge tenant entre ses bras l'enfant Jésus, dans le faubourg de Guibray, alors couvert de chênes et de châtaigniers ! N'est-ce pas à la suite et sur le lieu même de cet évènement que fut élevée en l'honneur de la mère de Dieu une chapelle qui serait devenue l'église de Guibray ! Cette découverte et les faits qui s'y rattachent peuvent paraître extraordinaires, mais ils sont possibles, vraisemblables, et n'ont point été contestés. L'origine de la chapelle de la Délivrande est exactement la même. Aussi, peut-on aisément admettre qu'en ces temps de foi ardente et de propagande religieuse Falaise ait vu s'élever quelques oratoires que le choc dévastateur des Normands renversa, et que ces mêmes Normands convertis relevèrent ou construisirent ensuite.

752. — Avec Pépin le Bref commença la dynastie des Carlovingiens. Ce monarque fut sacré à Soissons, et rien de particulier ne semble intéresser la Neustrie sous son règne. Ses expéditions contre les Saxons, les Sarrasins et les Lombards remplirent presque entièrement son existence, à la fin de laquelle il partagea ses Etats entre ses fils Charles et Carloman qui tous deux eurent une partie de la Neustrie.

L'une de ses filles, Berthe, fut mariée à Milon,

comte d'Angers, père du célèbre Roland ; et l'autre, Chiltrude, femme de Réné, comte de Gênes, donna le jour à Ogier le Danois.

768. — Les grands du royaume apportèrent des changements aux dispositions testamentaires de Pépin. Charlemagne fut couronné en Bourgogne et en Neustrie, et Carloman en Austrasie. Mais l'accord ne régnait pas entre les deux frères, et la mort de Carloman empêcha seule peut-être de regrettables discordes. Maître de la Monarchie, Charlemagne battit le saxon Witikind, Didier, roi des Lombards, et les Sarrasins en Espagne ; mais son arrière-garde fut défaite à Roncevaux. Couronné empereur d'Occident par le Pape en 800, Charlemagne mourut en 814, prévoyant une invasion prochaine des Normands dont les barques venaient reconnaître nos côtes, et contre lesquels il avait déjà cherché à se mettre en garde en élevant des forteresses à l'entrée des fleuves et des rivières. On dit que le Bessin et l'Hiesmois furent mis en état de défense dans le même but ; il est probable que Falaise, place forte de par la nature, ne fut pas oubliée dans ce luxe utile de patriotiques précautions.

Ce puissant souverain fut le restaurateur des lettres. Il fonda des écoles, une académie dans son palais, et appela auprès de lui et encouragea les savants les plus distingués ; l'agriculture, la justice et la religion furent l'objet de sa protection spéciale. Il fit revivre la loi salique et composa, de nos lois et de celles des peuples vaincus, un code célèbre connu sous le nom de Capitulaires, dont il faisait donner lecture dans les grandes assemblées du peuple.

Du règne de son père et du sien paraît dater l'organisation des fiefs ou partage du territoire entre les seigneurs, moyennant certaines redevances envers la couronne.

814. — Le fils de Charlemagne prit les rênes de l'empire sous les plus favorables auspices. Il renouvela l'œuvre paternelle en envoyant dans les provinces des commissaires chargés d'examiner la conduite des gouverneurs et des juges, et de remédier à tous les maux causés par l'injustice ou l'incapacité. Son administration était pleine d'espérances pour la paix et la prospérité de l'Etat, quand réapparurent les Normands sur les côtes de la Belgique et de la Neustrie. Louis le Débonnaire ne se laissa pas intimider, et sa mâle contenance empêcha les pirates de débarquer et les obligea momentanément à la retraite. Louis partagea ses Etats entre ses trois fils. Lothaire eut l'empire avec la Neustrie, Pépin l'Aquitaine, et Louis la Bavière. Mais ces jeunes princes lui causèrent des tribulations que la naissance d'un fils d'un autre lit ne fit que rendre plus douloureuses. En effet, il fallut doter cet enfant qui bientôt, sous le nom de Charles, prit le titre de roi de Neustrie.

840. — A la mort de Louis le Débonnaire. Charles, dit le Chauve, fils du feu roi et de Judith de Bavière, s'entendit avec son frère, Louis le Germanique, et, leurs forces réunies, battirent à Fontenay l'empereur Lothaire, leur frère aîné. Profitant de ces discordes et appelés même par les belligérants, les Normands revinrent à la charge et envahirent la France. Ils ravagèrent la Picardie, la Flandre et la Champagne. Rouen et Nantes furent brûlés ; puis on les vit remonter la Seine jusqu'à Paris, renversant et incendiant les églises et les

monastères ; l'abbaye de Saint-Denis allait subir le même sort quand le roi se porta en avant pour la protéger contre leur fureur. Cependant, l'armée paraissant impuissante à débarrasser le pays de ces hordes toujours grossissantes, Charles commit l'imprudence de leur offrir des trésors pour les engager à la retraite, et plaça même le Cotentin sous la domination d'un de leurs chefs.

Aux graves embarras que causaient au monarque ces redoutables envahisseurs, avalanche humaine formée de Norvégiens, Suédois, Alains, Frisons, Danois, Suèves, Vandales, Wisigoths, etc., etc., vinrent se joindre les querelles particulières et les prétentions des grands dont la puissance féodale commençait à affaiblir la royauté. D'un autre côté, Louis le Germanique pénétra en Neustrie et obligea son frère à se retirer devant lui. Après une apparente réconciliation, Charles le Chauve, pour s'assurer l'appui des seigneurs, se vit forcé d'augmenter leurs privilèges ; de sorte que tout devint fiefs, commandements militaires, fonctions de justice, dignités laïques et cléricales, etc. Les plus humbles tenaient leurs offices en fiefs et arrière-fiefs, et en faisaient hommage par gradation à leurs supérieurs qui le reportaient au roi. Robert le Fort, parent du monarque, fut nommé marquis ou commandant des marches ou frontières de la Neustrie qu'il devait défendre contre les Bretons et les Normands. Ce guerrier s'acquitta vaillement de sa mission ; mais au moment où il venait de remporter un grand avantage sur Hastings, l'un des chefs normands, il tomba sur le champ de bataille, percé d'un javelot.

Après avoir etouffé la révolte de ses fils, réuni une partie de la Lorraine à la couronne, et reçu du souverain pontife le titre d'empereur et de roi d'Italie, Charles le Chauve mourut empoisonné, dit-on, dans un village au pied du mont Cenis. Sous son règne le supplice de crever les yeux et les épreuves de l'eau froide, de l'eau chaude et du fer ardent étaient en usage.

877. — Louis II, dit le Bègue, ne succéda pas à son père, Charles le Chauve, sans éprouver de sérieuses difficultés, et la mort ne lui laissa pas le temps de montrer son aptitude aux affaires.

879. — Louis III et Carloman, ses fils, se partagèrent ses Etats. Louis eut la Neustrie, et Carloman l'Aquitaine et la Bourgogne. Une nouvelle et furieuse irruption des Normands leur mit les armes à la main. Avec l'aide de Louis de Bavière et de son frère Charles le Gros, roi de Lombardie, leurs parents, ils purent livrer aux envahisseurs des combats meurtriers mais non décisifs.

884. — A leur mort qui suivit de près celle de Louis de Germanie ou de Bavière, Charles le Gros fut reconnu roi de France au préjudice de Charles le Simple, fils posthume de Louis le Bègue. Ce prince, ayant eu l'imprudence de faire massacrer dans une embuscade un chef normand et les lieutenants qui l'accompagnaient, attira de nouvelles calamités sur la patrie.

Les Normands arrivèrent en foule sous la conduite du danois Rollon, pillèrent les provinces et assiégèrent Paris. A l'appel désespéré des Parisiens, Charles, qui portait aussi le titre d'empereur, quitte précipitamment l'Italie, et présente aux Normands, sur les hauteurs de Montmartre, une armée formidable qui devait et pouvait les exterminer; mais bientôt se ravisant, il entre en composition avec ses ennemis au lieu de les combattre. Cette conduite lui valut l'indignation générale. Français, Lorrains, Bavarois, Germains et Italiens, lui refusèrent l'obéissance, et abandonné de tous, il mourut de honte et de chagrin.

888. — Ce fut Eudes, fils de Robert le Fort, qui toujours au préjudice de Charles le Simple, monta sur le trône. Son intelligente énergie chassa les Normands de sous les murs de Paris, et les défit en Bretagne et dans le Cotentin.

Les seigneurs et l'empereur de Germanie voulant mettre Charles en possession de la couronne, il lutta contre eux avec succès, et finit cependant par accepter un partage que sa mort ne tarda pas à annuler. Charles le Simple règna seul alors sur tout le territoire.

898. — La mort de Eudes le Belliqueux fut le signal de nouvelles entreprises de la part des Normands, et la victoire couronna leurs efforts. Effrayé de leurs triomphes et des ruines qui en étaient la conséquence, Charles eut la faiblesse, peut-être le bon esprit, de conclure, en 911, avec Rollon, le fâcheux traité de Saint-Clair-sur-Epte qui, indépendamment du domaine de la Bretagne, détachait de la France en faveur du chef normand une portion de la Neustrie, à titre de duché héréditaire, mais relevant de la couronne. Cette partie prit en même temps le nom de Normandie, et le vaillant Rollon en fut le premier duc.

912. — Rollon reçut le baptême à Rouen des mains de l'archevèque de cette ville, et Robert, comte de Paris, lui donna son nom. Il épousa ensuite Gisèle, fille de Charles le Simple, bien qu'il eut encore pour compagne Popée, fille du comte de Bayeux. Cet exemple de bigamie était fréquent

alors, et c'est ainsi, dit M. Léon Thiessé, que doit se réfuter peut-être le reproche de bâtardise fait particulièrement à Guillaume-le-Conquérant. D'autres arguments seront fournis à l'appui de cette opinion.

Ce fut à cette époque que, d'après le manuscrit de Marin Prouvaire, Robert-Rollon, en visitant son duché, passa par Falaise, Vire et Condé. Il partagea son domaine entre ses compagnons d'armes qui comme lui reçurent le baptême, releva les églises et les monastères, fortifia les villes et reconnut la participation des Etats dans l'exercice du pouvoir.

C'est à lui que l'on doit la création du célèbre tribunal de l'Echiquier que composaient les seigneurs, barons, prélats et baillis. Cette cour suprême remplaça dans le duché les comtes et les commissaires envoyés par les rois dans les provinces.

L'Echiquier, ou une partie de ses membres, tenait tantôt à Rouen, à Caen, à Alençon, et plus tard assez souvent à Falaise, soit dans le manoir du duc Guillaume, sur la place du vieux marché, soit dans l'église Saint-Gervais, ou encore dans la maison des templiers. Un grand sénéchal était chargé de revoir les sentences des vicomtes et des baillis en attendant la sentence de l'Echiquier.

Dans son code de justice, Rollon se montra animé de sentiments si équitables qu'il mérita le surnom de justicier, et que les opprimés l'invoquaient contre les oppresseurs : Ah ! Rou ! De là est venue cette protestation contre l'injustice appelée clameur de haro.

917. — Robert-Rollon ne vécut pas en bonne intelligence avec Gisèle dont la mort lui permit de reprendre Popée que son cœur affectionnait particulièrement.

C'est principalement à son règne que l'on doit reporter l'organisation militaire des villes du duché. Les comtes représentaient le duc et résidaient dans une grande localité. Ils avaient le commandement des armes, l'exercice de la justice et le maniement des finances ; ils tenaient aussi les assises ou grands plaids.

Plus tard, la qualité de comte ne fut plus qu'un titre ; les baillis remplirent leurs fonctions. Dans les places d'un ordre inférieur, les comtes avaient pour représentants des vicomtes ou gouverneurs remplaçant les vicaires établis précédemment sur divers points ruraux. Ces lieutenants, hommes d'épée, étaient aussi chefs de l'administration militaire et rendaient la justice dans l'étendue de leur circonscription.

Ils eurent eux-mêmes ensuite sous leurs ordres, de place en place, des sergents qui veillaient à l'exécution de leurs ordres dans la vicomté. Ainsi le duc honorant du titre de comte ou de vicomte les membres de sa famille ou ses sujets les plus braves et les plus dévoués, et leur donnant en même temps le gouvernement d'une place forte, il est probable que pendant de longues années les vicomtes de Falaise furent aussi gouverneurs. Ces emplois ne paraissent avoir été distincts que plus tard. Les vicomtes-gouverneurs, *municipes et firmarii*, érigèrent sous les derniers Carlovingiens leurs gouvernements en fiefs héréditaires relevant du roi, du duc ou du comte. L'organisation des vicomtés et sergenteries avec leurs baronnies et châtellenies, représentées aujourd'hui par l'arrondissement et les cantons, devait être favorable à la sûreté et à la bonne administration du duché qui se trouvait compris, sans délimitation bien précise, entre la mer au nord et à l'ouest, la rivière d'Andelle à l'est, et une ligne vaguement déterminée au midi vers le Maine et le Perche.

Le premier vicomte-gouverneur que Robert-Rollon établit à Falaise et sur tout le pays paraît avoir été Ogier le Danois, capitaine renommé, auquel on attribue la construction de la porte Ogise ou Ogier, plus tard porte des Cordeliers.

923. — Depuis longtemps en lutte avec Charles le Simple, Raoul de Bourgogne finit par vaincre ce monarque, et s'empara de la couronne. Charles mourut prisonnier à Péronne en 929.

927. — Brisé par les fatigues et la vieillesse, Rollon descendit du trône, et avant de mourir fit reconnaître pour son successeur Guillaume Ier, son fils, qu'il avait eu de Popée, fille de Bérenger. Ses restes mortels furent déposés dans l'église cathédrale de Rouen.

Guillaume Longue Epée, qui fut un modèle de toutes les vertus, ayant reçu de l'archevêque de Rouen, au pied de l'autel de Notre-Dame, le manteau et le cercle ducal, se proposa de gérer pacifiquement le domaine paternel et de faire oublier aux populations soumises la prière qu'elles avaient tant de fois répétée : *a furore normanorum libera nos domine*; mais en 928, Alain, comte de Bretagne, essayant de contester ses droits, il prit les armes à la voix du comte d'Harcourt, Bernard le Danois, qui lui rappelait la gloire de son père, et mit son turbulent vassal à la raison.

930 ou 933. — Un autre ennemi, Riouf, comte du Cotentin, se présenta bientôt devant Rouen avec des forces imposantes. Guillaume ne savait trop quel parti prendre quand ses conseillers, Bernard

le Danois, et Bothon, comte du Bessin, fixèrent promptement sa résolution ; l'armée de Riouf fut mise en déroute et le pays délivré En 936, les partisans de Louis d'Outremer, et Hugues le Grand, comte de Paris, sollicitèrent le concours du duc de Normandie pour renverser l'usurpateur Raoul et rendre la couronne au fils de Charles le Simple. Guillaume se joignit à eux et se couvrit de nouveaux lauriers.

941. — Cependant Longue-Epée ne s'enorgueillissait pas de ses succès, et depuis longtemps il nourrissait le projet d'entrer dans un monastère. Pour atteindre son but, sans que la paix du duché fût troublée, il abdiqua en faveur de son fils Richard et le fit reconnaître par les Etats.

943. — Il était sur le point d'accomplir son vœu, quand le comte de Ponthieu réclama son appui contre Arnoulf, comte de Flandre ; il s'empressa de porter secours à son allié et la victoire le suivit. Mais l'hypocrite et haineux Arnoulf, ayant sollicité de lui une entrevue qu'il accepta sans défiance, dans une île sur la Somme, le fit lâchement assassiner.

Sa mort couvrit de deuil la Normandie.

On transporta son corps à Rouen où il fut inhumé dans l'église Notre-Dame et où il opéra, dit-on, plusieurs miracles qui inspirèrent aux prélats la pensée de le canoniser. Voici d'ailleurs la traduction d'un passage du martyrologe Gallican :

« Passion de saint Guillaume, duc de Normandie, assassiné par le traître Arnoulf, comte de Flandre, au moment où, près de Corbie, sur la Somme, dans le pays d'Amiens, il négociait la justice et la paix. En lui l'Eglise perdit son principal appui dans ce siècle. Il fut l'honneur du trône et l'unique consolation des pauvres. Il eut aussi le zèle de la religion, le culte de la justice et l'amour constant de la miséricorde. Admirant les trésors de son âme évangélique, le clergé et le peuple répandirent sur son cercueil des larmes abondantes et vouèrent à la vénération éternelle et à une félicité méritée la mémoire de celui que la France entière appela le martyr de la vertu. Lorsque son corps fut transporté de la vieille église dans la nouvelle basilique dédiée à la mère de Dieu, Saint-Maurile, archevêque de Rouen, fit de lui un éloge pompeux, etc., etc. »

943. — Oublieux des services que lui avait rendus le généreux duc de Normandie, Louis IV d'outremer songea à s'emparer de ses Etats au détriment du jeune héritier, Richard Ier. Dans ce but, il fit un voyage à Rouen où Bernard le Danois le reçut avec distinction. Louis combla le prince de caresses, et obtint des seigneurs normands la permission de le conduire à sa cour avec son gouverneur Osmond. Mais là il ne put dissimuler longtemps son indigne comédie et son odieuse trahison.

Suivant alors les conseils d'Yves de Creil, dit aussi de Bellême, Richard feignit une grave indisposition, et trompant la surveillance de ses gardes, s'enfuit et se retira chez son parent Hébert, comte de Senlis.

946. — Furieux de voir sa proie lui échapper, Louis afficha hautement ses prétentions. Il s'allia à l'assassin de Guillaume Longue Epée et au perfide Hugues le Grand qui convoitait une part du butin, envahit la Normandie et s'en empara.

Dans cette douloureuse circonstance, l'intelligence et le dévouement de Bernard le Danois sauvèrent le duché. Il fit demander au vainqueur une entrevue :

« Sire, lui dit-il en langue romane et tudesque en usage à cette époque, je suis triste et joyeux de voir que désormais la Normandie fleurira sous votre sceptre ; triste d'entendre que vous vous soyez dépouillé de la plus belle, plus riche et plus grande partie pour en investir le comte de Paris, agrandir sa maison et servir de marchepied à son ambition. Tout le Cauchois, le Vexin et le Bray qui vous demeurent ne sont qu'un point au regard du Roumois, Lieuvin, Ouche, Auge, Bessin, Bocage et Cotentin qui sont les greniers de Rouen, lesquels vous lui laissez. Désormais quand Hugues voudra lâcher bride à son ambition, usurper votre sceptre et courir sur le ventre de vos armées, la noblesse cotentinoise lui ouvrira le chemin. 20,000 hommes seront armés au premier son de la trompette, mais hommes sages, valeureux, et jadis le bras droit de Longue-Epée... Cherbourg, Saint-Lô, Avranches, Bayeux, Caen, Coutances, Lisieux, Alençon, Falaise, Séez, Evreux et les meilleures villes de Normandie sont encloses en ce canton ; et penser les remettre entre vos mains après qu'elles auront reconnu Hugues pour seigneur, ce serait croire l'impossible facile, etc., etc. »

A l'énumération de toutes ces richesses. Louis IV joyeux répondit qu'il avait promis mais qu'il ne tiendrait pas. Cette réponse favorisait les desseins du rusé Normand qui se hâta de faire connaître à Hugues l'indélicatesse du monarque à son égard. A cette nouvelle, et conformément aux prévisions de Bernard, Hugues se rapprocha du jeune duc de Normandie, s'opposa ouvertement au démembrement de ses Etats, et ses troupes, unies à celles du roi de Danemarck et aux partisans de Richard, battirent Louis d'Outremer et le firent prisonnier. Le vaincu s'obligea alors à rendre la Normandie à son chef légitime qui conserva également le titre de souverain de Bretagne; et les limites du duché furent étendues de la rivière d'Andelle à celle de l'Epte.

948. — Mais à peine le nouveau traité de Saint-Clair-sur-Epte était-il signé que le roi de France, rendu à la liberté, eut recours à l'empereur Othon qui vint mettre le siège devant Rouen. La valeur des normands et le sang-froid et l'habileté du jeune duc, qui mérita le surnom de sans peur, rendirent infructueuse cette déloyale et dernière entreprise.

954. — La mort de Louis d'Outremer ramena la paix en Normandie ; et celle en 956, de Hugues-le-Grand, fils de Robert, comte de Paris, et père de Hugues Capet, enrichit le duc normand de nouveaux domaines et augmenta sa puissance.

960. — Pendant cette période d'apaisement on prétend que Richard entretint et agrandit les fortifications de son duché et en particulier celles de Falaise dont il comprenait l'importance. En effet, cette place redoutable qui, depuis la conquête de César jusqu'à la chute des Carlovingiens, n'avait guère été que simple spectatrice des évènements, allait bientôt jouer un rôle important dans les drames qui se préparaient, et lever ses bras robustes et menaçants pour la défense de ses ducs. Son enceinte fut élargie et allongée; ses murs plus épais furent flanqués de grosses tours ; et des poternes habilement ménagées ainsi que de vastes souterrains contribuèrent encore au développement de sa force et à l'assurance de sa sécurité.

Jaloux et effrayé de la renommée et de la force de Richard sans peur, Lothaire, fils et successeur de Louis d'Outremer, suivit la politique paternelle et peu scrupuleux sur le choix des moyens, ralluma les hostilités. Le duc et son jeune beau-frère, Hugues Capet, déjouèrent ses combinaisons, et se préparèrent à tenir tête à une nouvelle ligue qui se formait.

968. — En effet, une armée de 50 ou 60.000 hommes s'avança en Normandie avec l'intention bien évidente de conquérir le duché ; et si Richard n'eût compté que sur ses propres ressources, peut-être se fut-il vu de nouveau dépouillé de ses états. Mais les fidèles Danois ne l'abandonnèrent pas, et il sortit encore une fois triomphant de cette périlleuse situation, avec une nouvelle confirmation de ses possessions. Un grand nombre de Danois s'établirent alors en Normandie.

978. — Vers cette époque, le gouvernement de Falaise semble entrer dans la maison de Montgommery, pour en sortir et y rentrer à diverses reprises, mais probablement sous le haut et spécial patronnage du duc, car il ne paraît pas que Falaise, sous les Normands, ait jamais été l'apanage d'une famille, mais bien plutôt une réserve particulière de la couronne.

986. — Lothaire fut remplacé sur le trône de France par son fils, Louis V, le fainéant, que la mort enleva l'année suivante, et qui fut le dernier roi de la race Carlovingienne.

987. — Secondé par le duc de Normandie, Hugues Capet prit en main le sceptre de Clovis et de Char-

lemagne, et fut le premier anneau de la chaîne capétienne.

996. — Quant à Richard sans peur, après avoir consacré les dernières années de son règne à l'amélioration et à la tranquillité de ses Etats, il rendit son âme à Dieu, et fut, sur sa demande, inhumé à Fécamp.

Son fils, Richard II, lui succéda en même temps que Robert le pieux, fils de Hugues Capet, montait sur le trône de France. Le nouveau duc s'aliéna les sympathies populaires en donnant toute sa confiance aux grands, au clergé et aux moines, et en leur accordant de nombreuses faveurs. Des conspirations éclatèrent de toutes parts; il les étouffa et livra, dit-on, les chefs aux plus cruels supplices.

Rassuré de ce côté, Richard eut à réprimer la révolte de son frère naturel, Guillaume, qu'il avait, lui ou son père, investi du comté d'Exmes, et qui voulait se rendre indépendant. Ce comté d'Hiesmois avait depuis longtemps déjà perdu beaucoup de son ancienne étendue. Guillaume, vaincu à Exmes en 998 et fait prisonnier, obtint plus tard son pardon et la liberté, et fut nommé comte d'Eu. Ce fut son épouse, Lesceline, qui fonda le monastère de Saint-Pierre-sur-Dives et la chapelle de Sainte-Anne d'Entremont.

1001. — Le duc de Normandie vit avec un légitime orgueil le roi d'Angleterre solliciter la main de sa sœur Emma; il s'empressa de la lui accorder, et à la sollicitation de cette princesse, le comte Hugh, seigneur normand, fut nommé gouverneur d'Exeter.

Bientôt l'inconduite d'Ethelred provoqua des remontrances de la part de Richard II; le roi y répondit en tentant une descente en Normandie; mais il fut vaincu, et la valeur de Néel de Saint-Sauveur, vicomte de Cotentin et gouverneur de la basse Normandie, contribua puissamment à sa défaite.

1003. — Malgré ces graves préoccupations, Richard trouvait encore le temps de venir en aide au roi de France, Robert-le-Pieux.

1011. — La mauvaise administration du roi d'Angleterre favorisait les projets de Suénon, roi de Danemarck, qui avait envahi le royaume. Incapable de résister à son redoutable adversaire, Ethelred envoya d'abord en Normandie, auprès de son beau-frère Richard, sa femme et deux de ses fils, Alfred et Edouard; puis, il sollicita bientôt lui-même la permission de les rejoindre, et le duc, oubliant ses torts, le reçut avec une générosité qui l'honore.

1013, 1016. — Suénon ne profita pas longtemps de sa victoire. A sa mort, les Anglais rappelèrent Ethelred, dont Richard facilita la restauration. Mais ce faible monarque ne sut pas utiliser les leçons du passé et mourut à temps pour ne pas être détrôné par Canut, fils de l'envahisseur.

1017. — Le fils d'Ethelred, Edmond, fut alors obligé de partager ses Etats avec Canut; puis il périt assassiné, et Canut se trouva maître du royaume. Pour affirmer son autorité et se concilier les sympathies des Anglais qui regrettaient la dynastie saxonne, il demanda la main de la reine Emma, veuve d'Ethelred, qui renvoya en Normandie ses deux fils, Alfred et Edouard, et accepta. Le duc Richard vit sans doute avec joie cette union puisque lui-même épousa la sœur de son nouveau beau-frère, donnant ainsi un témoignage de profonde estime aux Danois, alliés des Normands.

Le comte d'Exmes, Onfroy le Danois, était, paraît-il, alors gouverneur de Falaise.

1026. — Après avoir vaincu, de concert avec ses deux fils qui se battirent vaillamment, le comte de Chartres, son beau-frère, et le comte de Châlons qui avait fait prisonnier le comte de Bourgogne, son gendre, Richard II, toujours en paix avec le roi de France, termina sa carrière à Fécamp, le 23 août 1026, dans la pratique d'une dévotion exagérée, laissant le duché à Richard, son fils aîné, et le comté d'Exmes à Robert, son autre fils.

Richard III exécuta ponctuellement les dernières volontés de son père. Quant à Robert, à peine investi du comté d'Exmes, qui était presque réduit au territoire environnant, et qui après lui ne paraît plus avoir que des vicomtes et des châtelains avec Falaise pour chef-lieu, il leva brusquement l'étendard de la révolte et vint occuper notre place dans laquelle il avait quelque secrète intelligence (*Faleise li kuida tolir*, etc.). Voulait-il préparer la conquête du duché, étendre seulement son domaine qu'il trouvait trop restreint, ou obéissait-il à la voix impérieuse d'un amour qu'entravaient des obstacles ? Ce passage de notre histoire, légèrement ombré par la légende, permet peu de s'arrêter aux détails.

Les amours d'Arlette et de Robert, surnommé le Diable ou le Libéral, la légitimité ou l'illégitimité des rapports de ces poétiques amants, le nom et la condition des auteurs de la blonde et ravissante Falaisienne, le lieu précis dans nos murs de la naissance de Guillaume et de son baptême, etc., etc., ont été diversement racontés et indiqués par les chroniqueurs, les poètes et les historiens. Nous ne reproduirons pas les citations tant de fois empruntées au trouvère Benoist, au jersiais Robert Wace, à Guillaume de Jumièges, aux chroniqueurs Nagerel, Ordéric Vital, Dudon de St-Quentin, de Bras, Dumoulin, Masseville, André Thévé, Albéric des Trois-Fontaines, Hérembert-Dupaty, l'abbé Prévost, etc., etc. Les récits de ces écrivains sont connus des lecteurs et n'ont probablement fixé leur opinion que sur le fond.

En effet, quand et comment Robert connut-il Arlette ? Croira-t-on que c'est de la fenêtre du château que le prince aperçut pour la première fois la jeune fille auprès d'une source qui a conservé son nom ? Est-ce dans l'enceinte ou en dehors des murs qu'ils se rencontrèrent ?

Le père d'Arlette était-il prévôt ou maître-d'hôtel de la maison du prince, noble ou bourgeois, ou simple mégissier-pelletier de la localité ? ou bien encore ne fut-il attaché au palais qu'après la liaison de sa fille avec Robert ?

Cette liaison fut-elle légitimée clandestinement ou publiquement, ou ne le fut-elle point du tout ?

Guillaume est-il né dans le château ou dans le manoir de sa mère, sur la place Saint-Gervais ? a-t-il été baptisé dans l'église de la Trinité ou dans la chapelle ducale, en face du logis maternel ?

Enfin, en tenant compte des mœurs de l'époque, de la jalousie des vassaux, seigneurs et souverains, et de la diversité des opinions, la qualification de bâtard est-elle applicable ou non au plus illustre des ducs normands ?

Quoi qu'il en soit, nous continuons notre relation sans avoir la prétention de faire la lumière sur ces points, cependant assez importants, de nos annales falaisiennes.

Les intelligences de Robert dans la place peuvent aisément s'expliquer. Les plaisirs de la chasse auxquels le jeune comte se livrait avec passion avaient dû souvent le conduire au pied des murs de la ville, au milieu des bois qui couvraient alors nos campagnes. Ces bois étaient peuplés d'animaux de toutes sortes dont les peaux constituaient un commerce avantageux. Comme frère de Richard III, il était tout naturel que les portes de la forteresse s'ouvrissent devant Robert.

Arlette était fille de Doda et de Vertprey que beaucoup d'historiens honorent du titre de bourgeois, et auquel même une vieille chronique donne une origine noble.

Un manuscrit de la bibliothèque harléienne dit que l'étendard représenté dans la main droite de la figure équestre de Guillaume le Conquérant était le blason du père d'Arlette. Mais ne recherchons pas la naissance plus ou moins distinguée de la mère de Guillaume ; fille du peuple, de bourgeois ou de noble, elle a le même droit à notre reconnaissance et à notre affection, puisque c'est de son sein que sortit le vainqueur d'Hastings, l'immortel et glorieux enfant de notre vieille cité.

Arlette était, dit-on, séduisante ; ses yeux avaient un irrésistible attrait ; sa peau était d'une blancheur et d'une finesse extrêmes, et les roses et les pêches avaient placé sur ses joues leur fraîcheur et leur velours. A ces avantages physiques elle joignait des qualités plus précieuses encore : elle était simple, douce, prévenante, dévouée et intelligente.

Nature indépendante et frivole, Robert, dont les grands avaient recherché l'alliance, et qui jusqu'à ce jour avait montré le plus vif éloignement pour le mariage, aima Arlette avec idolâtrie (*cupidine captus non aliam legitur unquam habuisse in deliciis*) et resta fidèle à la foi jurée. Il fut payé de retour. Dans cette circonstance, quel fut le rôle des parents ? s'opposèrent-ils d'abord aux entreprises galantes du comte ; puis, en présence d'une affection mutuelle, sérieuse, s'inclinèrent-ils devant la destinée ? On peut penser qu'ils suivirent les conseils d'un oncle de la jeune fille, ermite du voisinage, qui, comptant sur l'amour profond et la bonne foi de Robert, croyait fermement à la sainteté de ces liens pour le présent ou pour l'avenir.

1027. — Maître dans Falaise, Robert garnit la place d'hommes et de vivres et s'y fortifia ; mais il comptait sans l'énergie et le juste ressentiment de son frère Richard qui, soutenu par le comte d'Alençon, Guillaume Ier de Bellême, dit Talvas, arriva sous les murs de la ville et commença le siège.

Ses machines de guerre firent des brèches considérables aux murailles, et malgré les rigueurs de l'hiver, plus favorables aux assiégés qu'aux assiégeants, malgré la vigoureuse défense de Robert, la victoire resta au duc de Normandie qui ne voulut pas en abuser. Il pardonna à son frère et lui laissa le gouvernement de la ville qu'il aimait tant, qu'il avait défendue si heroïquement et qui devenait ainsi la place principale et dirigeante de ses possessions. Notre vicomté prenait de l'extension.

Au cours de ces événements, Arlette avait donné le jour à un prince qui fut appelé Guillaume. Nous avons la conviction profonde que ses couches eurent lieu dans le manoir de ses parents, connu depuis sous le nom de manoir ducal ou de Guillaume le Conquérant, et situé sur la place du Marché, près de la chapelle ducale, là où s'élèvent de très anciennes habitations, dont l'une n'a pas cessé d'être appelée Maison de Guillaume-le-Conquérant. Il nous semble qu'à cette heure solennelle où nos mères se trouvent entre la vie et la mort, Arlette était où elle devait être, sous le toit de la famille, près du sein maternel, loin du bruit et du danger des armes. Cette croyance populaire a d'ailleurs traversé les siècles.

Nous pensons aussi que la cérémonie du baptême fut célébrée dans la chapelle Ducale, voisine du logis, dédiée alors à Saint-Jacques et à Saint-Christophe, et que plus tard Guillaume transforma en église paroissiale sous l'invocation de Saint-Gervais et de saint Protais. Les assertions contraires ne paraissent reposer sur aucun fondement; et M. Léopold Delisle, l'éminent directeur général de la bibliothèque et des archives nationales, commandeur de la Légion d'Honneur, a daigné nous donner l'assurance que ni dans le cartulaire de l'abbaye de Caen, ni dans aucun autre ancien document il n'est dit que cette abbaye fût placée sous l'invocation de la Sainte-Trinité en mémoire du baptême de Guillaume dans l'église Trinité de Falaise. Tout nous autorise à croire que la chapelle Ducale est antérieure à l'existence de ce monument dont nous ne trouvons trace sérieuse qu'en 1126, époque de sa consécration par l'archevêque de Rouen, Geoffroy.

Nous savons tous que Guillaume fut élevé dans sa ville natale.

1028. — Après sa réconciliation avec son frère, Richard III était retourné à Rouen où il mourait subitement à la suite d'un repas avec ses courtisans. Robert ceignit alors le cercle Ducal, trois ans avant la mort du roi de France, Robert le Pieux.

Falaise devint tout naturellement la résidence de prédilection du nouveau duc de Normandie. dont le souvenir est resté particulièrement attaché au petit donjon élevé sur le précipice de Gouffern qu'il habitait de préférence. Obéissant à ses propres sentiments comme à ceux de sa jeune compagne, il employa tous ses soins à rendre sa ville adoptive aussi prospère que puissante. Nous lui devons notre foire célèbre qu'il établit d'abord presque sous les murs du château, et que son fils transféra plus tard à Guibray. Le premier hôpital fut fondé par lui; on sait qu'il portait beaucoup d'affection aux pauvres et ladres, *les vestait et leur donnait lui-même à manger*. Cet utile établissement élevé aussi, pensons-nous, au pied de la forteresse, appartint dans la suite à Jean Tartare, et fut donné, en 1418, à Gerard Huyn par le roi d'Angleterre, Henri V. Robert nous rendit encore un autre précieux service : il alimenta Falaise de ces eaux délectables dont les bienfaits furent appréciés de tous, et dont la renommée s'étendit au loin. Enfin, sa piété, sa bravoure, sa loyauté, sa prudence et sa fermeté dans l'administration peuvent éloigner de notre pensée tout soupçon relatif à la mort de son frère comme toute suspicion au sujet d'un indigne concubinage.

1029. — A son avènement au trône ducal, Robert-le Libéral eut pour adversaires l'archevêque de Rouen, Robert, et Hugues, évêque de Bayeux, qu'il sut mettre dans l'impossibilité de lui nuire. Ses armes se tournèrent alors contre Guillaume de Bellême qui avait prêté son concours à Richard III, et contribué à la prise de Falaise. Robert mit le siège devant Alençon et força Guillaume et son fils à s'humilier devant lui.

1031. — Les succès et la vaillance du duc de Normandie engagèrent le fils de Robert le Pieux, Henri Ier, à réclamer son appui contre sa mère Constance et son frère qui cherchaient à l'exclure du trône de France et venaient même de l'obliger à quitter Paris. Ennemi de l'injustice, Robert assemble son armée et vole au secours d'Henri, dont il accepte, à titre de reconnaissance, Gisors, Chaumont, Pontoise et tout le Vexin français.

Cette époque fut marquée par une famine horrible en Normandie. On déterrait les morts pour les manger.

1034. — Après avoir avec le même bonheur châtié Alain de Bretagne qui lui refusait l'hommage convenu, Robert mit à exécution un projet de descente en Angleterre dans le but de venir en aide aux princes Alfred et Edouard, dépossédés par Canut; mais il ne put accomplir son dessein. Une violente tempête le jeta sur les côtes de Bretagne et cette circonstance lui permit, de concert avec Rabel, son fidèle lieutenant, d'achever la soumission de cette remuante et inquiétante province.

1034, 1035, 1036. — A son retour de ces expéditions, le duc de Normandie, dominé par des sentiments religieux qui apportent une présomption de plus à la légitimité de son fils, résolut d'entreprendre un pélerinage à Jérusalem. On chercha en vain à l'en dissuader. Il fit reconnaître Guillaume par les prélats et barons, confia ce jeune prince au roi de France, Henri Ier, laissa l'administration du duché au trop fougueux Alain de Bretagne, sa châtellenie ou le gouvernement de Falaise à la garde du fils d'Onfroy le Danois, Toustain de Goz, son chambellan, *Comes ou prœses* d'Exmes et vicomte d'Argentan, et partit. De cette époque pourraient dater les tendances dominatrices de Falaise sur Argentan qui, ainsi que nous l'apprend un terrier de la Bibliothèque nationale, était encore en 1316 le chef-lieu d'une sergenterie de notre vicomté.

Guillaume avait sept ans quand il quitta pour la première fois sa ville natale où l'affection de sa mère et les exercices du corps et de l'esprit ne lui avaient pas fait défaut.

Quant à son père, après avoir visité Jérusalem et laissé sur son passage des traces ineffaçables de ses largesses, il reprit la route de l'occident Mais arrivé à Nicée, en Bythinie, il tomba malade et mourut, empoisonné, dit-on. Son inhumation eut lieu dans l'église de Nicée, le 2 juillet 1035. Il rapportait de la terre sainte des reliques et des souvenirs qui furent remis par ses ordres aux religieux de l'abbaye de Cerisy qu'il avait fondée. Guillaume le Conquérant, vers la fin de son règne, envoya chercher les cendres de son père ; mais la mort le surprit avant le retour de l'expédition, et ses messagers donnèrent au duc-pélerin une nouvelle sépulture dans le royaume de la Pouille où les fils de Tancrède de Hauteville, gentilhomme de l'évêché de Coutances, assuraient leur domination, ainsi que dans la Calabre.

Les nombreuses qualités du duc de Normandie ne peuvent empêcher de reconnaître qu'il commit une grave imprudence en abandonnant ses Etats. En effet, la noblesse normande consolidait déjà les bases de son organisation féodale ; les abus et les privilèges régnaient impunément ; les seigneurs se livraient entre eux de fréquents combats et méconnaissaient l'autorité ducale ; la trève de Dieu n'était pas observée ; aussi, le rare bon sens put-il croire à la fin du monde, tant l'ignorance était complète et les actes criminels nombreux.

A la nouvelle de la mort de Robert, Raoul de Gacé se rendit auprès du roi de France, Henri Ier, pour ramener le jeune prince et remercier le monarque des soins qu'il avait pris de son éducation. Les

Etats, réunis à Rouen, reconnurent Guillaume et lui donnèrent Raoul de Gacé pour gouverneur. Malgré cette reconnaissance publique et légale, une ligue se forma bientôt contre le nouveau duc et signala sa fureur par l'assassinat de son précepteur le vertueux Théroulde. Guillaume, en qui l'expérience et la volonté devançaient l'âge, comprenant les dangers qui l'entouraient, appela à lui Alain de Bretagne et se prépara résolument à tenir tête à l'orage.

1037, 1038. — Cependant, ses tuteurs et ses partisans étaient sérieusement inquiets sur son sort et sur l'avenir du duché ; et sa mère, Arlette, qui n'avait plus pour compagnes que la douleur et la prière, vivait isolée dans de continuelles angoisses. Le duc et ses amis, obligés à de fréquentes absences, ne pouvaieut laisser plus longtemps la veuve de Robert livrée à ses regrets et à ses inquiétudes, et exposée aux injures imméritées et à la méchanceté des ennemis de la couronne. Ils lui firent comprendre l'amertume et les difficultés de sa situation, et leurs conseils et leurs instances la décidèrent à épouser Herlouin de Conteville, gentilhomme de la cour, qu'une chronique désigne sous le titre de bourgeois de Falaise, et que Guillaume combla de bienfaits.

Sans le bénéfice de ces considérations puissantes, la physionomie si intéressante et si poétique d'Arlette se trouverait singulièrement rapetissée dans notre esprit, car la légende, si pleine d'amoureux souvenirs, ne séparera jamais son nom de celui de Robert le Libéral. De son mariage avec Herlouin, Arlette de Vertprey eut : Odon, évêque de Bayeux ; Robert, comte de Mortain ; et Muriel, comtesse d'Albemarle ou d'Aumale. Il est très probable que ces illustres enfants naquirent aussi à Falaise.

Ce fut en ce temps qu'arriva en Normandie le prince Edouard d'Angleterre cherchant un refuge contre les complots et les embûches d'Harold et de Godwin qui avaient fait périr misérablement son frère Alfred.

1039. — Rassuré tout à fait sur le sort de sa mère chérie, Guillaume put se consacrer entièrement à la défense de son duché qu'Henri Ier, oublieux de ses promesses et des services de Robert le Libéral, venait d'envahir en ravageant le pays d'Exmes et en brûlant Argentan, après s'être fait donner le château de Tillières.

1040. — Redoutant la colère du roi ou profitant de sa présence, plusieurs seigneurs abandonnèrent la cause du fils d'Arlette et prirent les armes contre lui.

Roger Tosni ou de Toéni, seigneur de Conches, prétendait à la couronne ducale comme descendant de Rollon ; Alain de Bretagne se porte à sa rencontre, attaque en vain le château de Montgommery et meurt empoisonné à Vimoutiers, pendant que Guillaume de Montgommery, fils de Roger, premier du nom, autre ennemi de Guillaume, assassinait, au Vaudreuil, Osbern de Crépon, sénéchal de Normandie, endormi profondément auprès du jeune duc, son maitre.

Cette puissante famille de Montgommery ne comptait heureusement pas dans son sein tous rebelles et tous traîtres ; plusieurs de ses membres surent rester fidèles à la cause ducale ; à cette époque même, comme en 978, il ne serait pas étonnant que leur nom se fût trouvé directement et utilement mêlé aux affaires de notre vieille cité.

En présence de si tristes événements, Raoul de

Gacé ou de Vassy, connétable de Normandie, continua l'œuvre de résistance commencée par Alain de Bretagne, et put un moment rétablir la tranquillité. La mère de Guillaume et son époux Herlouin de Conteville en profitèrent pour fonder l'abbaye de Grestain où Arlette fut plus tard inhumée. Sa fille, Muriel, devint en secondes noces la femme d'Odon, fils du comte de Troie, Henry-Etienne. Robert Wace la cite dans ce passage :

> Roger de Vilers fist mander
> Qui mult faisait à enorer,
> VI fils avait jà chevaliers,
> Bien nobles hommes et bien fiers.
> Et you manda al chapel
> Qui a femme avait Muriel,
> Seror le duc de par sa mère
> Et Herlouin avait à père.

1040, 1041. — L'invasion de la Normandie par l'ingrat et ambitieux roi de France avait été le signal des défections. Toustain de Goz lui-même, qui avait la garde de la forteresse falaisienne, craignant de perdre ses domaines, et voulant se ménager les bonnes grâces d'Henri Ier, fit secrètement prévenir le monarque qu'il était disposé à remettre la place entre ses mains, et en même temps il se préparait à résister au duc, son seigneur et maître.

En apprenant cette infamie et le danger que courait sa ville natale dont tous les défenseurs n'étaient sans doute pas animés des mêmes sentiments, Guillaume quitta Rouen précipitamment avec Raoul de Gacé, et rassemblant sur son passage ceux d'Auge et de Cinglais, vint mettre le siège devant la ville qui ne put résister aux coups de ses machines de guerre. Déjà une large brèche était faite aux murailles, et les soldats allaient effectuer l'assaut quand Toustain demanda la vie et se rendit.

Guillaume, malgré sa colère, se contenta d'exiler le traitre et de confisquer ses biens au profit d'Arlette et de son frère utérin, Odon. Puis, plus tard, à la sollicitation du fils de Toustain, son favori, il rendit la liberté à l'ancien gouverneur et refit sa fortune.

La défaite de son capitaine et son propre succès prouvèrent au duc de Normandie que les fortifications de Falaise étaient insuffisantes, et il s'empressa d'y remédier ; il comprit aussi que provisoirement, en attendant que les vrais dévouements lui fussent bien connus, le gouvernement de la ville devait rester entre ses mains, et que sa voix seule devait être obéie dans ses murs. Il fallait, comme l'ont dit les historiens, que la place devint le château fort des ducs en temps de guerre et leur résidence pendant la paix, car Guillaume ne voulait pas seulement trouver dans son sein les éléments indispensables à la guerre, mais encore une population répondant par son sincère attachement à l'affection qu'il lui portait lui-même.

Guillaume, dès cette époque, avait les traits d'un héros ; sa taille était haute et majestueuse, l'œil grand et fixe. Son génie pénétrant, sa force physique développée par l'exercice fréquent des armes et de la chasse, son caractère chevaleresque, ses manières souvent gracieuses et ouvertes, sa vivacité prudente, son instruction et sa générosité sagement mesurée devaient nécessairement lui assurer des sympathies et des fidélités dont il allait avoir le plus grand besoin. Très sensible aux injures, il savait cependant rester maître de lui, et développait l'organisation morale et matérielle de son duché avec une rare intelligence et une connaissance approfondie des hommes et des choses. Le meurtre, le pillage et l'incendie furent par lui punis de mort, et les vassaux remuants, jaloux, batailleurs et ambitieux reçurent l'ordre formel de déposer les armes et de vivre entre eux en bons voisins. Ce résultat était peu facile à obtenir.

Vers 1042. — Roger de Toëni, l'implacable adversaire du duc de Normandie, et l'ennemi personnel de Raoul de Gacé dont il aimait la femme, s'entendit avec Robert de Grandmenil et chercha à surprendre le duc pendant qu'il chassait dans les environs de Rouen. Sa tentative échoua heureusement, et peu de temps après, se trouvant à la tête de dix-huit mille rebelles, il fut tué près du Sap avec ses deux fils dans un combat que lui livra victorieusement Roger de Beaumont, resté fidèle à Guillaume. Dans cette rencontre Robert de Grandmenil reçut aussi une blessure mortelle et fut enterré dans l'église de Norrey.

1043. — Après Toëni, ce fut Guillaume de Talou, comte d'Arques, frère de Mauger, archevêque de Rouen, et bâtard de Richard II, qui leva l'étendard de la révolte après s'être assuré du concours du roi de France qui s'avança à la tête de 20,000 hommes. Le duc n'avait que 16,000 soldats à opposer à ces forces réunies, mais Roger de Beaumont, le vainqueur de Toëni, mit de nouveau son épée au service de la Normandie, et battit Henri Ier et les autres conjurés.

Avant et en 1046. — Guillaume put croire qu'après tant de revers, ses ennemis, épuisés et inquiets, allaient rentrer dans le devoir et l'inaction ; il n'en fut rien. Pendant qu'il était à Valognes, presque seul daus une trompeuse sécurité, et plein de confiance en son étoile, il vit arriver son bouffon Gallet épuisé par une marche longue et précipitée et les traits empreints d'une indicible inquiétude. Moitié poête, moitié bouffon, Gallet adorait Guillaume, qui avait d'ailleurs en lui la plus entière confiance.

La chronique dit qu'il était depuis longtemps obligé par les libéralités du fils d'Arlette qui se plaisait aux caprices et saillies de son esprit. Sans attendre qu'on l'interrogeât, cet ami sincère apprit à son maître qu'il avait découvert un complot tramé à Bayeux par Guy, comte de Bourgogne, Néel de St-Sauveur, vicomte de Cotentin, Renaud, vicomte de Bayeux, Aymon, seigneur de Thorigny, Grimoult du Plessis et autres seigneurs, et qu'il s'agissait d'assassiner le duc pour le remplacer par le comte de Bourgogne.

Il n'y avait ni à douter ni à hésiter. Guillaume quitta Valognes séance tenante, et à travers bien des périls se dirigea en toute hâte vers sa forteresse de Falaise. L'ayant reconnu à son passage sur ses terres, Hubert, baron de Rye, lui proposa ses trois fils pour guides jusqu'à destination.

Le duc accepta avec reconnaissance, et après avoir passé le gué à Espins, près de Foupendant, arriva, avec ses compagnons, sain et sauf dans sa ville natale, à la grande joie des habitants et des soldats. Là, Guillaume fit ses préparatifs, organisa ses forces, et confia le gouvernement de la place à Jean de Belain, seigneur de Blainville.

1047. — Il gagna ensuite les bords de la Seine, coucha à la *Pomme d'Or*, hôtellerie située sur le bord du chemin de Pont-l'Evêque à Pont-Audemer, et passa par la Maison-Mauger et Conteville, résidence de son beau-père, Herlouin. Ayant appelé le pays de Caux aux armes, il monta dans la barque d'un pêcheur et se fit conduire à Rouen où il acheva ses dispositions, et d'où il se rendit à la cour d'Henri Ier pour solliciter son concours en lui rappelant sans doute les services et les bonnes relations d'autrefois.

Le roi de France, regrettant ses injustes interventions dans les affaires du duché, reçut Guillaume avec empressement et prit lui-même le commandement de son armée ; et Français et Normands, soutenus par l'intrépide Roger de Beaumont et Raoul Tesson, seigneur d'Harcourt, qui s'était rallié au dernier moment, écrasèrent les barons révoltés à la fameuse journée du Val des Dûnes, aux cris de *Montjoie* et de *Dex aïe.*

Cette victoire donna au duc de Normandie une puissance et une renommée considérables qu'il étendit encore en poursuivant et en assiégeant Guy de Bourgogne, retirè précipitamment dans son château. Les seigneurs humiliés courbèrent la tête sous son sceptre victorieux, et la paix vint enfin, pour quelque temps, fermer les blessures de la guerre en Normandie. Le héros falaisien avait alors vingt ans.

1048, 1049. — Peu de temps après, le roi de France lui-même fut attaqué par Geoffroy Martel, comte d'Anjou. A son tour, Guillaume secourut son ami et obligea Geoffroy à faire la paix avec Henri; mais irrité de l'intervention du duc de Normandie, le comte d'Anjou réunit les débris de son armée et s'empara d'Alençon et de Domfront que gouvernait le comte de Bellême, Guillaume II, dit aussi Talvas, qui, jadis, passant par Falaise, avait maudit le duc à son berceau.

A cette nouvelle, Guillaume convoqua ses troupes à Falaise, et sortit de cette ville pour reconnaître Domfront. Après avoir fait élever devant cette place quatre tours qu'il garnit de défenseurs, il se dirigea sur Alençon pour étudier aussi le terrain et dresser son plan d'attaque. Il revint alors à Falaise, compléta ses forces, donna ses instructions à ses lieutenants, et marcha de nouveau sur Alençon où les Angevins, du haut des murailles, l'insultèrent grossièrement en lui reprochant sa naissance.

Furieux à juste titre, le duc jura par la splendeur de Dieu qu'il ne laisserait aux soldats de Martel ni œil, ni main, ni pied ; puis l'assaut fut ordonné, la ville prise, et les vaincus traités sans pitié. Certes, leur supplice fut mérité, car le nom de mère est sacré entre tous.

Après ce succès Guillaume retourna à Domfront. Mais, désireux de ménager le sang de ses soldats, il fit, avant de l'attaquer, courir le bruit que le château s'était rendu. En apprenant ce nouvel échec, le comte d'Anjou regagna ses Etats, et les défenseurs de Domfront, privés de son appui, ouvrirent leurs portes au vainqueur.

Le duc de Normandie rendit alors le gouvernement de Domfront et d'Alençon à Guillaume II de Bellême, dont le père, Guillaume Ier, avait fait bâtir les châteaux de ces deux places, et les agitations cessèrent de nouveau dans le duché.

A cette époque (1049), Odon, frère utérin du duc, âgé seulement de 14 ans, était appelé à l'évêché de Bayeux, à la mort de Raoul de Dol. Ce fut lui qui jeta les fondements de la cathédrale, doubla le nombre des chanoines, et augmenta les revenus de l'évêché qu'il occupa pendant cinquante ans. L'année précédente (1048) Guillaume avait donné la vicomté d'Auge à son autre frère, Robert, qu'il fit comte de Mortain lorsqu'il eut chassé le traître Guerlan de ce comté.

1050. — Ne voyant plus autour de lui que des populations soumises, craintives et respectueuses, Guillaume assembla les Etats de Normandie et leur fit part de son intention d'épouser sa cousine Mathilde, fille de Beaudoin V, comte de Flandre ; il les éclaira ensuite sur la nécessité de détruire un certain nombre de places fortifiées qui menaçaient la tranquillité publique, et d'accorder chaque semaine aux serfs et aux vassaux le temps nécessaire à leurs occupations personnelles.

Les Etats accueillirent avec joie ces propositions. Le comte de Flandre était très estimé ; il avait épousé Adèle ou Alix de France, fille du roi Robert le Pieux, et paraissait désigné comme régent du royaume lorsque Henri Ier, qui l'y précéda de sept années, descendrait dans la tombe.

Le mariage fut célébré avec beaucoup de magnificence au château d'Arques où le duc s'était rendu au devant de sa fiancée, accompagné de sa plus brillante noblesse.

On raconte que la veille de Pâques de cette année un enfant qui s'était noyé à Falaise recouvra la vie par l'intercession de Saint-Wulfran.

Cependant, l'ambition du comte d'Arques n'était pas éteinte, et les revers qu'il avait essuyés n'avaient fait qu'augmenter sa haine. Secrètement soutenu par Henri Ier, chez qui les sentiments de jalousie et d'usurpation se réveillaient, il prit le titre de duc de Normandie et osa de nouveau se mesurer avec Guillaume qui le mit cette fois dans l'impossibilité de recommencer la lutte.

1054. — La donation du comté du Mans que le comte Hébert avait faite à Guillaume pour le remercier de son appui contre Geoffroi Martel, ralluma les hostilités entre le duc de Normandie, le roi de

France et les prétendants au comté. Le duc imita la tactique de ses ennemis, et forma deux divisions de son armée. Les intentions d'Henri n'étaient pas douteuses ; il voulait s'emparer du duché.

Mais ses troupes et celles de ses alliés, après avoir réduit en cendres le château et le bourg de Montgommery, furent taillées en pièces à Mortemer et près d'Evreux. Désespéré, le roi prit la fuite et signa la paix avec le glorieux Normand auquel il rendit le château de Tillières. Guillaume alors fortifia le Mans, y laissa une petite garnison et se hâta de revenir auprès de son épouse qui venait de donner le jour à Robert, son premier fils.

Après son départ, Geoffroy de Mayenne s'empara de la ville et en chassa les défenseurs. Mais Guillaume revint d'Alençon avec 30,000 hommes, paysans et soldats, et rentra dans la place qu'il démantela et brûla en partie. Mayenne fut dépouillé de son château d'Ambrières que le duc lui avait rendu, et Gautier, comte de Mantes et de Chaumont, avec sa femme Biote, qui aspiraient à l'héritage d'Hébert, furent faits prisonniers, puis grâciés selon les uns, et selon d'autres conduits à Falaise où ils seraient morts empoisonnés.

Roger II de Montgommery, fils de Hugues, sire de Montgommery, et de Josseline de Pont-Audemer, nièce de Gonnor, deuxième épouse de Richard Ier, devait être à cette époque et même avant, en remplacement de son père, Hugues, chargé des intérêts de la vicomté et de la place de Falaise. Comte de Bellême et d'Alençon, Roger II était le petit-fils du rebelle Roger Ier, et parent et ami du duc Guillaume.

1055. — Profitant de la paix que dictèrent ses nouveaux triomphes, le duc de Normandie se rendit en Angleterre auprès de son parent Edouard III, qui, se souvenant de l'affectueuse hospitalité qu'il avait reçue à la cour normande, accueillit Guillaume avec la plus parfaite cordialité et lui laissa même entrevoir sa succession à la couronne.

Rentré à Rouen, Guillaume reçut à son tour la visite d'Harold, fils de Godwin, dont les prétentions au trône d'Angleterre étaient connues de tous. Le duc ne lui cacha pas non plus ses espérances sur l'héritage d'Edouard, et lui promit la liberté de son frère et celle de son neveu s'il consentait à renoncer à ses desseins et à favoriser ainsi son avènement. Harold prêta le serment que le duc exigea de lui, mais avec la pensée de le violer plus tard ; puis il quitta la Normandie et regagna l'Angleterre.

Pendant que sa vaste intelligence mûrissait déjà une gigantesque entreprise, Guillaume entretenait l'ardeur de ses troupes en faisant rentrer dans le devoir quelques imprudents révoltés. Ce fut ainsi qu'Albert Ribaud, seigneur du Timerais, vit son château de Timers tomber au pouvoir du duc, et que son successeur, Hugues Ier, perdit sa forteresse de Rémalard. Du reste, une occasion plus sérieuse de signaler sa valeur et d'affermir encore son pouvoir ne tarda pas à se présenter.

1060. — Henri Ier n'avait pas pardonné au duc de Normandie sa défaite de Mortemer. Uni à Geoffroy, comte d'Anjou, il pénétra en Normandie avec une armée de cent mille hommes, en pillard et en vainqueur. D'Aunou, d'Exmes et de Saint-Pierre-sur-Dives, il passa dans le Bessin qu'il ravagea, ayant eu soin d'éviter Falaise dont la forteresse redoutable l'inquiétait, et où il supposait que Guillaume s'était retiré.

En effet, à l'approche de ce tourbillon humain, le

duc avait armé ses citadelles, mis les vivres du pays en sûreté et prévenu tous ses capitaines de se tenir prêts au premier signal ; puis, ayant à la hâte rassemblé ses vassaux et vingt mille hommes de guerre seulement, et profitant de la marche d'Henri vers la haute Normandie, il sortit de Falaise avec ses troupes et entra à l'improviste dans la vallée de Bavent au moment où les forces royales allaient passer la Dives à Varaville.

Déjà une partie de l'armée avait gagné l'autre rive quand soudain Guillaume fondit sur l'arrière-garde, et jeta le désordre et la mort dans ses rangs.

Ce fut une mêlée et une boucherie indescriptibles que rendit plus lugubres encore la rupture du pont ensevelissant l'ennemi dans l'abîme.

Ne pouvant repasser la rivière pour secourir ses soldats, Henri Ier assista, sombre et désespéré, au navrant spectacle qu'offraient les noyés, les tués, les blessés et les prisonniers ; il comprit toute l'étendue de son malheur et regagna précipitamment sa cour où il mourut la même année, laissant son royaume sous la garde de Beaudoin, beau-père de son illustre vainqueur, pendant la minorité de son fils Philippe Ier.

Au mois d'octobre suivant, Guillaume mettait le comble à sa gloire en s'emparant de Saint-Cénéry que défendait Robert Giroye, et en rétablissant dans son patrimoine Berthe de Blois, veuve en premières noces d'Alain de Bretagne et en secondes de l'ancien comte du Maine, Hugues II, laquelle avec son fils Hébert ou Herbert II et sa fille Marguerite, avait imploré sa haute protection.

Ce fut à cette époque que le duc de Normandie confirma l'établissement du monastère de St-Désir de Lisieux, fondé par la comtesse Lesceline, à la piété de laquelle on doit également la chapelle de Sainte-Anne d'Entremont.

1061. — Après Henri Ier, Guillaume vit bientôt mourir aussi son incorrigible ennemi, Geoffroy Martel, qui s'était retiré dans l'abbaye de Saint-Nicolas d'Angers en laissant ses domaines à ses fils, Geoffroy le Barbu et Foulques le Réchin.

Alors, le duc assembla un concile à Caen, où il fut décidé, entr'autres excellentes mesures, que chaque soir on sonnerait la cloche dans toutes les paroisses du duché pour inviter le peuple à la prière et aù repos.

1062. — La reconnaissance de Berthe de Blois envers le duc normand se manifesta par l'offre bien accueillie de fiancer sa fille Marguerite, dont la beauté était remarquable, au prince Robert, son fils, alors âgé de huit ans.

A l'occasion de ces fiançailles, Geoffroy le Barbu donna dans Alençon l'investiture du Maine à Robert, et de son côté Guillaume reconnut son fils pour héritier du duché. La jolie Marguerite, fleur à peine éclose, fut emmenée en Normandie et confiée au puissant Odon Stigaud, seigneur de Mézidon, pendant que son jeune fiancé étudiait sous Raturius, Hilgarius et Tetbold. Mais ces souriants projets d'union ne devaient pas se réaliser ; Marguerite mourait peu de temps après, suivant son frère Herbert dans la tombe.

1063, 1064. — A ces deux années paraît se rattacher l'achèvement de l'abbaye de Sainte-Trinité de Caen, fondée par la duchesse Mathilde ; la dédicace de l'église dut avoir lieu le 17 ou le 18 janvier 1066.

1066. — Edouard III, roi d'Angleterre, que les Anglo-Saxons avaient appelé au trône à la mort de Hardi Canut, fatigués qu'ils étaient du joug des

Danois, se sentant sur le point de mourir et se souvenant des liens de parenté et d'amitié qui l'unissaient au duc de Normandie, donna par testament sa couronne à ce dernier.

Mais à peine le monarque eut-il rendu le dernier soupir qu'Harold, fils du comte Godwin, beau-père d'Edouard III, se fit proclamer roi d'Angleterre, au mépris de ses serments, des volontés du testateur et des droits du légataire.

Guillaume convoqua alors les Etats à Lillebonne, et les consulta sur la validité du testament d'Edouard et sur l'opportunité d'une guerre. Après certaines hésitations, la revendication à main armée fut décidée, et tous se mirent à l'œuvre pour une prompte et sûre exécution.

Le duc confia d'abord la régence du duché à son épouse Mathilde et laissa auprès d'elle, pour l'aider dans l'administration, Roger II de Montgommery, dont nous avons parlé. Le Maine fut placé sous la sauvegarde du sénéchal Onfroy de Tracy et de Guillaume de la Ferté, et les grands dignitaires reconnurent de nouveau le prince Robert auquel, selon M. Chancel, incomba, sans doute sous la tutelle de sa mère et sous la surveillance de Montgommery, la garde et le gouvernement de notre forteresse où d'importants mouvements de troupes s'opéraient pour le départ.

L'assentiment du Pape qui offrit un étendard béni et des reliques de Saint-Pierre, et aussi l'espoir d'un riche butin stimulèrent les dévouements et les convoitises. Princes, barons, manants, aventuriers de tous les pays, cinq mille Bretons avec Alain Fergant, les comtes d'Anjou et de Flandre, les vassaux de l'empereur Henri IV, la noblesse française séduite par le régent Beaudouin, etc., etc., vinrent se joindre à la jeunesse falaisienne et à l'armée de

Guillaume, forte de soixante mille hommes environ, et que trois mille vaisseaux et barques étaient prêts à transporter en Angleterre.

L'évêque de Bayeux, Odon, en avait équipé quarante pour sa part. On dit que les bois de Touques, Herbetot, Dozulé, etc., servirent à la construction de ces embarcations.

Le rendez-vous fut fixé à Dives et à Saint-Valéry pour le mois de septembre, et le 28 ou le 30 la flotte se mettait en mouvement et abordait à Pevensey, sur les côtes de Sussex.

Le 14 octobre, les deux armées se trouvaient en présence à Hastings, à 90 kilomètres de Londres. Celle de Guillaume, rangée sur trois lignes, marcha à l'ennemi au chant de guerre de Roland, et le combat dura depuis le matin jusqu'au soleil couchant. Le duc, qui commandait la cavalerie, eut trois chevaux tués sous lui et perdit quinze mille hommes ; mais Harold était vaincu et mourait dans la mêlée avec ses deux frères.

Malgré cette désastreuse et sanglante défaite les Anglais, ne voulant pas subir la domination normande, proclamèrent roi le neveu d'Edouard, le jeune Edgard Atheling, seul héritier de la dynastie saxonne. Mais Guillaume, poursuivant sa conquête et l'étendant sur plusieurs points à la fois, favorisé d'ailleurs par le haut clergé, triompha de ces dernières résistances et reçut même les clefs de Londres des mains du nouveau roi. Le 22 octobre, il entra dans la capitale et se fit couronner dans l'abbaye de Westminster.

Dans cette gigantesque entreprise, Guillaume n'eut qu'à se louer de ses frères utérins, Odon de Conteville, évêque de Bayeux, et Robert, comte de Mortain. Le prélat, avant et après la bataille, avait célébré l'office divin en présence de l'armée, et pendant l'action on l'avait vu parcourir bravement les rangs et stimuler le courage des soldats.

La liste des compagnons de Guillaume à la conquête est gravée sur les murs intérieurs de l'église de Dives ; nous nous bornerons ici à citer quelques noms qui nous paraissent plus particulièrement se rattacher à notre contrée :

Aitard, de Vaux.
de Montaigu.
de Percy.
Beuselin de Dives.
Bigot des Loges.
Etienne de Fontenai.
Eudes de Fourneaux.
Geoffroy de Montbray.
id. de la Guerche.
id. de Pierrepont.
id. Tallebot.
Gilbert de Bretteville.
Guillaume de Bray.
id. de Briouze.
id. de Falaise.
id. de Castillon.
id. de la Forêt.
id. Goulaffre.
id. de Moion.
id. Pantoul.
id. Taillebois.
id. de Watteville
id. de Vauville.
Onfroy du Tilleul.
Hugues de Bernières.
id. de Corbon.
id. de Grandmesnil.
id. de Hotot.
Hugues de Montfort.
id. de Montgomery.
Mathieu de Mortagne.
Néel d'Aubigny.
id. de Berville.
Osberne du Breuil.
Raoul d'Aunou.
id. de Bons.
id. de Conteville.
id. de Noron.
id. d'Ouilly.
id. de la Pommeraie.
id. du Theil.
Renaud de Bailleul.
id. de Torteval.
Richard de Beaumais.
id. de Courcy.
id. de Mery.
id. de Saint-Clair.
id. de Neuville.
id. Tallebot.
Robert d'Auberville.
id. d'Aumale.
id. de Beaumont.
id. de Chandos.
id Corbet.
id. de Guernon.
id. de Harcourt.

Robert Malet.
id. de Montbray.
id. des Moutiers.
Roger d'Arundel.
id. Bigot.
id. de Lisieux.
id. deMontgommery.
d'Auvrecherd'Angerville
de Bricqueville.
de Clinchamps.
de Saint-Quentin.
de Tournebu.
de Fribois.
de Mathan.
d'Houdetot.
d'Héricy.
d'Orglandes.
du Merle.
de Saint-Germain.
de Ste-Marie d'Aigneaux
de Touchet.
de Cintheaux.
de Sassy.
de Magny.
de Saint-Denis.
de Saint-Omer.
de Saint-Vigor.
de Jort.
Rabel.
Roger de Rasnes.
Roger Marmion.
Raoul Tesson.
d'Acqueville.
Robert de Ruddlan.
Etc., etc., etc.

Pendant que la Normandie et Falaise particulièrement se livraient à la plus vive allégresse, Guillaume récompensait ses vaillants compagnons d'armes, et partageait entre eux les terres conquises, il introduisit l'institution des fiefs dans le royaume, et s'appliqua surtout à cimenter l'union entre les vainqueurs et les vaincus ; mais malgré toutes ses attentions pour les Anglais, il n'oubliait pas de placer de préférence l'autorité entre les mains des Normands.

1067. — Par ses soins un monastère fut bâti près du champ de bataille d'Hastings, et des forteresses s'élevèrent bientôt snr tout le pays.

Lorsqu'il crut son autorité suffisamment affermie, le duc-roi laissa l'administration de sa conquête à son frère Odon et à William Fitz-Ozbern, et vint revoir son duché où il avait laissé ses plus chères affections. Son historien, Guillaume de Poitiers, dit que pendant son séjour à Fécamp les plus grands seigneurs le visitèrent et lui rendirent leurs hommages avec un éclat imposant.

Pendant ce voyage en Normandie, Guillaume put étaler aux yeux de ses sujets toutes les ressources de sa nouvelle puissance, jeter l'effroi parmi les indignes et les conspirateurs, et se rendre compte de l'état des fortifications et des affaires du duché; il dut aussi activer l'exécution des travaux de l'abbaye de Saint-Etienne de Caen, cette sœur cadette du monastère de la Trinité dont la présence continuelle de Mathilde en Normandie avait hâté l'achèvement. Falaise évidemment ne put être oubliée dans cette excursion triomphale, et il n'est besoin de se demander si elle reçut avec ivresse et enthousiasme son enfant bien aimé.

Nonobstant la vigilance de l'évêque de Bayeux, quelques désordres éclatèrent en Angleterre pendant l'absence du conquérant. Le comte de Kent, à l'instigation d'Eustache de Boulogne, fut le premier à essayer de secouer le joug; mais Guillaume apparut à temps, et rétablit la tranquillité.

1068. Ce fut après ce nouveau triomphe que la duchesse-reine Mathilde, laissant en Normandie ses trois fils Robert, Richard et Guillaume, vint rejoindre son auguste époux dans ses nouveaux Etats qu'elle ne connaissait pas encore, et où elle lui donna un quatrième enfant qui fut nommé Henri. Là, sur le terrain même de la conquête, elle put concevoir la création de la célèbre tapisserie qu'on lui attribue. A cette année semble se reporter la confirmation par Guillaume-le-Conquérant de l'abbaye de Troarn et du prieuré de Sainte-Barbe-en-Auge, fondé par Odon Stigaud, ce grand familier de la maison ducale et royale.

1069. Revenue en Normandie, la reine Mathilde s'occupa d'œuvres pieuses et artistiques ; elle surveilla le travail des monuments en voie d'exécution, et se consacra entièrement à l'éducation de ses enfants et à la direction du duché.

1070. Pendant ce temps, Guillaume appelait le moine du Bec, Lanfranc, à l'archevêché de Cantorbery, apaisait de nouvelles révoltes, et confirmait l'institution de la loi féodale établie en France et en Normandie, et la division des terres en baronnies, sauf le domaine de la Couronne.

Les grands barons normands, les évêques et les abbés, tenus pour ces donations relevant du trône, au service militaire et à des redevances en argent, purent aliéner eux-mêmes une partie de leurs domaines à des compatriotes ou à des Anglais qu'on appela chevaliers ou vassaux et qui se liaient par des engagements envers leurs seigneurs comme ceux-ci étaient liés envers le roi.

A cette époque le conquérant ordonna à ses officiers de faire un relevé exact des monastères et peut-être aussi des églises qui existaient avant l'invasion normande.

1073. La pacification de l'Angleterre pouvait être considérée comme entière quand la révolte de Foulques d'Anjou appela Guillaume dans le Maine. Il partit d'Alençon, accompagné de Roger de Montgommery et de Robert de Bellême, son fils, et son armée, composée d'Anglais et de Normands, fit rentrer promptement le rebelle dans l'obéissance. Robert de Bellême fut armé par lui chevalier pendant le siège de Fresnay.

Le roi d'Angleterre devait beaucoup à son père

et à sa mère, Mabille de Bellême, fille de Talvas II, qui avaient mis tous leurs vasseaux à sa disposition et équipé plusieurs voiles pour la conquête. Roger II n'avait pas fait partie de cette première expédition puisque sa place était auprès de la duchesse, régente de Normandie ; mais il avait accompagné le roi à son deuxième voyage, et comblé des dons et des faveurs du souverain, fondé au pays de Galles, le comté auquel il donna son nom. Roger de Montgommery mourut, comme nous le verrons, en 1094, ayant laissé plusieurs enfants, Robert, Hugues, Roger, Philippe, etc., et une fille, Mathilde, qui epousa Robert, comte de Mortain, frère utérin du conquérant.

1074. Après avoir confisqué les possessions du félon Grimoult du Plessis, qu'il donna à l'évêché de Bayeux, Guillaume regagna l'Angleterre où il étouffa de nouvelles conspirations fomentées par Ralph et le comte de Herefort. Dans ces circonstances, Robert de Mortain le servit avec autant d'intelligence que de dévouement.

1075. Soutenu par le comte de Bretagne et le roi de France, Philippe Ier, qui voyait avec effroi le développement de la puissance du duc-roi, et regrettait vivement le concours que son tuteur Beaudouin avait prêté pour la conquête, Ralph passa en Normandie où il obtint quelques succès. Guillaume qui l'y avait suivi crut devoir signer la paix, et regagna l'Angleterre laissant à son fils le gouvernement du Mans.

Nous ne serions pas surpris qu'à cette époque Robert de Bellême, qui devait donner tant de signes d'inconstance et de fidélité, fût déjà initié par son père, Roger de Montgommery, à la gestion des intérêts de la vicomté de Falaise.

1076. Le roi d'Angleterre, prince des Normands et des Manceaux, était alors sans contredit le plus puissant monarque de l'Europe; ce qui n'empêcha pas le pape Grégoire VII de lui demander l'hommage de sa couronne envers le trône pontifical. Guillaume ne se prêta pas à ce désir, et conserva sa complète indépendance.

1077. L'administration et la défense du duché et du royaume devaient nécessairement obliger le Conquérant à de fréquents voyages; aussi ne nous étonnerons-nous point de le revoir cette année en Normandie où il s'était fait précéder de Guillaume de Falaise, seigneur de Moulins-la-Marche, et de Robert de Vieux-Pont, pour porter secours à Jean de la Flèche attaqué par Foulques-le-Réchin. Redoutant des retards dans l'exécution de ses ordres, Guillaume, étant sans doute passé par Falaise, se rendit à Alençon, et allait prendre le commandement de ses troupes, quand il apprit que Roger de Montgommery et le comte d'Evreux avaient conclu la paix qui fut appelée paix de Blanche-Lande.

Pendant ce nouveau séjour en Normandie, le roi assista à la cérémonie de dédicace de l'église de Dives, et donna l'église de Hubert-Folie à son abbaye de Saint-Etienne dont l'église paraît egalement avoir été consacrée vers cette époque.

1079, 1080. Lorsque le pape Grégoire prohiba le mariage des prêtres et ménaça de l'excommunication les ecclésiastiques qui ne répudieraient pas leurs femmes, Guillaume sut encore conserver une attitude calme et réservée, et continua de gouverner avec prudence et fermeté. Mais son âme grande et forte, qui avait souffert avec résignation l'ingratitude, la trahison et des infortunes de toute sorte comme elle avait accueilli les triomphes sans trop d'orgueil, s'émut douloureusement à la nouvelle que son fils aîné, Courte-Heuse ou Courte-Botte, qui avait l'insvestiture du duché, mais sans pouvoir, paraissait, à l'instigation de quelques jeunes seigneurs, vouloir se révolter contre son autorité, et jouir en maître, avant l'heure de la sucession, du Maine et de la Normandie.

Profondément impressionné, Guillaume n'osait pas croire à ces honteuses machinations. Cependant, de tristes pressentiments le ramenèrent promptement sur le sol natal. Se trouvant un jour au château de Laigle avec ses trois fils, Robert, âgé de 24 ans, Gnillaume de 19, et Henri de 10, il arriva que l'aîné reçut quelques gouttes d'eau jetées malicieusement sur lui par ses deux frères. Excité maladroitement ou méchamment par Albéric de Grandmesnil, fils de Hugues, et autres jeunes seigneurs, témoins de cette espièglerie, Robert se fâcha, et il s'en suivit une querelle qui nécessita l'intervention paternelle.

Robert quitta la cour en ennemi, et se dirigea sans succès sur Rouen que Roger d'Ivry gardait fidèlement et énergiquement au nom du roi.

Alors il appela à lui la noblesse inconséquente, vaniteuse et turbulente de la Normandie, du Maine et de l'Anjou, dans les rangs de laquelle se trouvait bon nombre de seigneurs qui avaient reçu les bienfaits du conquérant. Sa voix fut entendue, et le drapeau de la rébellion flotta de nouveau sur notre magnifique sol déjà si cruellement éprouvé.

Guillaume, que le gouvernement féodal de Normandie entravait dans son action, leva une armée d'Anglais commandés par ses vieux capitaines, et marcha à la rencontre de son fils qui se jeta à la hâte dans le château de Gerberoi, en Beauvoisis, où il soutint le siège contre son père.

On raconte que, dans une sortie sous les murs de la forteresse, Robert, aveuglé par la fureur, s'attaqua directement à Guillaume qu'il ne reconnut qu'après l'avoir blessé. Sa douleur fut vive et sincère; il se prosterna aux pieds du héros, et sollicita un pardon que sa mère lui fit obtenir peu de temps après. Alors il suivit affectueusement le monarque en Angleterre, et l'aida consciencieusement et avec efficacité à repousser l'invasion de Malcolm, roi d'Ecosse.

Pendant ces douloureux et regrettables troubles de famille, Courteheuse avait contracté une liaison avec une jeune personne qui lui donna plusieurs enfants, et entre autres une fille mariée plus tard à Hélie de Saint-Saëns.

A cette époque aussi, le conquérant autorisait les religieux de Saint-Etienne à avoir un cellier à Rouen pour y conserver le vin nécessaire à la consommation de l'abbaye. Sa charte fut signée par la reine Mathilde qui continuait de résider en Normandie où elle se signalait par de grandes aumônes. Sa présence dans le duché était impérieusement réclamée par les projets du roi de France qui n'attendait qu'une occasion pour séparer la Normandie de l'Angleterre ; elle la mettait aussi à profit pour prévenir toute nouvelle tentative de révolte de la part de son bien aimé Robert, dont elle calmait l'humeur ambitieuse, et enfin pour vivre auprès de sa fille Cécile, religieuse à Sainte-Trinité, et plus tard abbesse de ce couvent, de 1112 à 1127. Dans ce monastère, Mathilde avait son palais particulier comme Guillaume le sien à Saint-Etienne.

1081. — Depuis la conquête, l'évêque de Bayeux, Odon, devenu comte de Kent, avait aussi, tant en

Angleterre qu'en Normandie, exercé son autorité et recueilli une large part de butin.

Cette situation, exceptionnellement belle, étendit ses rêves d'ambition et le fit aspirer à la papauté et peut-être à une certaine domination dans l'Etat.

Ses intrigues déplurent au conquérant qui, informé de son prochain départ pour l'Italie avec quelques seigneurs gagnés à ses projets, ordonna de l'arrêter en sa qualité de comte de Kent, et de le conduire en Normandie. Dans cette pénible circonstance, Robert de Conteville, comte de Mortain, chercha constamment à apaiser la colère du roi, son frère, qui. avant sa mort, consentit à lui rendre la liberté.

Robert de Conteville fut le fondateur de la collégiale de Mortain, et quand il quitta la terre, son corps fut déposé dans l'abbaye de Grestain auprès de sa mère, Arlette de Vertprey. Robert dut naître vers 1039, car son existence est constatée dans la charte de fondation de Grestain par son père, Herlouin de Conteville, en 1040. Il paraît que dans les ruines de cette abbaye on a découvert la pierre tumulaire d'Arlette. Que fait-on de cette précieuse relique dont l'épitaphe doit offrir tant d'intérêt ?

En même temps que Guillaume indiquait à chacun de ses sujets l'étendue de ses droits et de ses devoirs, il faisait dresser par des commissaires spéciaux un état estimatif de toutes les terres du royaume avec la désignation des redevances et fiefs qu'il retenait en ses mains. Ce travail, monument immense et heureusement conservé, dura six années, et fut appelé : *Dome's-day-book*. C'était ce que nous nommions autrefois terrier en Normandie et aujourd'hui matrice cadastrale et états de section.

Le revenu que le roi s'était réservé était considérable ; sa cour de Winchester étalait un luxe digne de lui, et ses nombreux serviteurs ne pouvaient que se féliciter de ses largesses. Dans les environs de cette magnifique résidence, il avait fait planter une vaste forêt pour se livrer au plaisir de la chasse qu'il aimait passionnément, et son deuxième fils, Richard, y avait trouvé la mort peu de temps après.

1082. — A l'époque où la jeune princesse Cécile avait pris le voile, Odon Stigaud lui avait donné, pour elle et pour l'abbaye, tous ses droits sur les églises de Falaise.

Mathilde, dans une charte de 1082, se plaît à rappeler cette donation et la part qu'elle y avait prise. En effet, il n'est pas possible d'admettre que Guillaume et son épouse aient consacré tous leurs soins aux fortifications de notre ville sans se préoccuper des monuments religieux qu'ils aimaient tant à fonder et à enrichir. S'ils ne nous ont pas donné de monastères, il est certain que nos églises ont été l'objet de leur culte, et qu'ils ont été les inspirateurs, sinon de leur édification primitive, du moins de leur entretien, restauration, agrandissement ou reconstruction.

Saint-Gervais et Guibray sont des témoins irrécusables de la merveilleuse architecture du règne du conquérant. L'abbaye de Sainte-Trinité conserva jusqu'à la révolution le patronage de ces deux églises et de celle de la Trinité, qui, peut-être, eut l'abbesse pour marraine.

1083. — Après avoir vu avec joie son époux terminer amiablement un différend qui s'était élevé entre les monastères de Saint-Etienne et de la Trinité au sujet de leurs limites respectives, Mathilde, le 1er novembre de cette année, rendit son âme à Dieu et fut inhumée à Caen dans le chœur de la florissante abbaye qu'elle avait fondée. Elle avait vécu pendant trente-trois années avec Guillaume.

On a prétendu qu'une affection jalouse et qu'une participation occulte aux révoltes de Courteheuse contre l'autorité paternelle avaient éte une cause de mésintelligence entre les époux et de brutalités de la part du conquérant envers sa femme ! Nous ne croyons pas devoir nous associer à ces accusations qui ne nous ont pas paru sérieusement fondées. Si la tradition est souvent une lueur, elle est quelquefois aussi une obscurité.

Après la mort de la reine, les relations furent de nouveau interrompues entre le père et le fils. Courtebotte se retira chez les parents de sa mère au moment où Guillaume entrait en lutte avec Hubert qui avait attaqué les troupes normandes, gardiennes de la place du Mans.

1087.—Les Danois et les Flamands ayant été aussi rappelés à l'ordre, Guillaume, déjà souffrant, réclama du roi de France, Philippe Ier, la possession de Pontoise, Chaumont, Mantes et le Vexin français qu'il disait tenir de son père, Robert le Libéral, par don de Henri Ier. Philippe ne répondit à cette prétention qu'en ridiculisant le roi d'Angleterre à propos de son embonpoint, et en s'informant quand il ferait ses couches ; cette raillerie coûta cher aux deux souverains ; Guillaume promit d'aller faire ses relevailles à Paris avec 20,000 lances, et le commencement d'exécution suivit de près la menace. A la tête de ses troupes, il ravagea le Vexin, et l'incendie de Mantes put convaincre Philippe que sa couronne était sérieusement menacée ; mais heureusement pour lui, Guillaume, s'étant trop approché des flammes, et s'étant blessé sur le pommeau de sa selle en franchissant un fossé, fut pris d'une fièvre violente, et se fit promptement transporter à Rouen où il dicta son testament :

A Robert Courtebotte, l'aîné, il laissa la Normandie et le Maine ;

A Guillaume le Roux le royaume d'Angleterre ;

Et à Henri, le plus jeune, tous ses trésors avec la prédiction qu'il réunirait un jour sur sa tête les deux couronnes de ses aînés.

L'abbaye de St-Etienne eut en partage sa couronne dont il était *aorné ès haultes festes, son ceptre avecque sa verge d'or, son précieux galice, ses toiettes d'autel, plaz, candélabres et ses précieux ornements royaux.* Ces objets furent religieusement conservés par les moines jusqu'au jour où Guillaume le Roux les réclama.

Indépendamment de ses quatre fils, Guillaume eut cinq filles :

Cécile, abbesse de Sainte-Trinité ;

Constance, mariée à Alain Fergan, comte de Bretagne ;

Alix, promise à Harold ;

Adelaïde, qui épousa Etienne, comte de Blois, dont elle eut quatre fils.

Et Agathe, fiancée au roi de Galice, mais qui mourut en se rendant aux cérémonies du mariage.

Le puissant roi d'Angleterre rendit le dernier soupir le 8 ou le 9 septembre 1087, dans un douloureux isolement et honteusement dépouillé par ses indignes serviteurs. Ses restes mortels furent transportés à Caen par les soins de l'époux d'Arlette, Herlouin de Conteville, qui les fit inhumer dans le sanctuaire de Saint-Etienne. Cette cérémonie fut troublée par un incident regrettable : un bourgeois de Caen, nommé Ascelin, s'approcha de la fosse, et criant : *haro !* s'opposa à l'inhumation sous prétexte que le terrain lui appartenait et qu'on l'en avait injustement dépouillé. Avec soixante sols on fit taire ce hargneux personnage qui, selon nous, choisissait très mal le lieu et le moment de sa réclamation, si juste qu'elle pût être. Sans doute, la conduite d'Ascelin et de ceux qui le dédommagèrent en argent prouve la passion et le respect de la propriété à cette époque, mais l'histoire n'en doit pas moins déplorer le procédé de ce radical anticipé.

Guillaume le Roux fit élever à son père un superbe mausolée qu'un orfèvre de Caen, nommé Odon, enrichit d'or, d'argent et de pierres précieuses. Trois piliers de marbre blanc supportaient la pierre tumulaire d'une espèce de marbre noir. Sur cette pierre le monarque était représenté de grandeur naturelle, couché et revêtu de ses habits royaux ; à ses pieds on lisait une inscription latine composée par l'archevêque Thomas, et que citent divers auteurs. Dumoulin rapporte qu'en 1522 Pierre de Marigny, évêque de Castres et abbé de Saint-Etienne, sur la demande de hauts personnages, fit ouvrir le tombeau, et que le corps du conquérant fut trouvé tel qu'on l'y avait mis. En 1562 les protestants profanèrent cette sépulture ainsi que celle de la reine Mathilde ; ils brisèrent le portrait et le cercueil et ne trouvèrent plus que de longs et forts ossements recouverts de taffetas rouge. On sait que le lieutenant général du vicomte de Falaise, Charles Toustain, sieur de la Mazurie, s'opposa énergiquement à cet acte de vandalisme et d'impiété. Ce ne fut qu'en 1642 que dom Jean de Baillehache et dom Mathieu de la Dangie, religieux de Saint-Etienne, purent rétablir le tombeau.

Nous ne rappellerons pas ici la longue et savante dissertation du savant Dibdin sur la tête conservée à Falaise dans la maison dite de Guillaume le Conquérant, sur la place du marché. On croit qu'elle représente le vainqueur d'Hastings, et qu'elle peut avoir appartenu à une statue ornant jadis notre place publique.

On s'étonnera peut-être qu'il n'ait pas été plus souvent et plus longuement question de Falaise sous le règne du premier Duc-Roi ! mais il ne faut pas oublier que cette place forte, réputée imprenable, et objet d'une affection particulière, ne devait faire entendre sa voix belliqueuse qu'à la dernière extrémité ; Guillaume, appelé sur différents points, et obtenant presque toujours du succès, Falaise put, au milieu de la tourmente, jouir d'une tranquillité que l'histoire n'avait pas à enregistrer.

1087, 1088. — Pendant les derniers moments du monarque, Guillaume le Roux passait en Angleterre, s'emparait des trésors déposés à Winchester, et se faisait couronner roi.

De son côté Robert Courteheuse prenait possession de la Normandie et du Maine, et signalait son avènement par de grandes aumônes et par des prières pour le repos de l'âme de son père.

Les barons anglais et normands ne virent pas avec bonheur Guillaume le Roux ceindre la couronne royale. Les uns étaient mécontents de le surprendre oubliant ses promesses, les autres craignaient que la séparation du royaume et du duché ne compromît leurs intérêts.

D'ailleurs le caractère du monarque ne leur plaisait point, tandis que le tempérament chevaleresque, confiant et bon de Courtebotte leur était beaucoup plus sympathique. Ce fut alors que, profitant de ces excellentes dispositions, l'évêque de Bayeux, Odon, d'accord avec le comte de Mortain, Eustache de Boulogne, Gilbert de Laigle, Robert de Bellême qui déjà avait été l'allié du duc contre le conquérant, et autres seigneurs, engagea son neveu Courtebotte à revendiquer ses droits d'aîné de la famille, et à s'emparer du trône d'Angleterre.

1089, 1890. — Le Roux comprit les fautes qu'il avait commises, et s'empressa de les réparer. Il se montra d'une bienveillance extrême pour ses sujets, et ayant ramené à lui la confiance, il fit échouer piteusement l'expédition de Robert qui avait cédé le Cotentin à son frère Henri pour se ménager les ressources nécessaires à sa téméraire entreprise. Guillaume punit alors sevèrement les barons qui lui avaient été hostiles. Cependant, Robert de Bellême rentra en grâce auprès du roi et conserva ses possessions ; mais il perdit la faveur du duc auquel l'évêque de Bayeux le signalait comme un allié du monarque. Aussi, à son retour d'Angleterre, fut-il arrêté, confié d'abord à la garde d'Odon et ensuite emprisonné à Falaise dont Gilbert de L'aigle, châtelain d'Exmes et seigneur de Sainte-Scholase, était ou allait devenir vicomte, fonction qui, comme nous l'avons dit, s'étendait aux affaires civiles et militaires à la fois.

A la nouvelle de la détention de son fils, Roger de Montgommery, comte de Salop, quitta ses domaines d'Angleterre et arriva en Normandie où il fortifia les citadelles de Bellême, Essai, Alençon, Domfront, St-Cénéry, la Motte-d'Ygé, Mamers et Vignats ; puis il obtint l'alliance des Manceaux contre le duc de Normandie, et les hostilités commencèrent.

Courteheuse, toujours pressé par Odon, son oncle, qui haïssait la race des Talvas, se décida à lever une armée ; et bien qu'ayant échoué, peut-être volontairement, devant Vignats que commandait Gérard de Saint-Hilaire, il dispersa les forces des rebelles et les rappela au devoir. Mais bientôt, à la suite d'une entrevue avec Roger de Montgommery qui plaida chaudement et habilement sa cause, le duc rendit la liberté à Robert de Bellême, lui permit d'élever deux nouvelles forteresses, l'une à Fourches ou sur la butte de Saint-Nicolas et l'autre à Château-Gontier, et lui donna en outre la forêt de Gouffern, Séez et Argentan.

Sur ces entrefaites, Guillaume le Roux, comptant sur certaines intelligences en Normandie et sur la neutralité de Philippe Ier, pénétra dans le duché et força Courtebotte à sortir de son indolence. Celui-ci aidé de son frère Henri, de Robert de Bellême, de Guillaume de Breteuil, du comte d'Evreux et autres seigneurs, put soutenir la lutte avec quelque avantage. Le 3 novembre 1090, son lieutenant Gilbert de Laigle se jetait dans Rouen et empêchait la ville d'être livrée au roi d'Angleterre par le traître Conan qui fut fait prisonnier et dont les riches possessions furent partagées entre les vainqueurs. Cependant, la noblesse des deux partis également intéressée à la paix voyait avec peine cette lutte fratricide. Elle rapprocha les deux frères, et de cet accord il résulta que Robert cédait à Guillaume : Eu, Aumale et Fécamp, et s'engageait à participer à l'attaque du mont Saint-Michel contre Henri, qui, bien mal récompensé de ses services, se vit forcé de capituler et de se retirer à la cour de France. Guillaume alors regagna l'Angleterre où il allait avoir à réprimer de nouveaux troubles en Ecosse.

1091. — La noblesse profita-t-elle de cette suspension d'hostilités entre souverains pour déposer les armes, comme elle paraissait le souhaiter, et faire reverdir le laurier de la paix ? Nullement. Inquiets et jaloux de la puissance croissante de la maison de Bellême qui semblait vouloir dominer sur le Houlme et l'Hiesmois, et affaiblir l'autorité de ses voisins, Richard de Courcy et le vieux Hugues de Grandmesnil, dont la fille Rohez avait épousé Robert, fils de Richard de Courcy, jetèrent les premiers le cri de discorde et pénétrèrent à main armée sur les terres de Robert de Bellême. La maison de Courcy, d'origine allemande, était venue s'établir en Normandie sous le règne de Richard II qui la combla de faveurs et de biens, et lui permit de construire cette redoutable forteresse dont les ruines même sont si imposantes encore aujourd'hui.

Robert de Bellême réunit ses vassaux, et avec les garnisons de Vignats, Château-Gontier, Fourches et Argentan, ravage à son tour les domaines de ses ennemis qui, trop faibles pour résister à ce choc, appellent à leur secours le comte de Beaumont, Guillaume de Garenne, Thibaut de Breteuil, dit le chevalier blanc, et Gui, dit le chevalier rouge.

En présence de ce nouveau déploiement de forces Robert de Bellême jugea prudent de réclamer l'assistance du duc de Normandie qui, à la tête d'une nombreuse armée, arriva devant le château de Courcy au commencement de janvier 1091. Guillaume de Ferrières, Guillaume de Rupières et autres seigneurs dévoués l'accompagnaient. Après trois semaines écoulées sans résultat, le duc fit élever un beffroi contre les remparts et le garnit de défenseurs ; mais les apparitions soudaines de Grandmesnil et les sorties fréquentes des assiégés qui communiquaient quand même avec leurs alliés paralysaient ses efforts. Dans une de ces sorties Guillaume de Ferrières et Guillaume de Rupières furent faits prisonniers et durent payer une forte rançon pour leur mise en liberté ; puis Yves de Grandmesnil, fils de Hugues, était pris à son tour et jeté dans un cachot. Fatigué de la longueur du siège, et affligé peut-être de combattre contre son duc, Hugues fit prier instamment Courteheuse de se retirer et de le laisser aux prises avec Bellême.

Robert refusa, et la lutte suivit son cours ; une circonstance même la rendit plus vive encore.

Le four des assiégés était élevé entre la forteresse et le beffroi des assiégeants. Les hommes de Richard de Courcy qui y venaient cuire le pain nécessaire à la garnison, sous la protection du fort, furent un jour si vigoureusement attaqués qu'un combat sanglant et presque général s'engagea entre les deux armées. Toutefois, cette affaire qui coûta la vie à vingt hommes et fit un grand nombre de blessés ne fut pas décisive ; dans une autre rencontre, Bellême, vivement poursuivi, vit de loin le beffroi devenir la proie des flammes.

Les choses en étaient là quand l'évêque de Séez, Gérard, désolé de voir son diocèse en butte à de si lamentables perturbations, se rendit au camp devant Courcy et fit entendre des paroles de conciliation. Robert de Bellême reçut le prélat insolemment et fit même arrêter son jeune page, Richard de Gasprée, qui fut relâché quelques jours après. L'évêque, douloureusement affecté, retourna à Séez et y mourut de chagrin.

L'attaque et la défense allaient se prolonger ainsi quand on apprit que le roi d'Angleterre venait de débarquer en Normandie avec son armée. Aussitôt, le duc et Robert de Bellême levèrent le siège de Courcy et se rendirent à Rouen pour prendre les mesures nécessaires à la défense du duché ; mais, cette fois encore, les seigneurs intervinrent, et les deux frères se tendirent la main.

Que se passa-t-il depuis cette époque jusqu'en 1096 ? D'abord nous voyons Robert de Bellême attaquer Gilbert de Laigle dans le château d'Exmes dont il prétendait avoir la garde, et être vigoureusement repoussé. Peu de temps après, Gilbert était tué d'un coup de lance par des gens du comte de Mortagne. Gilbert de Laigle était fils d'Ingénulphe et son frère Richer avait avant lui trouvé la mort devant Sainte-Suzanne. Son neveu, appelé aussi Gilbert, épousa la fille du comte de Mortagne et cette union rétablit la concorde entre les deux familles.

Guillaume le Roux était retourné en Angleterre, accompagné de Robert Courtebotte dont la valeur lui fut très précieuse dans ses querelles avec Malcolm qui, en 1092 ou 1093, trouva la mort dans un combat, tué, dit-on, par un de Montbray. L'année suivante (1094), Roger II de Montgommery, père de Robert de Bellême. disparaissait de la scène du monde.

Enfin, les trois fils du conquérant ne pouvant vivre en bonne intelligence, le sol normand se trouva de nouveau dévasté par les troupes de Guillaume le Roux, celles de Robert Courtebotte unies à l'armée française, et les quelques partisans du jeune Henri que les habitants de Domfront avaient accueilli dans leurs murs au détriment de Robert de Bellême. Déjà Argentan et Exmes avaient été emportées d'assaut quand une excursion des Gallois rappela Guillaume en Angleterre. Au même moment la voix de Pierre l'Ermite prêchait la croisade contre les Sarrasins et les Turcs, maîtres des lieux saints en Palestine et oppresseurs des chrétiens.

1096. — Fatigué de ces luttes intestines continuelles qui convenaient si peu à sa nature, et pénétré de la grandeur et de la sainteté de l'entreprise patronnée par l'anachorète d'Amiens, Robert Courteheuse prit le parti de s'éloigner d'une région témoin de tant d'intrigues et de vicissitudes, et de se joindre aux croisés.

Il aliéna la Normandie et le Maine en faveur de son frère Guillaume le Roux et confia, selon le précieux manuscrit de l'évêché de Séez, le gouvernement et la vicomté de Falaise au puissant Robert de Bellême. Il partit ensuite pour Jérusalem à la tête de sa noblesse et d'un grand nombre de vassaux. Parmi les seigneurs qui l'accompagnèrent on cite : Rotrou de Mortagne, Philippe de Montgommery, les de Courcy, de Grandmesnil, de Tournebu, de Croisilles, de Saint-Germain, de Saint-Laurent, de Saint-Quentin, etc., et probablement aussi Raoul Tesson, Robert de Montfort, Robert Marmion, le comte de Varennes et Guillaume de Ferrières en qui il avait une confiance affectueuse particulière. L'évêque de Bayeux, son oncle, avait été un des premiers à s'enrôler sous sa bannière, mais il tomba malade et mourut à Palerme en 1098.

1097. — Passé en Angleterre pour recueillir la succession de son frère Hugues, comte de Salop, qui venait de perdre la vie dans un combat contre les Norwégiens, Robert de Bellême prêta l'appui de son bras et de son intelligence au roi Guillaume et revint en Normandie comblé d'honneurs et de présents.

Déjà, il avait défendu dans le duché l'honneur militaire du monarque contre Philippe Ier, et porté au loin sa renommée, quand le Maine s'agita à la voix de son comte, Hélie de la Flèche, et lui suscita de nouveaux et nombreux embarras.

1098. — Toutefois la fortune se déclara encore en sa faveur ; il fit prisonniers Hélie de la Flèche et son gendre Hervé de Montfort, et les conduisit à

Rouen, où le Roux, intéressé à cette querelle, ordonna qu'on les traitât dignement en attendant que le Maine fût complètement pacifié. C'était au mois d'avril.

1099. — Rentré dans ses Etats où l'abbé du Bec, Anselme, le nouvel archevêque de Cantorbéry, tenait noblement tête aux caprices royaux, Guillaume apprit bientôt que les Angevins et les Manceaux se révoltaient de nouveau et menaçaient sérieusement Robert de Bellême. Aussitôt il quitte l'Angleterre, débarque à Touques, rassemble son armée à Alençon, et pénètre dans le Maine qu'il ravage et soumet. Dans une de ces rencontres avec les Manceaux, Robert de Courcy, fils de Richard, fut mortellement blessé. Quant à Robert de Bellême, le roi le chargea de veiller sur le pays en général, et de le tenir au courant des agissements d'Hélie de la Flèche qui avait été rendu à la liberté.

Cette même année, Jérusalem, la ville de David et de Salomon, tombait au pouvoir des croisés qui, d'un commun accord, offrirent au duc de Normandie la précieuse couronne du splendide royaume que leur victoire venait de fonder. Pendant toute la durée des opérations, Robert Courteheuse avait donné des preuves irrécusables de sagesse, de piété et de courage, et s'était concilié les sympathies des plus humbles et des plus grands ; mais il remercia ses valeureux et reconnaissants compagnons d'armes, et refusa l'insigne honneur qu'ils lui voulaient faire.

1100. — Après son éclatant et terrible succès dans le Maine, Guillaume le Roux avait quitté la Normandie pour ne plus la revoir. Le 2 août, chassant dans la forêt neuve, élevée par le Conquérant, il reçut dans le cœur une flèche qu'un gentilhomme français, nommé Gautier Tyrrel, dirigeait contre un cerf, et cette flèche portait la mort.

Profitant de la stupeur que causa cet évènement et de l'absence de son frère aîné Courtebotte, le jeune Henri dit Beauclerc, malgré les vives remontrances de Guillaume de Breteuil, s'empara du trône et reçut la soumission du peuple et des barons. Ce n'est donc pas d'aujourd'hui que les absents ont tort. Henri voulut donner gain de cause à la prophétie paternelle ; d'ailleurs, on doit le reconnaître, il savait par expérience que mieux vaut compter sur soi que sur autrui, ce qui n'autorise pas cependant à disposer d'une chose qui n'est pas sienne.

Robert de Bellême accourut alors aux pieds du monarque et lui offrit sa foi et son hommage, bien résolu toutefois à seconder de tous ses efforts le légitime héritier de la couronne à la première occasion. Hélas ! l'exemple vient d'en haut. Quand les chefs ne s'accordent pas entre eux, il faut que les sujets aient bien conscience de leurs devoirs et de leur dévouement pour que la balance n'oscille pas entre leurs mains. Il est vrai que Robert de Bellême, par ses possessions, se trouvait être à la fois le vassal du roi d'Angleterre et du duc de Normandie.

1101. — L'occasion sur laquelle comptait notre turbulent vicomte ne se fit pas attendre. Un mois après la mort de Guillaume le Roux, le duc de Normandie qui, lui aussi, avait méconnu les droits paternels, qui avait refusé le trône de Jérusalem et s'était arrêté en Italie pour épouser Sybille de Conversano, fille de Geoffroy, nièce de Robert Guiscard et cousine de Tancrède, arrivait dans son duché précédé d'une renommée justement acquise. Irrité de la conduite de son frère dont l'ambition menaçait aussi la Normandie, Robert Courteheuse, suivi de ses fidèles, de Guillaume de Varennes, comte de Surrey, Arnoulf de Montgommery, Gautier Giffard, Robert de Pontefrac, Robert de Mallet, Yves de Grandmesnil, et de Robert de Bellême, s'embarqua au Tréport et aborda à Portsmouth. Pendant que les deux armées se préparaient au combat, l'archevêque de Cantorbéry, le baron de Thorigny et Robert de Bellême, qui tenait à ménager les deux frères, soumettaient à leurs souverains les bases d'un traité que ratifièrent la faiblesse et la bonté du héros de la Palestine. Robert abandonna à Henri ses droits sur le royaume d'Angleterre moyennant une pension de 3,000 marcs ; de son côté le roi, qui venait d'épouser Mathilde, fille de Malcolm, souverain d'Ecosse, et nièce d'Edgard Atheling, consentait à céder à son frère le Cotentin et ses places fortes de Normandie, à l'exception de Domfront, qu'Henri avait juré de défendre et de garder, et à garantir de tous troubles, tant en Angleterre que dans le duché les biens et les prérogatives des barons normands.

1102, 1103. — Telles étaient les conventions mutuelles; mais Henri se promettait bien de ne pas les respecter, et tint pour suspects tous les amis du duc de Normandie. Robert de Bellême, désigné aussi par Hume sous le nom de comte de Shrewsbury et d'Arundel, dont il connaissait l'humeur et dont il redoutait peut-être la puissance et ses préférences pour le duc, fut le premier l'objet de son active surveillance et de sa haine. Avec le concours d'espions (la bonne foi de ces gens là peut être mise en doute) il réunit contre lui quarante-cinq chefs d'accusation et le cita à sa cour pour se justifier. Le vaillant comte répondit à cette injonction en armant ses vassaux et ses forteresses du pays de Galles et autres et en se préparant à une défense énergique. Mais la trahison et des forces supérieures devaient bientôt triompher de sa valeur et de la fidélité de ses gens. Les châteaux d'Arundel, de Tichill, de Brigge, de Blide, de Bruge et de Shrewsbury furent amenés à composition, et Robert de Bellême, réduit à l'impuissance, se vit obligé de demander merci. Henri s'empara de ses domaines et le chassa de ses Etats avec défense formelle d'y rentrer. Chacun dit alors en Angleterre : Le roi ne commence à régner que du jour où Bellême quitte le royaume.

1103, 1104. — A la nouvelle de cette disgrâce peut-être imméritée, le duc de Normandie, accompagné de douze gentilshommes, se rendit à la cour de son frère pour lui reprocher sa façon d'agir et la violation du traité. Le roi le reçut avec hauteur et lui inspira une telle crainte que le pauvre duc, après avoir abandonné sa pension de 3,000 marcs, se hâta de regagner son duché.

Cependant, l'exil de Bellême ne rassurait pas encore complètement le roi d'Angleterre. Il le fit suivre secrètement en Normandie, le dénonça même à son frère comme compromettant et força ce prince perplexe à envahir de nouveau les terres de son allié. Bellême s'aperçut bien que le duc agissait contre son gré et qu'il avait peu de chose à craindre d'une colère qui n'était pas la sienne. Il intervertit les rôles et se montra le plus irrité de cette agression. S'étant rendu à Alençon, il se met à la tête de ses vassaux, dévaste les campagnes, brûle les villages et les églises, et porte partout la terreur et la ruine. Quarante personnes, dit-on, périrent dans l'église de Tournai, livrée aux flammes.

Au mois de juin 1103, ayant appris que son frère

le trahissait et avait livré Almenesches aux troupes ducales, Bellême mit le feu à l'église du monastère, battit le duc à Chailloué, fit un grand nombre de prisonniers, et s'empara d'Exmes et de Château-Gontier. Dans une de ces rencontres, une flèche empoisonnée blessa Courteheuse et faillit causer sa mort. Le dévouement héroïque de sa jeune femme, Sybille, le sauva. Pendant son sommeil, car Robert s'y serait opposé, l'affectueuse duchesse suça la plaie et en mourut. Ses restes mortels furent inhumés à Rouen.

Cependant le comte de Shrewsbury, connaissant depuis longtemps les caprices du sort, chercha, malgré ses succès, à préparer sa réconciliation.

Il fit entendre au duc de Normandie qu'une lutte plus longue compromettait gravement ses intérêts en le privant d'excellents défenseurs pour le jour où son frère Henri viendrait l'attaquer.

Courtebotte, suivant les conseils de Guillaume de Mortain, ennemi du roi d'Angleterre, qui ne lui avait laissé que son comté de ce nom, et obéissant d'ailleurs à ses propres sentiments, se rendit à ces raisons assez péremptoires et conclut la paix. Robert de Bellême en profita pour visiter le comté de Ponthieu qu'il tenait de son épouse Agnès, fille de Gui, comte de Ponthieu, laquelle mourait l'année suivante (1105).

Ces perturbations sans fin avaient indisposé les seigneurs normands contre le duc dont les actes, l'indolence et l'amour des plaisirs étaient défavorables à la bonne gestion du duché et de leurs affaires personnelles. Ils sentaient le besoin d'une direction intelligente et vigoureuse pour mettre un terme à des discordes désastreuses, et les principes du roi d'Angleterre leur inspiraient une confiance dont ils ne pouvaient se défendre et qu'ils ne craignirent pas de manifester.

Informé de ces excellentes dispositions en sa faveur, Henri, vers la fin de l'année 1104, vint à Domfront, sa ville de prédilection, et se rendit compte de l'état des choses et des esprits. Puis il retourna en Angleterre pour armer ses sujets et fondre sur la Normandie.

1105. — La dernière semaine de carême il débarqua à Barfleur et arriva le samedi saint à Carentan. L'évêque de Séez, Serlon, ancien abbé de Saint-Evroult, était venu au devant de lui jusque là, et contribua par ses discours à l'affermir dans sa résolution spoliatrice. Il lui conseilla en outre diverses réformes et lui fit promettre d'obliger ses sujets à couper leurs longs cheveux d'une manière décente.

Le roi mit tout en œuvre pour diminuer les ressources de son frère et affaiblir ses forces.

Il traita avec le comte du Maine, Hélie de la Flèche, et l'appela près de lui avec son armée; puis il s'empara de Bayeux et de Caen et se dirigea sur Falaise où le duc Robert venait de s'enfermer avec son fils, Guillaume Cliton, âgé de quatre ans. On sait que Cliton veut dire héritier; Atheling, en saxon, avait la même signification.

Il ne serait pas étonnant que, depuis la rupture du duc avec Robert de Bellême, Guillaume de Ferrières eût eu en main le gouvernement de Falaise où Courteheuse avait trouvé pour lui et son fils l'hospitalité la plus cordiale, l'asile le plus sûr et le rempart le plus fort. Ferrières était une paroisse du doyenné de la Marche, archidiaconé de Séez.

Le comte du Maine fut chargé de l'attaque qui débuta pour les assiégeants par la mort de Roger, comte de Glocester, la folie de Robert Thorigny, atteint d'une flèche à la tête, la perte de nombreux soldats et le découragement de l'armée. Henri comprit que derrière leurs indestructibles murailles les défenseurs de Falaise étaient aussi fidèles qu'invincibles, et après de longs et vains efforts et des assauts désespérés, il abandonna le siège aux approches de l'hiver, et se retira.

A cette nouvelle, le moine Robert, auquel le duc de Normandie avait, moyennant une rente de 140 marcs, donné l'abbaye de Saint-Pierre-sur-Dives, arriva en toute hâte à Falaise et proposa à Courteheuse de lui livrer le roi d'Angleterre s'il voulait le laisser agir et lui confier quelques soldats. Robert ayant accepté ces propositions qui n'étaient pas précisément compatibles avec sa loyauté, mais dont son frère lui avait donné tant de fois le triste exemple, l'abbé de Saint-Pierre se rendit à Caen auprès du roi, l'assura de son entier dévouement et lui offrit son abbaye-forteresse. Sans défiance, Henri se met aussitôt en marche avec 700 hommes seulement, et arrive à la pointe du jour aux portes de la bourgade. La vue des soldats du duc lui dévoila le piège tendu par l'abbé. Aussitôt il ordonne l'assaut, fait prisonniers, pour les relâcher ensuite, Renaud de Varennes et Robert d'Estouteville qui commandaient les soldats normands, embrase la forteresse et les maisons voisines et chasse honteusement le supérieur du monastère.

On s'explique difficilement cette équipée. Pourquoi l'abbé de Saint-Pierre n'emmena-t-il pas plus d'hommes avec lui et pourquoi ces hommes se montraient-ils avant l'entrée du roi dans le fort ? Quoi qu'il en soit, on assure qu'en apprenant cet échec les gens d'armes et une partie de la garnison de Falaise se portèrent rapidement au secours des leurs, avec l'espoir de livrer bataille ; mais déjà Henri avait prudemment battu en retraite se dirigeant vers l'Angleterre, d'où il se promettait de revenir avec toutes les forces dont il pourrait disposer.

1106. — En effet, il reparut plus menaçant et plus redoutable que jamais. La frayeur fut grande en Normandie; on trembla pour le duc et pour le duché; les antipathies se turent et les hommes de cœur, vivement désireux de la paix et respectueux des droits de chacun, intervinrent avec instance et ménagèrent à Cintheaux une entrevue entre les deux frères.

C'était vers les fêtes de la Pentecôte; les pourparlers durèrent deux jours, mais les prétentions du roi d'Angleterre ne parurent ni modestes ni équitables; d'un autre côté, certains témoins se montrèrent par leur attitude et leur langage si peu disposés à la concorde que les entretiens furent interrompus, et que Robert et ses conseillers reprirent le chemin de Falaise sans qu'aucune décision eût été prise. C'était la guerre, et cette fois la guerre à outrance.

Henri n'osa pas recommencer le siège d'une ville qui l'avait si vaillamment repoussé et devant laquelle il avait perdu ses soldats et son temps; il s'éloigna donc de la puissante forteresse falaisienne, et pour ne pas paraître attaquer directement le duc de Normandie, il marcha sur Tinchebray que possédait le comte de Mortain qu'il voulait dépouiller en Normandie comme il l'avait fait en Angleterre.

Après avoir élevé devant cette place un beffroi dont il confia la garde à Thomas de Saint-Jean, il se rendit à Domfront.

Pendant ce temps, le comte de Mortain trouvait moyen de garnir la ville et le château d'hommes et de vivres, et appelait à son secours le duc de Normandie, son oncle. Celui-ci, invincible dans Falaise, n'envisagea pas les dangers qu'il allait courir au dehors ; il n'écouta que son cœur et la voix suppliante du faible, et fit ses préparatifs de départ.

Son fils, Guillaume Cliton, fut laissé sous la sauvegarde des Falaisiens auxquels il fit jurer de n'ouvrir les portes de la ville qu'à lui-même ou à Guillaume de Ferrières, son lieutenant; puis il se dirigea sur Exmes, où amis et vassaux se joignirent à lui, et tous, peu nombreux mais résolus, prirent la route de Tinchebray.

Les deux armées se trouvèrent en présence sous les murs de la ville le 27 septembre 1106. Le clergé et un grand nombre de hauts personnages essayèrent encore de négocier la paix entre les deux frères; mais toutes les tentatives restèrent infructueuses. Cette journée devait décider du sort de la Normandie.

Henri avait divisé son armée en cinq corps dont la réserve, composée de Manceaux et de Bretons, était confiée à Hélie de la Flèche.

Le duc, lui, ne forma que trois divisions beaucoup plus faibles que celles de son frère ; le comte de Mortain commandait la première, Courte-Heuse le centre, et Robert de Bellême l'arrière-garde.

Malgré l'infériorité du nombre, la victoire sembla un instant se prononcer en faveur du duc de Normandie. Déjà les troupes royales se débandaient effrayées, quand la réserve d'Hélie apparut sur le champ de bataille ranima le courage et l'espoir, et assura le triomphe du roi d'Angleterre.

Le duc Robert, Guillaume de Mortain, Guillaume de Ferrières, Robert d'Estouteville, Guillaume Crépin, Edgard Athelin et autres seigneurs perdirent la liberté dans cette funeste journée où leur valeur fut égale à leur infortune. Quelques historiens ont avancé que Robert de Bellême, voyant tout espoir perdu, s'était enfui avec une partie des siens et avait ainsi amené ou hâté la défaite des Normands. L'auteur des mémoires historiques sur Alençon, lui, dit qu'en présence de cet irréparable désastre Bellême ne songea plus qu'à sauver Guillaume Cliton, l'héritier du duché, et, que dans ce but, il se dirigea précipitamment sur Falaise ; mais là ses observations et ses prières ne furent point écoutées ; l'ordre du duc était formel, et les Falaisiens ne savaient pas manquer à la parole donnée.

Les portes restèrent closes.

Cependant la victoire de Tinchebray ne rendait pas encore le roi d'Angleterre maître de la Normandie. Falaise était debout, vierge superbe, vaillante et incorruptible. Robert était sûr de sa foi, il savait que les caresses ou les violences ne triompheraient jamais de son amour et de son énergie. Mais il pensait à son fils, aux flots de sang qui pouvaient couler de nouveau, et, dans son désintéressement, comptant encore un peu sur l'affection fraternelle, il confia à son heureux vainqueur le secret de ses dernières espérances. Cet aveu dissipa les inquiétudes du roi d'Angleterre qui s'empressa de faire conduire le duc et Guillaume de Ferrières au pied des murs de Falaise, en vue des défenseurs de la forteresse. La présence de Guillaume de Ferrières ne suffit pas aux gardiens du trésor ducal; ils exigèrent que le duc lui-même les déliât de leur serment; ce qui eut lieu. Falaise ainsi resta pure de toute tache. Rouen se rendit immédiatement après.

La Normandie faisait son second pacte avec l'Angleterre.

Henri Ier logea au château où son neveu Guillaume Cliton lui fut présenté ; il se montra très aimable pour le jeune prince, et le remit entre les mains du comte d'Arques, Hélie de Saint-Saëns, qui avait épousé une fille naturelle du duc de Normandie, et calma ainsi momentanément les alarmes paternelles.

Quant à Robert de Bellême. ses biens furent confisqués et son crédit anéanti. Mais le rusé normand, s'étant empressé de faire un grand simulacre de soumission, reçut, dit Capefigue, ou plutôt recouvra la vicomté de Falaise et la possession de ses domaines, moins l'évêché de Séez, Argentan, peut-être, et la forêt de Goufferu. Le châtiment à lui infligé par le roi paraît prouver suffisamment qu'il n'avait pas trahi son duc à Tinchebray.

1107. — Après avoir reçu le serment de ses nouveaux sujets et réuni à Falaise une assemblée des grands de la province, pendant la tenue de laquelle Robert, abbé de Caen, mourut subitement, Henri rentra dans ses Etats, emmenant avec lui le duc de Normandie qu'il fit indignement jeter dans un cachot du château de Cardiff, au pays de Galles, où ce malheureux prince termina ses jours le 27 février 1134, après avoir eu, dit-on, les yeux crevés à la suite d'une tentative d'évasion. On lui attribue de touchantes élégies, dont on a conservé quelques-unes. Ainsi finit le fils aîné de Guillaume le Conquérant. Son neveu, Guillaume de Mortain, eut le même sort. Quant à Edgard Atheling, l'héritier direct du trône d'Angleterre, le roi lui rendit la liberté, et ce prince, que les Anglais affectionnaient toujours, vécut dans l'isolement et mourut oublié.

M. Gaston Le Hardy, notre savant et sympathique collègue de la Société des Antiquaires de Normandie, a publié, en 1880, une critique historique fort intéressante sur Robert Courteheuse.

La question des investitures fut sur le point d'amener une rupture entre le nouveau duc-roi, le pape et l'archevêque Anselme.

Mais une transaction intervint, et il fut convenu que le Pape accorderait l'investiture aux évêques au point de vue spirituel, et que le roi recevrait l'hommage de ces derniers pour le temporel et les privilèges dont ils jouissaient.

1108. — Henri Ier, que l'égoïsme guidait en toutes ses actions, ne tarda pas à se repentir du choix qu'il avait fait d'Hélie de Saint-Saëns pour la garde et l'éducation de son neveu Guillaume Cliton.

En effet, ce vertueux personnage s'acquittait en véritable père de la mission qui lui avait été confiée. et entourait son pupille de prévenances, de soins et de précautions de toutes sortes. Le roi en prit ombrage. Ce compétiteur de sept ans l'inquiétait, car il savait que le jeune prince était l'objet de sympathies nombreuses et sincères, et qu'en Normandie on croyait généralement qu'il lui rendrait ce qu'il avait pris à son père. Telle n'était pas sa pensée ; aussi forma-t-il le projet de le soustraire à la surveillance de son tuteur, et de veiller lui-même sur sa personne. Le seigneur de Beauchamps fut chargé de réclamer le prince au nom du roi. Hélie était absent au moment où il se présenta, mais ses gens, soupçonnant un piège, cachèrent Guillaume jusqu'au retour de leur maître qui s'empressa de le conduire à la cour de Foulques d'Anjou où ils reçurent la plus affectueuse hospitalité.

A cette époque mourait le roi de France Philippe Ier qui avait réuni le Gâtinais à la couronne en 1068, le Vexin en 1082 et la vicomté de Bourges en 1100.

De 1108 à 1515

1108. — A l'avènement de Louis VI, dit le Gros, fils de Philippe Ier, on put croire que la France et l'Angleterre allaient vivre en bonne intelligence, et que la Normandie profiterait de l'accord des deux souverains. Il n'en fut pas ainsi. Le roi de France prenant en main les intérêts du jeune Guillaume Clyton, et craignant que la Normandie, sa vassale, fût réunie à l'Angleterre par Henri Ier, la guerre se trouva rallumée.

1112-1113. — Robert de Bellême suivit également la fortune du fils de Robert Courte-Heuse ; mais Louis VI l'ayant chargé d'une mission pour Henri Ier qui se trouvait alors à Bonneville-sur-Touques, il fut arrêté le 4 novembre 1112 par ordre de celui-ci, comme traître et pour ne pas avoir répondu à trois sommations successives de rendre compte de ses vicomtés de Falaise, Argentan et Exmes. Enfermé d'abord à Cherbourg, il fut ensuite emmené en Angleterre et jeté dans un cachot du château de Verham où il mourut.

1116. — Son fils, Guillaume III, dit Talvas II, comte de Ponthieu et d'Alençon, dans l'espoir de délivrer son père, avait fait cause commune avec le roi de France, et vu, vers 1113, ses possessions ravagées et les places de Séez, Argentan, Exmes, Vignats, Bellême, etc., tomber au pouvoir d'Henri Ier; mais il était ensuite rentré en grâce auprès du roi d'Angleterre et se trouvait à peu près rétabli dans les charges et héritages paternels. Nous le voyons en 1116 au château de Falaise, devant les tabellions Jacques Bodin et Jean Leforestier, passer un contrat d'échange avec Robert Gillon-Duval, seigneur de Néci. Il était donc probablement gouverneur de Falaise à cette époque, et tenait en même temps sous ses ordres Alençon, Séez, Vignats, Almenèches, et autres places que commandait son père. L'histoire dit qu'il avait 34 châteaux en Angleterre. Mais en accordant ses faveurs aux barons, Henri Ier s'était réservé de placer des garnisons dans les donjons pour garantir ses possessions contre l'influence ou la trahison des seigneurs.

1118-1119. — Cependant le roi de France, faisant tous ses efforts pour rendre la Normandie à Clyton. vit de nouveau Guillaume de Ponthieu se ranger sous sa bannière avec Renaud de Bailleul, les sires de Courcy, de Grandmesnil, de Montpinçon et autres seigneurs normands. Il intéressa même le pape Calixte II au sort du prince et à celui de son père ; mais Henri Ier plaida si bien sa cause devant le Pontife venu tout exprès en Normandie que celui-ci cessa de désapprouver ses rigoureuses mesures.

Pendant ce temps Falaise faisait peut-être secrètement des vœux pour le succès de Clyton, mais elle avait prêté serment de fidélité à Henri et restait spectatrice de la lutte. Le roi d'Angleterre devait être alors dans ses murs où Renaud de Bailleul eut l'imprudence de venir le braver. Henri le somma de lui rendre son château du Renouard, et, sur son refus, investit la forteresse et la brûla.

Le roi de France, de son côté, continuait de guerroyer ; mais en 1119 il perdit la bataille de Brenneville, près des Andelys, où Clyton, secondé par le brave officier normand Crispin, fit des prodiges de valeur. La victoire d'Henri fut le signal d'une paix dans laquelle les intérêts du malheureux héritier se trouvèrent sacrifiés à Guillaume Adeling, fils du roi d'Angleterre.

Louis Le Gros essaya de dédommager Clyton en lui donnant en mariage Jeanne, sœur utérine de sa femme, avec les villes de Mantes et de Pontoise pour dot. Plus tard il ajouta le comté de Flandres à cette donation.

1120 (25 novembre). — Il semble cependant que Dieu ait voulu punir le roi d'Angleterre après son triomphe. Lorsqu'il eut fait reconnaître son fils par les barons, il partit de Harfleur pour regagner ses Etats. Adeling, alors âgé de dix-huit ans, le suivit sur le vaisseau la *Blanche-Nef* qui se brisa sur une pointe du rocher, et périt dans ce naufrage avec plusieurs membres de sa famille, cent quarante gentilshommes anglais et normands, et Rabel, le chambellan.

1128-1129. — Inconsolable de la mort de son fils, Henri reporta toute son affection et tous ses projets sur la tête de sa fille Mathilde, veuve de l'empereur d'Allemagne, qu'il remaria à Geoffroy Plantagenest, fils de Foulques, comte d'Anjou, en lui assurant la Normandie pour dot. Mais ses hésitations à tenir sa promesse lui aliénèrent le cœur et la fidélité de la jeune impératrice et de son nouvel époux. D'un autre côté, les barons normands, mécontents de ses façons d'agir trop indépendantes, se rapprochèrent de Guillaume Clyton et allaient peut-être lui assurer le duché dont Mathilde resta en possession, quand l'infortuné prince reçut la mort au siège d'Alost en défendant courageusement son comté de Flandre contre le land grave d'Alsace, Thierry.

Ainsi finit ce jeune héros. petit-fils du Conquérant, digne et légitime héritier du trône d'Angleterre et de la couronne ducale de Normandie.

1135. — Cette mort calma les esprits et fit cesser la lutte. Henri regagna l'Angleterre où l'ennui le surprit. Sa tendresse pour sa fille qui venait de lui donner un petit-fils, nommé Henri, suivi bientôt de deux autres, le désir passionné de la chasse et la beauté du climat tardèrent pas à le ramener en Normandie.

Là, en dehors de ses plaisirs, il aida l'impératrice-duchesse dans la réorganisation et la défense du duché, et Falaise dut être l'objet de ses soins particuliers. On dit qu'il enferma ses trésors dans le château dont il fit bâtir le troisième étage, démoli, paraît-il, vers 1760. On sait en effet qu'à son lit de mort Henri recommanda au sire de Thorigny de prendre soixante mille livres sur ces richesses déposées dans le donjon pour récompenser ses serviteurs, et on a tout lieu de supposer qu'il fit de fréquentes apparitions dans nos murs.

Au moment où il se disposait à retourner en Angleterre pour soumettre les Gallois révoltés, il tomba subitement malade à Saint-Denis-le-Ferment (Eure), et mourut le 1er décembre 1135, peu de temps après son frère, Courte-Heuse.

Le roi de France Louis le Gros s'éteignit aussi deux ans plus tard après avoir vivement combattu la féodalité et préparé ainsi l'organisation des communes. Sous son règne l'oriflamme fut arborée pour la première fois. Son fils Louis VII lui succéda.

Henri Ier, dit beau clerc ou savant, fut un prince distingué, mélange de bien et de mal, et plus attaché aux Normands qu'aux Anglais.

Le gouvernement de Falaise qui, si l'on en croit le manuscrit de l'évêché de Séez, fut distrait de la vicomté après Robert de Bellême, avait évidemment changé de mains depuis 1116. Mais nous retrouverons bientôt Guillaume de Ponthieu qui joua un grand rôle dans les affaires du duché. La variabilité et la rapidité des évènements faisaient et défaisaient les capitaines spéciaux préposés à la défense des places fortes, et il n'y aurait rien d'étonnant, indépendamment de la perte de vieux titres, à ce que l'histoire n'eût pas eu le temps d'enregistrer tous leurs noms.

A la mort de Henri Ier, son neveu Etienne, fils d'Adèle, fille de Guillaume le Conquérant, et d'Etienne, comte de Blois, et époux de Mathilde, fille d'Eustache, comte de Boulogne, oubliant la reconnaissance qu'il devait au roi et les serments faits à sa fille, l'impératrice Mathilde, et soutenu par le peuple et le clergé, se fit proclamer et sacrer roi d'Angleterre, au mépris des dernières volontés du monarque décédé. Des spadassins de Flandre et de Bretagne appuyèrent d'abord son autorité que reconnurent ensuite les barons accablés de ses faveurs.

1136-1137. — Pendant que cette usurpation s'accomplissait, le fils aîné d'Etienne, Eustache de Boulogne, protégé successivement par les rois de France Louis VI et Louis VII, s'emparait également de la Normandie au détriment de l'impératrice Mathilde et du comte Geoffroy, son époux. Parmi les seigneurs dévoués au duc d'Anjou se trouvaient Guy Guanalgason, l'un de nos vicomtes, et Guillaume de Ponthieu qui fit avec le prince une rapide expédition dans l'Hiesmois. Le fameux Galeran, comte de Meulan, suivait la bannière d'Etienne. Enfin, après une commune série de revers et de succès, après l'incendie en 1137 par Geoffroy Plantagenest de l'église de Bazoches et du château qui appartenait à Roger de Montbray, époux de Mathilde, fille de Richer de Laigle, une trève fut conclue entre le nouveau roi d'Angleterre et le duc d'Anjou.

1138-1139. — La cause de ce dernier paraissait peu populaire en Normandie. On redoutait la colère d'Etienne, et les barons inquiets au sujet de leurs fiefs anglais oublièrent aussi les dispositions testamentaires d'Henri Ier.

Falaise se trouvait appartenir alors à Etienne qui sans doute, dès son avènement au trône, s'était assuré de la garnison et en avait donné le commandement à deux capitaines dont il connaissait la vaillance et le dévouement : c'étaient Richard de Lucey ou de Lucy que nous voyons plus tard signer des chartes de Henri II en faveur des prieuré et abbayes de Sainte-Barbe, de Saint-Etienne de Caen et de Saint-Jean de Falaise. et Robert Marmion.

A l'appel de Robert de Courcy qui devait aussi assister le même souverain dans ses pieuses donations, Geoffroy arriva avec ses troupes devant Falaise et commença le siège de la ville. Mais il avait compte sans la solidité des murailles, les vivres, les munitions, la valeur de Richard de Lucey et l'énergie des défenseurs. Il passa ainsi dix-huit jours pendant lesquels les Falaisiens se plaisaient à le provoquer, et faisaient des sorties qui jetaient la terreur dans les rangs de ses soldats. Le dix-neuvième jour, l'impuissance, la fatigue et le dépit l'obligèrent à se retirer ; ses troupes, frappées d'une nouvelle panique, abandonnèrent leur camp à la hâte, et les assiégés purent profiter d'un riche butin qu'ils mirent plusieurs jours à entasser dans la ville, Geoffroy, irrité, se vengea sur les campagnes environnantes, et laissa croire qu'il quittait le pays; mais il revint inopinément sur ses pas dix jours après environ, et surprit quelques pillards attardés qui n'eurent pas le temps de rentrer dans la forteresse dont la taille gigantesque et l'aspect menaçant lui firent de nouveau rebrousser chemin.

Cependant, comme il avait, dit Dumoulin, toujours le cœur à Falaise, il apparut une troisième fois sous nos murs. Le gouverneur Robert Marmion se chargea à son tour de lui donner une leçon qui le fit entrer dans une fureur telle qu'il tourna immédiatement ses forces contre le château de Fontenay dont Marmion était possesseur. Le vieux manoir féodal tomba sous les coups de ses puissantes machines de guerre.

Seigneur et baron de Fontenay, Robert Marmion, troisième du nom, fut le fondateur ou l'inspirateur de l'abbaye de Barbery que son fils enrichit de ses donations. Il possédait aussi de grands fiefs en Angleterre où il mourut, paraît-il, après avoir accompagné les croisés à Jérusalem.

Plus heureux sur divers autres points, Geoffroy, après quelques succés, réussit à s'entendre avec Galeran de Meulan, dont l'influence considérable pesa sans doute sur la détermination des défenseurs de Falaise. Voyant la cause d'Eustache compromise de jour en jour, et croyant reconnaître la main de Dieu dans ces derniers évènements qui tendaient à la réalisation des volontés d'Henri Ier, dont le petit-fils devait être plus tard leur duc, les Falaisiens se décidèrent à remettre la ville et le château aux mains de Plantagenest.

Pendant ce temps, Mathilde, son épouse, malgré le concours du puissant David, roi d'Ecosse, luttait sans avantages en Angleterre contre les troupes d'Etienne.

Il serait très possible que Guillaume de Ponthieu, qui, avec Guillaume de Poitou, Geoffroy de Vendôme et autres seigneurs, soutenait toujours la cause de Geoffroy, eût à cette époque repris les rênes de son gouvernement falaisien.

1143 — La Normandie paraissait alors à peu près soumise, et le duc d'Anjou put enfin prendre possession de la couronne ducale ; de son côté, Mathilde, avec laquelle il sympathisait peu, défendue vigoureusement par son frère naturel, le comte de Glocester, avait, deux ans avant, en 1141, battu les troupes d'Etienne et reconquis le trône paternel. Son fils aîné, Henri, s'était distingué pendant ces évènements. Mais à la mort de Glocester, en 1147, le parti d'Etienne reprit le dessus, et Mathilde, obligée de quitter l'Angleterre, vint rejoindre Geoffroy en Normandie où elle mourut en 1167. Au moment de sa rentrée dans le duché, Guillaume de Ponthieu partait pour la Terre Sainte avec le roi de France, Louis VII.

1148. – L'existence de Plantagenest ne fut pas d'une aussi longue durée que celle de son épouse. Il disparut de la scène en 1151 après avoir prudemment fait reconnaître son fils Henri duc de Normandie. Une famine horrible, jointe aux désastres de la guerre, avait, pendant ces revendications d'héritage, désolé la Normandie et l'Angleterre.

Geoffroy, dit Dumoulin, était de haute taille, beau,

et avait les yeux pleins de flammes ; il était brave, juste et éloquent, mais très irritable ; aussi l'histoire le juge diversement.

1150-1151. — La mort de son père, celle arrivée bientôt après du prétendant Eustache de Boulogne, et l'assentiment des barons, assurèrent la Normandie à Henri qui devait également, à la mort d'Etienne, en 1154, devenir roi d'Angleterre sous le nom de Henri II.

On possède une charte du roi Etienne, donnée à Falaise vers 1137 ou 1139, époque où ce monarque était en Normandie. Ce document est relatif à l'abbaye de Saint-Jean.

Héritier par sa mère, l'impératrice Mathilde, de l'Angleterre et de la Normandie, par son père, Geoffroy, du Maine, de la Touraine, de l'Anjou, etc., Henri, en 1152, par son mariage avec la belle Eléonore d'Aquitaine que Louis VII venait de répudier, ajouta à ses immenses Etats la Guyenne, la Saintonge, le Poitou, l'Auvergne, le Périgord, l'Angoumois et le Limousin.

Fouques du Merle était alors gouverneur de Falaise depuis 1150 environ. Seigneur de Couvrigny, à Saint-Pierre-du-Bû, ce personnage fut un des principaux bienfaiteurs de l'abbaye de Saint-Jean.

1154. — L'avènement d'Henri II au trône fut salué par d'unanimes acclamations. Les fêtes du couronnement furent splendides, et les éloges et les hommages prodigués à la gracieuse souveraine. Mais le mariage et les nombreuses et inquiétantes possessions d'Henri portèrent ombrage au roi de France qui profita des discussions existant entre le monarque anglais et son frère Geoffroy au sujet de l'héritage paternel pour chercher à saper les fondements de la puissance anglo-normande.

1157-1158-1159. — Les fiançailles d'Henri, fils aîné du roi d'Angleterre, et de Marguerite de France, fille de Louis VII, suspendirent un instant les hostilités. Henri II et la reine Eléonore qui s'étaient rendus en Normandie probablement à cette occasion passèrent les fêtes de Noël à Falaise, et les religieux de Saint Jean mirent à profit leur séjour dans cette ville en demandant et en obtenant l'érection en abbaye de leur établissement ; c'était en 1159. Déjà, deux ans auparavant, en 1157, le roi d'Angleterre, par charte également donnée à Falaise, leur avait accordé la faculté de prendre du bois dans la forêt de Gouffern, et un droit de foire à la Saint-Michel ; Thomas Becket, Robert de Courcy, Richard de Lucey et autres signèrent cette charte comme témoins, et il ne serait pas étonnant que ce dernier eût de nouveau exercé alors son autorité militaire sur la ville. Falaise, à la vérité, ne paraît pas avoir eu de lutte à soutenir pendant le règne de Henri II, mais elle devait néanmoins être prête à tout évènement et veiller à la garde et à la défense du pays. Ces longues années de tranquillité durent permettre à ses chefs de s'occuper utilement de ses fortifications, de son organisation territoriale et de son administration financière et juridique.

Pendant l'épiscopat de Froger, évêque de Séez, le duc-roi, par charte aussi donnée à Falaise, confirma la cession du bois de Montpinçon au prieuré du Plessis-Grimoult, et chargea Robert de Courcy et Robert de Neufbourg, doyen de Rouen, de faire une enquête sur la prébende de Cambremer, *apud Falesiam*. Ceux-ci, après avoir interrogé dix-huit vieillards, adressèrent de Falaise, où il avait été rédigé, leur rapport à Henri II.

1162-1170. — Ce souverain se plaisait beaucoup en Normandie, et y faisait de longs et fréquents séjours, ce qui ne l'empêchait pas de présider efficacement aux destinées de son royaume. Falaise et Argentan eurent souvent l'honneur de le recevoir.

Croyant plus aisément s'affranchir de la domination de l'Eglise qui lui pesait. il éleva en 1162 son chancelier, Thomas Becket, malgré les avis qu'il reçut, à la dignité d'archevêque de Cantorbéry. Mais ce prélat résista à toutes les séductions comme à toutes les menaces et refusa formellement d'affaiblir l'Eglise au profit de la royauté. Devant la colère du monarque qui voyait s'évanouir son rêve concordataire, Becket se réfugia en France où il reçut un accueil intéressé. Regrettant cette séparation, Henri promit de respecter les droits du Saint-Siège, et l'archevêque rentra en possession de ses prérogatives. Mais son esprit inconciliant et sa sévérité irritèrent de nouveau les partisans des réformes, et pendant les fêtes de Noël de l'année 1170, alors qu'il officiait dans l'église de Cantorbéry, il tomba au pied de l'autel sous les coups de quatre gentilshommes.

Le roi parut très affecté de cet assassinat auquel il ne semble pas permis de l'associer.

1171-1174. — L'année suivante, le 29 juin, voyait s'éteindre l'un de nos gouverneurs, Guillaume de Ponthieu, fondateur de l'abbaye de Saint-André en Gouffern, dans laquelle il fut inhumé.

Une nouvelle ligue se forma bientôt contre Henri II tant en Angleterre qu'en Normandie ; elle avait pour chefs ses enfants, sa femme Eléonore, les rois de France et d'Ecosse, etc., c'était une dangereuse et bien triste coalition ! Mais le monarque, si indignement trahi, sut tenir tête à l'orage ; il accueillit des aventuriers de toutes nations, fit des prodiges de valeur dans les diocèses de Rouen et d'Evreux, et vit tomber en son pouvoir bon nombre de seigneurs renommés parmi lesquels se trouvèrent Hugues, Raoul et Wascueil de Saint-Hilaire, Guillaume Patric. Guillaume de Rulent, Raoul de Sens, Guillaume des Loges, Guillaume de la Motte, Robert de Tréhan, Payen le Cornu, Renauld Pinchon et Renauld de Chalembert. Ces guerriers furent en 1174 conduits au château de Falaise où l'on détenait alors les prisonniers de distinction. Henri II devait également s'y trouver à cette époque, ainsi qu'il résulte d'un traité signé par Guillaume de Courcy et qui est rapporté dans le recueil de Thomas Rymers. L'année précédente, en 1173, justement irrité, il avait fait enfermer sa femme Eléonore dans un couvent d'où elle ne sortit qu'à l'avènement de son fils, Richard Cœur de Lion. Eléonore mourut en 1203 dans le couvent de Fontevrault (Maine-et-Loire).

Le roi d'Ecosse voulut reprendre l'offensive en Angleterre, mais il fut vaincu, transporté en Normandie et gardé à vue à Falaise avec le comte de Leicester, sa femme, Hugues de Neufchâtel et autres captifs importants.

1180-1189. — Enfin la mort de Louis VII sembla devoir mettre fin aux hostilités et faire rentrer les rebelles dans le devoir : il n'en fut rien. Son fils et successeur, Philippe-Auguste, continua la politique querelleuse du roi de France contre Henri II qui, après avoir eu la douleur de perdre ses deux fils, Henri en 1183, et Geoffroy, duc de Bretagne, père d'Arthur, en 1186, vit les deux autres, Richard et Jean, se révolter aussi contre son autorité. Jean était l'objet de sa prédilection. L'infortuné monar que ne put résister au chagrin que lui causa tant d'ingratitude, et mourut à Chinon (Indre-et-Loire) en 1189.

Henri II protégea le peuple contre les grands ; il était brave, bon administrateur, et ne mérita pas les malheurs qui l'ont accablé. Entouré d'une famille aimante et dévouée, il eût été le plus heureux et le meilleur prince du monde.

Pendant la longue et laborieuse durée de son règne, il est probable que les du Merle, les de Ponthieu et peut-être les de Courcy prirent une part active au gouvernement de Falaise.

1189-1199. — A peine monté sur le trône, Richard IV Cœur de Lion, fils de Henri II, délivra sa mère Eleonore et resserra les liens d'intérêt et d'amitié qui l'unissaient à Philippe-Auguste. C'était la franchise imprudente unie à la dissimulation habile.

Richard, après avoir donné le comté de Mortain à son frère Jean, doté richement l'abbaye de Silly-en-Gouffern que le chevalier Drogon, serviteur de l'impératrice Mathilde, avait fondée, confirmé par la main de son chancelier, Guillaume de Longchamps, les donations de l'abbaye de Ste-Trinité, et accordé le fief de Sainte-Mère-Église à la léproserie du Bois-Halbout, partit avec le roi de France pour la Terre Sainte en 1190.

Ses exploits presque fabuleux devant l'île de Chypre, à Saint-Jean-d'Acre ou Ptolémaïs, à Asor, etc., lui acquirent une grande réputation et lui valurent le surnom de *Cœur de Lion*. Mais son arrogance indisposa les esprits contre lui, et il se vit obligé de reprendre le chemin de l'Occident.

La princesse Bérengère, fille du roi de Navarre Dom Sanche, que sa mère Eléonore lui avait amenée et qu'il épousa à Chypre, l'avait suivi dans son expédition. Parmi les villes qu'il assigna pour apanage à sa jeune femme se trouvait Falaise avec le château et les dépendances.

En 1192, alors qu'il traversait l'Allemagne pour regagner paisiblement ses Etats, Richard fut indignement arrêté par des espions du duc d'Autriche, et vendu à l'Empereur d'Allemagne.

Philippe II, qui avait quitté la Palestine avant le souverain anglais, profita de sa captivité pour s'entendre avec Jean, frère de l'illustre prisonnier, et chercher à le dépouiller de son royaume et de son duché. Un tel procédé souleva l'indignation générale. Pendant ce temps, la reine-mère Eléonore, l'Angleterre et la Normandie s'imposaient de lourds sacrifices, et moyennant 150,000 marcs rendaient Richard à la liberté. C'était en avril 1194.

Déjà Philippe s'était emparé de plusieurs places et assiégeait Verneuil, quand il apprit que Richard, qui avait pardonné à son frère, à la sollicitation d'Eléonore, marchait sur lui à la tête d'une armée considérable, et qu'il venait d'entrer à Laigle. Ce fut alors une succession de combats et de trèves qui se prolongea jusqu'en 1196, et pendant laquelle Richard fortifia le château Gaillard à Andely, et visita Alençon, Argentan, et probablement aussi la forteresse falaisienne.

Les hostilités recommencèrent en 1197 pour cesser bientôt après, car le besoin de repos se faisait sentir de part et d'autre Richard allait donc pouvoir gouverner en paix quand il eut la malheureuse pensée de réclamer à l'un de ses vassaux du Limousin, Vidomar, vicomte de Limoges, la remise entière d'un trésor que celui-ci venait de découvrir. Ce seigneur ne voulant se dessaisir que d'une partie, Richard quitta la Normandie où il résidait souvent et alla faire le siège de Chalus (Haute-Vienne). Mais la flèche d'un défenseur de la place lui fit une blessure dont il mourut le 6 avril 1199.

L'année précédente, par charte en date à Falaise du 27 décembre 1198, le duc-roi avait donné à Richard de Saint-Amand, son clerc, sa chapelle de Bayeux *et duos fagos in magna foresta.*

1199-1203. — Cœur de Lion étant mort sans enfants, son neveu, Arthur, fils de Geoffroy et de Constance de Bretagne, né en 1187, fit valoir ses droits à la couronne. De son côté Jean, le frère du monarque, éleva les mêmes prétentions, et la guerre fut allumée.

Arthur, très sympathique en Normandie et comptant sur la protection du roi de France, s'assura du Maine, de l'Anjou et de la Touraine ; mais malgré son courage et les dévouements dont il était entouré, Jean le surprit à Mirebeau, dans le Poitou, et le fit transporter à Falaise, où s'étant rendu lui-même, il l'engagea vivement à abandonner ses prétentions. Malheureusement les conseils, les exhortations et les menaces ne purent triompher de la résolution du jeune prince, et Jean sans Terre, qui s'était fait proclamer duc-roi, essaya alors, dit-on, de trouver des complices pour se débarrasser de son neveu.

Guillaume de Briouze ou de Braye, qui était alors Gouverneur de Falaise, refusa de se prêter à la lâche complaisance qu'on exigeait de lui ; « Je suis gentilhomme, dit-il, et non un bourreau. » Cette belle réponse amena sa destitution et son remplacement par Hubert de Bourg, chambellan du roi et connétable de Normandie, qui ne se montra pas moins humain que son prédécesseur. Conservant les apparences de la plus extrême rigueur, il éloigna habilement du château tout ce qui paraissait hostile au prince, disant hautement qu'il n'avait pas besoin d'aide pour accomplir sa mission ; puis d'accord avec Arthur qu'il comblait de soins, il répandit le bruit de la mort de l'intéressant prétendant, et fit célébrer de magnifiques funérailles. Mais devant la fureur des Bretons qui n'étaient pas initiés à son secret, il dût faire connaître son artifice et donner la preuve de l'existence d'Arthur de Bretagne.

A cette nouvelle, Jean sans Terre comprenant que Falaise ne tremperait jamais les mains dans le sang d'un innocent, fit immédiatement transférer à Rouen son neveu infortuné.

(Les touristes qui visitent notre vieux château ne doivent accepter qu'avec la plus grande réserve les indications qui leur sont données sur le cachot d'Arthur et sur la chambre où serait né Guillaume le Conquérant. Ces fantaisies historiques sont d'une témérité inouïe, car nul aujourd'hui, au milieu de ces ruines imposantes, ne peut, croyons-nous, assigner avec certitude à tel évènement une place que recouvrent la nuit et la poussière des siècles.)

Une autre version, non moins favorable à Hubert de Bourg, nous apprend que des assassins, trompant la surveillance du gouverneur, s'introduisirent dans le cachot d'Arthur et se disposaient à le frapper, quand celui-ci appela Hubert à son secours ; à ses cris désespérés, Hubert accourut, et bravant la colère royale, délivra le prince de ses bourreaux. Hubert de Bourg fut chargé plus tard de la défense de Douvres, et devint grand justicier. Cette haute fonction convenait bien à son beau caractère.

A Rouen, les choses se passèrent autrement qu'à Falaise. Arthur fut, dit-on, percé de coups et jeté dans la Seine. Un cri d'horreur répondit à cet acte de barbarie dont Jean sans Terre fut accusé.

Pendant l'administration de Hubert de Bourg, et

en sa présence, Richard Terrici, de Falaise, du consentement de ses frères, Michel et Simon, donna une rue de Falaise, moyennant trente livres d'anjou, aux religieux de St-André.

Entre les années 1199 et 1203, Jean sans Terre vint souvent à Falaise, et les époques de séjour paraissent ainsi fixées : 8 et 9 juillet 1199 ; 4 et 5 mai ou juin 1200 ; le 1er novembre 1201, il se rendit de Barneville-la-Bertrand au prieuré de Ste-Barbe, puis à Argentan et à Falaise où il dut séjourner le 5 ; dans le cours de cette année il nomma Raoul Tesson sénéchal de Normandie. Ce seigneur mort en 1213 ou 1214 avait épousé Mathilde de la Lande-Patry ; 24 et 25 février 1202 ; 10 et 11 août de la même année, et de Falaise il se rendit à Argentan et au Mans ; le 3 janvier 1203 il vint d'Argentan à Falaise où on le retrouve les 30 et 31 du même mois, et les 10 et 11 avril suivants ; le 9 mai, il partit de Falaise pour Ste-Barbe, et le lendemain pour Bonneville-sur-Touques ; 8 et 9 août ; enfin le 12 septembre il quitta St-Benoît-d'Herbetot pour venir à Falaise où sa présence est constatée les 13 et 27 du même mois.

Par charte, en date à Rouen du 5 février de cette année 1203, Jean sans Terre, suivant en cela l'exemple des rois de France accorda le droit de commune aux Falaisiens, et chargea Jean Maréchal, bailli du pays, de l'organisation de ce nouveau système si ardemment désiré.

Jean confirma aussi les possessions de l'abbaye de St-Jean-de-Falaise, et prit sous sa protection l'abbaye de Villers-Canivet ; quelques-unes de ses chartes sont attestées par Guillaume Maréchal, comte de Prembroch, le comte de Leicestre, le comte de Ferrières, Pierre de Préaux, Robert de Vieux-Pont, et autres seigneurs de son entourage.

1203.- 1223.— A la nouvelle de la mort d'Arthur, les Etats de Bretagne se réunirent et prièrent le roi de France de citer Jean devant la cour des pairs pour expliquer la disparition de son neveu. Jean n'ayant point jugé à propos de comparaître fut déclaré coupable de meurtre, et dépouillé de tous ses domaines relevant de la cour de France.

La Normandie fut alors envahie de tous les côtés. Le comte d'Alençon, Warin de Glapion, grand sénéchal de Normandie, qui reçut pour prix de sa défection Ste-Scholasse, Montpinçon, Moyon, Asnebec, Fontenay-sur-Orne, etc., et autres seigneurs normands se détachèrent du roi d'Angleterre et suivirent la fortune de Philippe ; plus tard Glapion, accablé par les regrets, fut chercher la mort en Palestine.

Pendant ce temps, Jean sans Terre, au lieu de faire appel au dévouement des Normands en général, et de payer de sa personne, laissa le gouvernement de la province, à Archas Martin et à Lupicaire, deux brabançons mercenaires qu'il avait attachés à son service.

Maître de Château-Gaillard qu'avait longtemps et énergiquement défendu Roger de Lacy, Philippe-Auguste s'avança à grandes journées sur nous et mit le siège devant Falaise qui lui inspirait de sérieuses inquiétudes.

Lupicaire s'était jeté dans la place pour la défendre ; et les Falaisiens, fidèles à leurs ducs, et que protégeaient sept tours et de hautes murailles, purent croire que leur bravoure allait résister avec succès aux armes de Philippe et sauver le duché dont leur ville était l'un des meilleurs remparts.

Philippe, après avoir employé sept jours à dresser ses puissantes machines contre les remparts, allait sans trop de confiance se disposer à battre en brèche quand, à sa grande surprise et à sa vive satisfaction, il vit Lupicaire s'humilier devant lui et proposer une capitulation qu'il n'eût garde de refuser. Ce ne fut évidemment pas sans une poignante douleur que les Falaisiens furent obligés de subir cet affront auquel ils n'étaient pas habitués. C'était en 1204, après l'octave de Pâques.

On assure que Lupicaire eut la faiblesse de passer avec ses routiers au service du roi de France, oubliant ainsi ses devoirs et sa reconnaissance envers Jean. Peut-être même conserva-t-il le gouvernement de la ville.

Philippe-Auguste se montra bienveillant pour nos ancêtres ; il confirma leur droit de commune, assura le libre exercice de leur commerce dans tout son royaume, la ville de Mantes exceptée, et leur accorda divers autres privilèges. Sa charte se termine ainsi : *Actum in castris apud Falesiam.*

Toute la Normandie se soumit bientôt après.

Cependant la guerre continua entre les deux souverains. Jean se réveillant de sa torpeur, envahit la France avec le comte de Flandres et l'empereur d'Allemagne Othon IV. Mais battu à Bouvines en 1214, il regagna l'Angleterre et termina ses jours en 1216 après avoir, l'année précédente, donné aux anglais la grande charte, base de leurs libertés.

De son mariage avec Isabelle d'Angoulême Jean sans Terre laissa plusieurs enfants dont Henri, né le 1er octobre 1207, et Richard le 6 janvier 1209. Henri lui succéda sous le nom de Henri III et parvint à triompher de son compétiteur Louis VIII, fils de Philippe-Auguste, que les barons avaient appelé au trône.

Nourrissant le projet de reprendre les domaines dont son père avait été dépossédé, Henri III entretenait habilement chez les Normands un sentiment de regret et un esprit d'hostilité contre le roi de France qu'on ne regardait pas d'ailleurs comme duc légitime, et dont l'autorité manquait encore de racines. On s'explique aisément en effet que les liens d'habitudes, la conformité de mœurs, les relations commerciales et l'orgueil national éloignaient la Normandie de la France avec laquelle elle se trouvait trop en contact pour la conservation de son autonomie ; puis, l'Angleterre était sa conquête, sa fille en quelque sorte, et son cœur ne pouvait accepter gaiement la pensée d'une irrévocable séparation ; les ducs-rois l'avaient toujours adorée comme une mère, et les seigneurs féodaux tremblaient pour leur puissance individuelle que Philippe cherchait à saper.

A cette époque fonctionnait le célèbre tribunal de l'Echiquier auquel le duc pouvait soumettre les jugements des tribunaux inférieurs rendus par les comtes, vicomtes barons, ecclésiastiques et autres justiciers ; la juridiction du bailliage était ou allait être en voie d'organisation, et les institutions municipales, se trouvant établies sur de larges bases, offraient au peuple une direction plus douce, plus paternelle que celle des vicomtes. On connaît la charte de Philippe-Auguste relative aux communes de Rouen, Falaise et Pont-Audemer. Elle nous occupera néanmoins dans notre *Histoire de la Vicomté-Mairie.*

En 1207 le roi de France confirma tous les privilèges des Normands, et cette même année, étant à Falaise, il jugea un différend existant entre les religieux de l'abbaye du Val et ceux de St-Martin-de-Séez, au sujet de droits cédés par Roger de Martigny sur l'église de ce nom à l'abbaye de St-Martin.

Philippe-Auguste mourut à Mantes en 1223, et eut pour successeur son fils Louis VIII.

1223-1226. — Pendant le règne de ce prince qui épousa Blanche de Castille, s'empara du Limouzin et du Périgord, et battit les Albigeois, ces réformateurs du midi, que soutenaient le comte de Toulouse et le vicomte de Beziers, rien de particulièrement intéressant ne se passa à Falaise. Simon Cornu ou Lecornu y occupait la paisible fonction de gouverneur. En 1226, il fut chargé avec Adam Harrang, gouverneur de Caen, Etienne de la Porte, bailli de Rouen, l'abbé de Saint-Evroult, le prieur du Valdieu, et Guillaume Acarin, doyen du St-Sépulcre de Caen, de faire une enquête sur la mouvance du fief de Fontaine-le-Pin. En 1235, ce même personnage confirma à Notre-Dame de Rouvrou la donation faite en 1228 par Enguerrand de St-Philbert, fils de Roger. Cette donation consistait en un droit de pâturages sur la terre de ses vassaux, et en l'emplacement d'une écluse pour la pêcherie des moines. Simon Cornu y ajouta de son chef le bois du Fay de Rouvrou qui couronnait la colline de l'autre côté de la Rouvre sur St-Philbert.

1226-1270. — A la mort de Louis VIII, Blanche de Castille fut nommée régente pendant la minorité de son fils Louis IX (St-Louis). Ce prince qui au mois de janvier 1229 était venu avec sa mère faire le siège de Bellême contre Pierre de Dreux, dit Mauclerc, en présence des réclamations du roi d'Angleterre, et cédant à d'honorables scrupules, offrit en 1235 de rendre le Poitou et une partie de la Normandie. Henri III voulait davantage, et refusa ; mal lui en prit, car son frère Richard et lui, ainsi que le comte de la Marche, furent battus par St-Louis à Taillebourg et à Saintes en 1242.

Le manuscrit de Séez et les chartes de l'abbaye de Villers-Canivet nous apprennent que Guillaume d'Ouville était connétable de Falaise vers 1240; plus tard Nicolas d'Ouville remplit les mêmes fonctions ; on voit figurer ce dernier comme témoin d'une charte de donation par Gautier Goulaffre aux Lépreux de Falaise. Cette famille d'Ouville était très connue à cette époque par sa bienfaisance envers les maisons religieuses.

Cependant une sourde rumeur s'élevait toujours d'Angleterre et de Normandie. St-Louis comprit qu'il fallait légitimer l'usurpation de Philippe-Auguste, et moyennant une pension annuelle de 3,000 livres sterling, signa en 1259 ou 1260 un traité de reconciliation avec Henri III qui abandonna définitivement ses droits sur la Normandie. Ce traité et les mesures que prit Louis IX pour en assurer l'exécution soulevèrent d'abord des mécontentements et produisirent de part et d'autre des émigrations ; mais bientôt le calme se rétablit, et la sagesse du roi réussit à se concilier tous les cœurs.

Falaise n'eut qu'à se louer de son administration ; il était dans ses murs en 1256 développant le commerce, favorisant l'établissement des Cordeliers fondé par le maire Pierre du Pont-d'Ouilly, dotant l'abbaye de Villers, et confirmant au mois d'août une ordonnance d'Eudes Rigaut, archevêque de Rouen, relative à une institution de bénéfices dans l'église Notre-Dame de la Ronde.

Le règne de St-Louis ne peut autrement nous occuper ici ; on sait qu'il mourut devant Tunis en 1270, et que le roi d'Angleterre Henri III le suivit deux ans après dans la tombe. Ces deux princes laissaient pour successeurs, le premier son fils Philippe III le Hardi, et le second son fils Edouard Ier.

1270-1285. — La tranquillité dont jouit la Normandie pendant le règne de Philippe le Hardi, nous porte à croire que les vicomtes et les baillis d'épée eurent momentanément en main le gouvernement militaire de la ville.

Mais les événements se précipitaient d'un autre côté ; en 1282, alors que les Français étaient massacrés par les Siciliens, Edouard s'emparait du pays de Galles, et apportait d'heureuses modifications dans l'administration de la justice et des finances de son royaume.

La carrière du roi de France fut de courte durée ; une fièvre l'emporta en 1285, époque où Jean de Bras de Fer était vicomte de Falaise.

1285-1314. — Son fils Philippe IV, dit le Bel, roi de Navarre par son épouse Jeanne, ne sut pas se concilier, comme ses deux prédécesseurs, l'affection des Normands ; pourtant la paix ne paraissait pas menacée ; mais vers 1293, une querelle sanglante entre deux matelots, l'un Anglais et l'autre Normand, dont les vaisseaux s'étaient rencontrés près de Bayonne, ralluma les hostilités ; la mer devint le théâtre de cruelles représailles, et Normands et Anglais se livrèrent les uns contre les autres aux plus terribles extrémités.

Philippe IV se plaignit, et somma le roi d'Angleterre de se présenter devant la cour des pairs, en sa qualité de duc de Guienne. Après quelques pourparlers, Edouard, confiant dans la bonne foi du roi de France, vit ce prince annexer la Guienne à sa couronne.

Edouard s'assura alors le concours d'Amédée, comte de Savoie, et de plusieurs autres seigneurs, et fit passer une armée en Guienne ; d'abord victorieuses, ses troupes furent battues et chassées du pays ; la lutte se continua en Flandre ; mais les deux souverains étaient épuisés, et la paix fut conclue.

Edouard Ier mourut en 1307, et Philippe IV en 1314.

1314-1328. — Les règnes de Louis X le Hutin, auquel on doit la charte aux Normands, de Philippe V, le Long, et de Charles IV, le Bel, tous trois fils de Philippe IV, et celui d'Edouard II, princes de Galles, fils d'Edouard Ier, offrent peu d'intérêt pour l'histoire de la Normandie. On sait que ce malheureux prince anglais fut détrôné, jeté dans un cachot et assassiné en 1327. Edouard III qu'il avait eu de son mariage avec Isabelle de France, le remplaça sur le trône.

1328-1350. — Charles IV n'ayant laissé que des filles, ce fut Philippe VI, dit de Valois, son cousin germain, qui ceignit la couronne malgré les prétentions d'Edouard III qui la réclamait du chef de sa mère Isabelle, sœur de Charles IV.

Cette prétention et la querelle de Philippe avec son beau-frère, Robert d'Artois, querelle qu'épousa Edouard contre le roi de France qui de son côté rêvait la conquête de l'Angleterre, donna naissance à la fameuse guerre de Cent Ans, cause de tant de calamités.

La Normandie dont Jean, fils de Philippe VI, avait été nommé duc, disposa de ses soldats, de ses vaisseaux et de son argent en faveur de la France. Déjà, dès 1330 les gentilshommes de la vicomté de Falaise avaient été cités pour se rendre à l'armée ; et du 5 septembre 1336 au 8 mai 1337 la recette de la vicomté provenant de l'imposition levée en Normandie pour la garde de mer fut de Vc IX livres XIII sols III deniers.

En 1338 Edouard entre en Flandre à la voix de Jacques d'Artevelle, et l'année suivante défait la flotte française au port de l'Ecluse. Le commerce de la Normandie fut gravement atteint par cet échec qui n'était que le prélude de nombreuses catastrophes. En effet, après quelques années de luttes et de trèves, Edouard guidé par Geoffroy d'Harcourt, débarque à la Hogue le 12 ou le 13 juillet 1346, avec 4,000 hommes d'armes, 10,000 archers, 10,000 Gallois, et 6,000 Irlandais, brise les vaisseaux qu'il trouve à la Hogue, Honfleur et Cherbourg, et prend et pille Carentan, St-Lô, Caen, où il fit prisonnier le connétable comte d'Eu, Lisieux et Honfleur.

Falaise subit-elle le sort de ses sœurs d'alentour ? nous ne le pensons pas ; ses fortifications durent la garantir d'un siège qui aurait fait perdre un temps précieux aux Anglais, et compromis leurs forces ; d'un autre côté la garnison devait être bien faible en ce moment et ne donnait point à craindre une sortie dangereuse. Il est donc probable que l'ennemi passa à côté de nous se bornant à ravager le pays.

La même année, grâce à ses canons, Edouard battait Philippe à Crécy, et lui faisait perdre 30,000 hommes et 80 bannières ; enfin, en 1347 il s'emparait de Calais qu'il conserva dix ans. Ce jour-là, le roi d'Angleterre put vraiment se croire roi de France.

La vicomté de Falaise était alors administrée par Guillaume Michel.

A ces désastres se mêla une peste horrible ; la Normandie devint un désert ; la terreur régnait partout ; seule la mort de Philippe VI laissa les populations sans émoi.

1350-1364. — Le règne de Jean le Bon fut plus malheureux encore que celui de son père. La mort du comte d'Eu, Raoul de Brienne, accusé d'intelligence avec les Anglais, suscita au roi de nombreux ennemis à la tête desquels vint se placer son gendre, Charles le Mauvais, roi de Navarre, comte d'Évreux et petit-fils de Louis le Hutin.

Dans ces conjonctures inquiétantes, Jean provoqua l'assemblée des Etats de la province pour prendre des mesures et obtenir des subsides ; le maire de Falaise, Denis de Pierres, fut chargé de représenter la ville à cette réunion.

L'assassinat par le roi de Navarre de Charles d'Espagne, connétable de France et favori de Jean, se rendant auprès de la comtesse d'Alençon, sa parente, aggrava encore la situation ; ce crime fut commis à Laigle le 6 janvier 1353.

Ayant depuis longtemps des intelligences en Normandie, le Navarrais s'y fortifia et s'assura le concours de l'Angleterre. Cette alliance effraya Jean et lui fit signer le 22 février 1353 un traité, en vertu duquel il abandonnait à Charles le Mauvais Pont-Audemer, Valognes, Carentan, Coutances, etc. Reconnaissant sa faute, il eut la faiblesse plus coupable encore de violer ce traité. et vit avec douleur le dauphin Charles, son fils, faire cause commune avec ses ennemis ; il comprit que l'heure était venue, et se prépara à la lutte.

Le 18 janvier 1355 il ordonna au bailli de Caen de convoquer de nouveau les trois états de son bailliage pour assister le 1er mars suivant à l'assemblée des Etats généraux, et aviser à la défense du royaume. Le trésorier des guerres en Normandie devait être alors Jacques des Essarts.

Dans les instants de danger les gouverneurs particuliers semblent reprendre leurs fonctions spéciales ; à Falaise, dit l'abbé de la Rue, Charles de Montmorency commandait depuis 1353. Des pièces relatives aux chasses et venaisons du roi Jean dans la vicomté à cette époque sont très intéressantes à consulter. Montmorency était en même temps seigneur d'Argentan, et sous son administration les actes passés dans cette ville étaient scellés du sceau de la vicomté de Falaise dont Argentan d'ailleurs faisait partie. Cette seigneurie était dans sa maison depuis 1300 environ, et avant entre les mains de la famille Maréchal; de sorte que ces deux races devaient certainement depuis plus d'un siècle avoir pris une part quelconque à notre administration. Charles de Montmorency servit d'otage aux Anglais après le traité de Bretigny.

Une grande joie pour le roi Jean fut la soumission de son fils auquel il conféra le titre du duc de Normandie. Le jeune prince, pour fêter cet événement, invita à Rouen le roi de Navarre et ses partisans, le comte d'Harcourt, frère de Geoffroy, Jean Mallet, sire de Graville et autres, à un splendide festin que semblaient présider la franchise et la cordialite. C'était le 5 avril 1356.

Jean, qui était prévenu, fit à un moment donné irruption dans la salle avec ses hommes d'armes, arrêta lui-même le roi de Navarre, et fit exécuter les seigneurs qui l'accompagnaient.

Cette exécution fut le signal de nouveaux désordres. Philippe, frère de Charles le Mauvais, Geoffroy d'Harcourt et autres seigneurs normands offrirent leurs services au roi d'Angleterre qui s'empressa de les accepter. Au mois de juin, il envoya le duc de Lancastre avec une petite armée en Normandie, et celui-ci, pendant que Philippe de Navarre prenait Domfront et Sées, traversait l'Hiesmois, échouait devant Exmes, brûlait le Merlerault, une partie de Verneuil et rejoignait l'armée du prince de Galles, laissant le Perche et le comté d'Alençon aux Navarrais et à Geoffroy d'Harcourt qui ne les ménageaient pas.

Fils d'Edouard III, le prince de Galles ou Prince Noir, rencontra l'armée française devant Poitiers le 17 ou le 19 septembre 1356 ; la bataille s'engagea ; mais le malheureux roi de France la perdit et fut fait prisonnier ; dans cette journée la noblesse de notre pays fut très éprouvée.

Rendu à la liberté, le roi de Navarre força le dauphin, nommé régent, à lui restituer ses places et celles de ses amis ; et pendant ce temps son frère Philippe, en 1357, avec l'aide de ses Navarrais, des grandes compagnies, d'Anglais, de spadassins de toute sorte et de paysans révoltés contre leurs seigneurs, continuait ses dévastations en basse Normandie et dans notre circonscription.

L'abbaye de Saint-André en Gouffern fut occupée par ces pillards qui détruisirent une partie des bâtiments. Les religieux furent obligés de se réfugier à Falaise où ils achetèrent une maison près de la rue du Camp-Ferme, ou Camp-Fermant, rue ainsi nommée dès cette époque ; au mois de mars 1358 ils habitaient encore ce logement où ils célébraient leurs offices, quand le régent, duc de Normandie et dauphin de Viennois, leur accorda à ce sujet des lettres d'amortissement.

Guillaume Martel avait remplacé Charles de Montmorency au gouvernement de Falaise dès le 11 juillet 1357 ; à la même époque, Jean de Longy commandait dans la maison forte de Neuvy, Guillaume de Martainville à Argentan, et Robert de Wargnies à Caen.

Seigneur de Bacqueville et de Saint-Vigor, Guillaume Martel, d'abord écuyer, sergent d'armes du roi et châtelain de Pont-Audemer en 1337, figura au nombre des quinze chevaliers de la compagnie de

Robert d'Esneval, sire de Pavelly, qui fit montre le 29 juin 1364, et servit dans celle de messire de Blainville, maréchal de France, qui parut à Tours en 1371 ; nous le voyons ensuite en 1381 châtelain de Château Gaillard, en 1386 chambellan du roi, en 1403 présent à l'hommage rendu à Charles VI par le duc de Bretagne, et enfin en 1414 porte-oriflamme de France avec deux aides à cause de son grand âge.

La tactique de l'ennemi était prudente et habile ; il n'attaquait pas les villes fortifiées ; mais les bourgs et les petites forteresses isolées étaient le but qu'il se proposait ; de là il rançonnait les villages et les fermes d'alentour et affamait le pays en s'emparant des fours et des moulins qu'il exploitait pour son propre compte. Ce fut ainsi qu'ils s'empara de la maison forte de Neuvy, des abbayes de Saint-André et du Val, etc.

Les populations effrayées détruisaient à son approche tout ce qui pouvait lui servir de refuge et de retranchement ; le bailli d'Alençon Jean Boullet, en 1357 et 1358, fit raser les faubourgs de la ville, et les habitants de Guibray, dans la crainte qu'elle ne fût transformée en forteresse, abattirent la chapelle Saint-Gervais qui s'élevait sur la place ; plus tard, Charles V les autorisa à prendre dans les bois de Bazoches tout le bois nécessaire à sa reconstruction. Quant à la ville, elle n'avait rien à redouter ; et ses sentinelles, du haut de leurs remparts, pouvaient crier à l'ennemi : « *passez au large*; *regardez, mais ne touchez pas.* »

Après le traité de Brétigny conclu le 8 mai 1360, Edouard III fit sortir ses troupes de plusieurs places fortes, telles que Condé-sur-Noireau, Villers-Bocage, Bretteville-l'Orgueilleuse, Argences, Neuvy, etc. Les abbayes de Saint-André et du Val furent probablement évacuées aussi à cette époque. C'était un soulagement, mais la misère et la désolation régnaient partout.

Jean le Bon rendu à la liberté, mais n'ayant pu payer sa rançon, se reconstitua prisonnier et mourut en Angleterre le 8 avril 1364. Un souverain d'une loyauté aussi grande était digne d'un meilleur sort.

1364-1380. — Malgré sa défaite à Cocherel en 1364, le roi de Navarre tenait toujours en Normandie, et Charles V dut reconquérir cette province pied à pied, secondé énergiquement par le brave Duguesclin, Olivier de Mauny et autres vaillants capitaines au nombre desquels était Guillaume du Merle, commandant pour le roi aux bailliages de Caen et du Cotentin, et gouverneur général de la basse Normandie avec une garde particulière de quarante archers ; il appartenait à une très ancienne famille normande qui tirait son nom de la baronnie du Merle-Raoul, entre Argentan et Laigle.

Guillaume du Merle, après avoir commandé sur les marches de Bretagne, reçu du régent l'autorisation de percevoir dans ses bailliages les subsides destinés à la rançon du roi Jean et à l'équipement des gens de guerre, et accepté en 1364 avec le sire de Tournebu et quatre autres chevaliers, la garde de la trève conclue entre l'ennemi et les comtes d'Estampes et de Tancarville, lieutenants du roi en Normandie, trève qui devait durer jusqu'à la Pentecôte, Guillaume du Merle, disons-nous, vint au commencement de l'année 1365 opérer en basse Normandie ; il avait sous ses ordres Nicole de Briqueville, Henri de Colombières, Guiot de Creully, Raoul de Saint-André, Jean de Meheudin, Jean d'Esquay, Jean de Lentillac et Erard de Percy, etc. S'étant concerté avec Olivier de Mauny et Henri de Colombières, il enleva le fort de la Ramée dans le Bessin, entre Trévières et Colombières, et ce combat coûta la vie à la moitié de la garnison ; l'autre moitié fut faite prisonnière et conduite à Bayeux. Dans cette affaire, Henri de Colombières eut un cheval tué sous lui, et le 1er août suivant Guillaume du Merle, étant à Falaise, lui fit remettre une somme d'argent *en récompense du coursier qui li fut tué à la besogne où les Anglais qui tenaient le fort de la Ramée furent déconfitz.*

Il est possible, d'après une note extraite du carton des rois, que Robert de Wargnies ait été à cette époque, par intérim peut-être, châtelain et capitaine des ville et château de Falaise ; mais il ne dut faire que passer ; car un chroniqueur nous apprend que huit jours après la prise du fort de la Ramée, Jehan Martel, capitaine de Falaise, Jean de Mathan et Guillaume de Rouvrou, *s'embûchèrent dedans un fumier* avec vingt-cinq hommes d'armes devant la porte de la Vignié ou Vignore qu'occupaient soixante Anglais, et firent offrir du pain à la petite garnison par des gens déguisés. Les Anglais affamés se laissèrent prendre au piège ; ils sortirent du fort, furent faits prisonniers et conduits à Bayeux avec leur capitaine Wuilleseton, d'après l'ordre de Guillaume du Merle, en même temps que ceux du fort de la Ramée.

A la fin de cette année 1365, Guillaume du Merle envoya de Caen à Paris un messager pour informer Charles V de ce qui se passait en Normandie. Au mois de juin 1366, il exterminait de nouvelles bandes anglaises retranchées au Homme, dans le Cotentin, avec le concours des seigneurs de la Ferté, du Mesle, de Tournebu, de Blainville, Regnault de Bracquemont et autres ; et le 22 novembre suivant, il annonçait au roi de France l'importante capture du Navarrais Martin Seminis et de quatre de ses compagnons, la terreur du pays.

Vers cette époque, Robert Assire, vicomte de Falaise, faisait entrer dans la ville tous les grains que la présence de l'ennemi empêchait de vendre, et qui auraient pu être saisis ou pillés, et les faisait également garder dans les granges de Cuye, baronnerie relevant du comté de Montgommery, appartenant aux de Tilly ou se trouvant en la garde du roi, et qui pouvait alors dépendre de la vicomté de Falaise. Thomas du Vivier était prévôt et receveur de la terre et ville de Cuye.

Le 24 novembre 1366 Richard de Courcy fit montre de chevalier à Falaise. L'année précédente, Jehan de Falaise, seigneur d'Athis, monté sur un cheval bai-brun, et suivi de sept écuyers et de huit archers, y avait également fait montre le 26 juillet.

En 1368, Robert de Wargnies que nous retrouvons bailli ou capitaine de Caen, transmit au vicomte de Falaise une lettre du roi pour faire démolir les forteresses qui n'étaient plus tenables. Tous les regards et tous les efforts se trouvaient alors dirigés sur Saint-Sauveur-le-Vicomte, dont Jehan de Chandos, lieutenant du roi d'Angleterre en France, occupait le château. Le 3 septembre de cette année, Richard de Courcy fit encore montre de chevalier à Caen.

L'année suivante, le 11 juin 1369, le vicomte de Falaise reçut du même bailli ou châtelain de Caen une lettre ainsi conçue :

Vicomte de Falaise.

« Nous avons reçu une lettre close du roi, notre sire, contenant entre les autres choses que messire Jehan de Chandos et autres ennemis du royaume, etc., etc..... Si nous mandé par cette dite lettre que nous fassions savoir à tous les capitaines et gardes de forteresses que de ce ils soient pourvus et garnis, et que de jour et de nuit ils fassent faire bon guet et arrière-guet par telle manière que aucun péril n'en puisse venir; et aussi que leurs forteresses soient si garnies de vivres, artillerie et autres choses..... Si vous mandons que les choses dessus dites vous fassiez savoir au capitaine et châtelain de Falaise, à tous les autres capitaines de forteresses de la vicomté, mandiez et commandiez, et par ces présentes mandons et commandons, etc., etc. »

Le même vicomte reçut encore de Charles V une lettre qui devait servir de sauve-garde aux religieux du prieuré de Sainte-Barbe en-Auge. C'étaient des messagers qui portaient dans toutes les vicomtés et sergenteries les diverses communications nécessaires, lesquelles se trouvaient transmises hiérarchiquement. Entre autres messagers qui vinrent à Falaise on voit Guillaume Letripier, Jehan Detour et Pierre de Cosneville.

Au mois d'août suivant une tentative fut faite par Guillaume du Merle, Olivier de Clisson et autres contre le château de Saint-Sauveur; mais elle fut infructueuse. Il est probable que notre gouverneur, Jehan Martel, prit part à l'action, car il était un des quinze chevaliers de la compagnie de Guillaume du Merle qui fit montre à Caen le 31 août 1370. Jehan Martel avait épousé Jeanne de Houdetot, fille du bailli de Rouen.

Le vicomte de Falaise ne négligea pas les instructions qu'il avait reçues, et les fortifications furent minutieusement réparées et entretenues pendant plusieurs années. Une quittance de Richard Basin, serrurier, reçue par Robert de Montfort, tabellion juré, et autres documents nous l'indiquent suffisamment ; du reste le château fort, les murailles, les portes et les tours feront l'objet d'une note particulière.

Dans ces conditions de défense et de sécurité, les timides et les faibles venaient en foule frapper à notre porte et chercher un abri contre les fureurs de l'étranger. C'est ainsi que Philippe Lebreton, abbé de Saint-Evroult, obtint le 6 octobre 1370, de l'évêque d'Evreux, Robert, l'autorisation de venir s'enfermer dans Falaise avec ses religieux.

Le dimanche 22 février 1371, le bailli de Caen, Regnier Le Coustelier, Jehan Dubois et Rogier le Masnier, chevalier, se rendirent à Falaise par ordre du roi dont ils lurent le mandement, et visitèrent les fortifications. Cette inspection eut lieu en présence de l'évêque de Sées, Guillaume de Rances, Jehan Martel, châtelain et capitaine des ville et château, du vicomte, du maire et de *grant foison* de bourgeois ; après quoi le vicomte reçut l'ordre de s'occuper de l'entretien du château, et le maire de la conservation des remparts de la ville.

Le 12 septembre de l'année suivante (1372), Robert de Wargnies convoqua dans la capitale de la Basse Normandie une certaine quantité de gens des bonnes villes de Lisieux, Falaise, Caen, Bayeux et Coutances ; et au mois de décembre suivant Charles V ordonnait qu'il fût prélevé 40,000 francs sur le territoire normand situé au midi de la Seine, pour faire face à l'expédition contre le château de Saint-Sauveur. Les commissaires requis à cet effet furent les évêques de Bayeux et de Coutances, Raoul Parmier, chevalier, capitaine de Coutances, Jehan Martel, capitaine de Falaise, les baillis de Caen et du Cotentin, Raoul Campion, receveur général en Basse Normandie, Robert Assire, vicomte de Falaise, et Nicolas Leprestrel, bourgeois de Saint-Lo.

Sans doute un nouvel effort fut tenté en 1372 contre Saint-Sauveur ; car, d'après l'abbé Delarue, Pierre, baron de Tournebu, et Jehan Martel furent faits prisonniers par les Anglais. Avant de pouvoir aller chercher leur rançon, ils furent obligés de laisser comme otages Pierre de Tournebu, ses deux fils, âgés de 9 et 10 ans, et Jehan Martel un de ses fils seulement ; puis ils partirent, confiants dans la parole échangée et désireux de revenir au plus tôt pour délivrer leurs enfants. Mais ces innocentes créatures subirent les plus mauvais traitements et ne tardèrent pas à succomber.

Indignés de cette barbare lâcheté, Pierre de Tournebu et Jehan Martel se considérèrent comme libres et dégagés envers les Anglais. Ceux-ci renversèrent alors l'écu de leurs armes pour les injurier et les froisser dans leur amour-propre et leur dignité. Mais le roi de France déclara hautement qu'il approuvait la conduite de ses capitaines et qu'ils n'avaient pas forfait à l'honneur. Charles V savait apprécier le mérite de ses sujets ; en parlant de Henri de Colombières, il disait : « C'est un des chevaliers du pays qui mieux nous a servi et dont nous pouvons mieux nous aider. » Dans le courant de l'année 1373 le roi, en considération des grands sacrifices qu'ils avaient faits pour leurs fortifications, octroya aux Falaisiens deux deniers de remise sur les douze imposés pour le fait de la guerre.

Jehan Martel mourut peu de temps après et fut remplacé, le 2 mars 1374, par Guillaume du Merle, chevalier, sire de Messei et seigneur de Ronfeugerai, comme capitaine, garde et châtelain de la ville et du château de Falaise, place alors considérable, disent les historiens. Ses lettres de provision sont conservées aux archives de la Bibliothèque nationale. Guillaume du Merle occupa ce poste jusqu'en 1413.

Irrité de la résistance qu'il éprouvait devant Saint-Sauveur et des déprédations de l'ennemi, Charles V, en 1374, chargea l'amiral Jean de Vienne d'attaquer le château. Le siège fut long et meurtrier, car Jean de Chandos était un redoutable adversaire, et la place bien fortifiée.

Pendant le cours des opérations, l'amiral voulant sauvegarder sa responsabilité convoqua les Etats provinciaux à Bayeux le 29 janvier 1375 pour prendre une décision ; parmi les députés qui s'y rendirent nous voyons figurer Gérard de Tournebu, le sire de Courcy, l'abbé de Saint-André en Gouffern, et les vicomtes d'Auge et de Falaise ; de leur côté, les Anglais, comprenant que cet état de choses ne pouvait se prolonger, il fut convenu, d'un commun accord, le 21 mai suivant, entre les assiégés et les assiégeants, que la place serait remise au roi de France dans le courant de juillet moyennant le paiement d'une forte indemnité pécuniaire.

En attendant, la garnison anglaise livra huit otages : Jean Trevet, Hochequin l'Inde, Jean Aubourg ou Dubourg, Guillaume Maulevrier, Willecoc Standon, Jean Héricié, Guillaume Cholleton ou Chelleton, et Jannequin Noël. Ces deux derniers furent envoyés à Falaise par l'amiral Jean de Vienne, et les six autres dirigés sur les châteaux de Caen, Rouen et Vernon.

Ce fut, disent les vieux documents, monseigneur Erard de Percy, chevalier, qui les conduisit au château de Falaise, où ils firent leur entrée le dimanche 27e jour de mai 1375 ; l'escorte était ainsi composée: les otages avec deux valets et quatre chevaux ; Erard de Percy avec deux valets et trois chevaux ; Roger Trépillon, un valet et deux chevaux ; Etienne Foucault, un valet et deux chevaux, et Jehan de Hérouville, un valet et deux chevaux.

A en juger par le compte de la dépense qui fut faite depuis le 27 mai jusqu'au 23 juin suivant les otages furent on ne peut mieux traités à Falaise ; le châtelain Guillaume du Merle leur offrit lui-même de la *venaison* le 5 juin et des fraises le 20 du même mois.

Pierre de Saint-Fal fut attaché spécialement à leur service; il fit apporter de la ville par des valets lits, draps, nappes et tous les ustensiles nécessaires tels que : pots de terre, cuillères, verres, etc., et prit soin de leur nourriture de chaque jour, laquelle se composait entre autres choses de pain, vin, *belle chière*, poussins, oisons, épices, pommes, *fourmage*, poiré, beurre frais, oies (oex), verjus, poisson, gingembre, sel, safran, etc., etc.

Ils eurent encore à leur disposition de la chandelle, des bûches de chauffage, du charbon, et de l'avoine et de la paille pour leurs chevaux.

Pendant ce temps, on s'occupait activement des moyens de recueillir l'indemnité promise dont les Etats de Normandie avaient autorisé le paiement. Le 13 juin, Charles V adressa des lettres patentes au maire de Falaise, Robert Aupois, pour le charger avec Guérin Auber, Jean Osmond, sénéchal de Lisieux, Jacques Monque et Robin le Rossignol, de taxer les diocèses d'Evreux, Lisieux, Rouen, Sées, Bayeux, Coutances et Avranches à telles sommes qu'ils jugeraient à propos. Ces lettres commencent ainsi : « Charles, par la grâce de Dieu, etc. A mes bien-aimés Robert Aupois, maire de Falaise, etc. »

La mission des commissaires fut scrupuleusement remplie; mais nous croyons que les ressources normandes étant insuffisantes, ils durent se rendre à Paris pour s'entendre avec le roi et négocier un emprunt. Après quoi, les commissaires purent se libérer envers les Anglais qui sortirent librement de Saint-Sauveur emportant avec eux dans des voitures venues de Bayeux, Caen et Falaise tout ce qu'on voulut bien leur laisser. De Saint-Sauveur ils se dirigèrent vers le Havre pour regagner l'Angleterre.

Trois ans après, en 1378, le bruit circulant que les Anglais étaient en mer et préparaient une nouvelle descente, Charles V, au mois de juillet, ordonna de garnir et tenir prêtes les forteresses de Caen, Falaise, Bayeux, Touques et St-Sauveur-le-Vicomte, considérées comme les clefs de la Normandie.

Semblable mesure fut prise encore en 1380 par le vicomte de Falaise qui envoya Jehan Ringuet porter à tous les capitaines des forteresses de la vicomté, Thury, Séez, Courcy, Saint-Pierre-sur-Dives, Ste-Barbe, la Motte-Cesny et Fontenay, des lettres leur enjoignant de veiller et faire garder avec soin jour et nuit. Il avait appris par M. de la Rivière que les Anglais, au nombre de cinq à six cents lances, étaient aux environs du Mans et se disposaient à pénétrer en Normandie.

Malgré toutes ces alertes, notre belle province délivrée commençait à reprendre vigueur. Le règne du fils de l'infortuné Jean le Bon avait été bien rempli. La Normandie, la Guienne, le Poitou, le comté de Ponthieu et le Périgord se trouvaient réunis à la France quand ce sage monarque rendit le dernier soupir, le 16 septembre 1380, miné par le poison que lui avait autrefois versé Charles le Mauvais qui s'était retiré dans ses Etats de Navarre où il mourait lui-même en 1387.

Le vaillant Duguesclin précéda de deux mois le roi de France dans la tombe, et Olivier de Clisson termina ses jours au château Josselin en 1407.

Quant au roi d'Angleterre, Edouard III, la mort l'avait surpris en 1377, un an après la fin de son fils, Edouard, prince de Galles ou Prince Noir, dont le second fils monta sur le trône sous le nom de Richard II. Son grand-père, Edouard III, avait avant de mourir, eu la précaution de le proclamer son héritier au sein du parlement.

1380-1422. — A l'avènement du fils de Charles V, âgé seulement de douze ans, ses oncles, les ducs d'Anjou, de Bourgogne et de Berri, se disputèrent le pouvoir et troublèrent de nouveau la tranquillité renaissante du royaume.

En Normandie, le rétablissement des impôts provoqua de nombreux désordres. Rouen se révolta contre l'autorité royale, et les soulèvements éclatèrent de toutes parts. Cependant en 1382 Charles VI battait à Rosbecque les Flamands révoltés.

Quelques points noirs se manifestant du côté de l'Angleterre, Charles fit de grands préparatifs pour porter un coup sérieux à cette redoutable puissance. Ainsi, nous voyons qu'en 1386 le sieur Gillain reçut de Regnault-Bigault, vicomte de Falaise, 60 sols pour avoir fait double sur parchemin le compte des gages mensuels de 200 arbalêtriers du pays de Normandie qui avaient été désignés pour aller servir le roi *au fait de l'armée du passage de la mer.*

Animé d'excellentes intentions, le roi de France espérait pouvoir bientôt couronner son front des lauriers de la paix, et méritait déjà le nom de *bien-aimé*, quand en 1392, alors qu'il marchait contre le duc de Bretagne pour venger une tentative d'assassinat commise par Pierre de Craon sur Olivier de Clisson, il perdit subitement la raison en traversant la forêt du Mans.

Son frère, le duc Louis d'Orléans, qui possédait des domaines dans la vicomté de Falaise où il avait un receveur et un prévôt particuliers, essaya de tenir à distance les ambitieux qui menaçaient le trône ;

mais il fut assassiné en 1407 par Jean-sans Peur, fils du duc de Bourgogne.

Le comte d'Armagnac prit alors le parti de la victime de ce meurtre qui fut le signal de la guerre civile dite des Bourguignons et des Armagnacs, et devait ramener l'Anglais sur notre sol.

Pendant que ces évènements s'accomplissaient, le roi d'Angleterre Richard II était mort assassiné en 1399, après avoir été détrôné par Henri, fils de Jean de Gand, duc de Lancastre, 3e fils d'Edouard III. Henri, monté sur le trône sous le nom d'Henri IV, mourut méprisé en 1413, et fut remplacé par son fils Henri V qui, profitant de la folie de Charles VI et de nos dissensions intestines, se prépara à envahir la France et la Normandie.

Foulques du Merle venait en 1413 d'être appelé au gouvernement de Falaise. Les archives du collège héraldique et historique de France nous apprennent qu'en 1409, son prédécesseur, Guillaume du Merle, avait touché cinquante livres tournois pour un semestre de ses gages de capitaine du château ; fonction délicate et difficile surtout à ces époques où, comme le dit avec raison un historien, les droits étant équivoques, la trahison et la fidélité sont également incertaines. Ainsi, en 1411, le duc de Bourgogne, maître de Paris, avait défendu formellement aux gouverneurs de faire assembler aucuns gens d'armes de trait ou de guerre sur l'ordre du fils du duc d'Orléans, du duc de Bourbon, et des comtes Jean d'Alençon et d'Armagnac dont les biens furent confisqués.

Vers le même temps Jean Vauchis, receveur du duc d'Orléans, avait été arrêté et conduit de Falaise à Caen par les archers de Falaise Jean Letenneur, Guillaume Lefoulon, Colin des Buats, Colin Chaales, Jean Descosses, Jean le Huchier, Jean Hollande et Guillaume du Breuil qui touchèrent du vicomte ce qui leur était dû pour cette corvée. Jehan de Falaise, dont nous avons déjà parlé, commandait encore une compagnie d'archers, Jehan Prunier était portier du château, et Michel de la Villette sergent d'épée de la sergenterie de Falaise.

L'année suivante, en 1412, la charge de capitaine de la forteresse de Sainte-Barbe-en-Auge était adjugée à Jean de Bras de Fer, prieur du Moutier, par Michel de Cheux, lieutenant du bailli de Caen.

Cependant Charles VI, dans ses heures lucides, et son fils le dauphin, cherchaient à soustraire leur royaume aux factions qui l'affaiblissaient en le divisant, et ne leur laissaient aucune autorité. En 1413, le bailli de Caen, Robert d'Esneval, convoqua tous les gens d'armes de la vicomté ; Sillé-le-Guillaume, Beaumont et Laigle furent prises d'assaut par le comte de Richemont, et en 1414 Paris ouvrait ses portes à l'armée royale victorieuse après une défaite du duc de Bourgogne. Le comte d'Alençon, en récompense de ses services à la cause royale, obtint l'érection de son comté en duché. Néanmoins, la situation était grave.

Un intéressant travail analytique de notre savant confrère, M. Eugène Châtel, nous fait connaître qu'à cette époque (1414) une peste horrible désola Falaise et les environs ; les familles, épouvantées par le fléau, fuyaient au loin, les relations commerciales se trouvèrent interrompues, la foire de Guibray fut nulle, et la ville transformée en désert ; dans ces temps de fréquentes épidémies la paroisse de Ners servait de maladrerie et de cimetière à nos ancêtres, ainsi que nous l'avons dit dans notre notice sur la *Sergenterie de Falaise*.

Pour comble d'infortune, on apprit que le roi d'Angleterre, Henri V, accompagné des ducs de Clarence et de Glocestre, ses frères, du duc d'York, du maréchal de Warwich, des comtes de Kent, de Windsor, de Suffolk, de Strafford, etc., et suivi d'une armée de 30 à 40,000 hommes, était débarqué près de Harfleur le 14 août 1415, et commençait le siège de cette ville.

Les assiégés, commandés par les seigneurs d'Estouteville, de Gaucourt, de Blainville, de Bréanté, de Bacqueville, d'Harcourt, de Bracquemont, de Guitry, d'Hermanville, de Claire, de Gaillarbois et autres tinrent avec énergie pendant cinq semaines ; mais le 22 septembre, ils furent obligés de capituler.

Henri V se dirigea alors sur Calais après avoir fait des propositions de paix qui ne furent malheureusement pas écoutées. Le mois suivant, en effet, le 25 octobre 1415, l'armée française fut vaincue à Azincourt où le duc d'Alençon perdit la vie après avoir tué le duc d'York et fait des prodiges de valeur.

Les seigneurs de Bailleul, de Beaumesnil, de Beuvron, de Boissey, de Chamboy, du Châtellier, de Dampierre, de Courcy, de Fontaines, de Launay, de Longueil, gouverneur de Caen, Jehan Martel, l'un des fils de notre ancien gouverneur, de Montchevrel, de Montgommery, de Saint-Clair, de la Tour, de Vieux-Pont, de Villers, et autres, assistaient à cette sanglante et désastreuse journée.

Charles VI était à Rouen quand il apprit cette catastrophe qui pouvait devenir funeste à la France. Mais Henri V se contenta de ces deux succès, et ne poursuivit pas plus loin sa marche triomphante. Cependant il était plus que jamais nécessaire de se tenir sur ses gardes, car tout faisait prévoir une nouvelle et prochaine incursion.

Profitant de cette trève, le gouverneur Foulques du Merle, seigneur de Saint-Pierre-du-Bu, dont les fonctions allaient bientôt cesser, et que nous verrons encore figurer parmi les nobles de la sergenterie de Falaise en 1463, fit faire aux fortifications et aux prisons de la ville des réparations ou améliorations d'autant plus importantes que les troupes étaient éparses sur le territoire, que les chefs étaient divisés, et qu'il fallait compter davantage sur la solidité des murailles que sur le nombre des soldats. Enfin malgré les ravages de la peste et des guerres précédentes, Falaise se trouva prête à tout événement. M. de Vicques était alors lieutenant de notre gouverneur.

Le 1er août 1417, le roi d'Angleterre, appelé en quelque sorte par la reine de France, Isabeau de Bavière, de triste mémoire, et aussi par le duc de Bourgogne, l'un et l'autre ivres de pouvoir, débarqua à Touques dont le château se défendit pendant quatre jours. Il était suivi d'une armée de 16,000 hommes, de quelques milliers de picquiers, mineurs, maçons, charpentiers, d'un train d'artillerie considérable et d'une grande quantité de machines de guerre, le tout porté sur une flotte nombreuse et imposante. De Touques, Henri V alla faire le siège de Caen dont le gouverneur, le sire de Montenay, ne se rendit qu'après plusieurs semaines de vigoureuse résistance.

Henri divisa alors ses troupes en plusieurs corps d'armée, et les villes de Lisieux, Bayeux, Evreux, Verneuil, Argentan, et autres places telles que Courcy, la Motte-Cesny, Vignats, Saint-Pierre-sur-Dives, Séez, O, Exmes, Chamboy, etc., tombèrent en son pouvoir dès le mois d'octobre suivant. Mais ces rapides succès nous paraissent moins dus à la valeur de ses guerriers qu'à ses intelligences avec les Bourguignons qui, selon un vieux manuscrit, étaient en nombre dans nos vicomtés.

Domfront résista énergiquement au comte de Warwick et au général Talbot ; Alençon se rendit au bout de huit jours ; et bientôt le vainqueur n'eut plus devant lui en Basse-Normandie que la gigantesque forteresse falaisienne que venaient d'occuper le futur maréchal de France, Gilbert Motier de la Fayette, comme gouverneur de la ville, et le chevalier Olivier de Mauny, chambellan du roi, comme capitaine du château.

Le siège commença le 4 novembre 1417. Henri V ayant établi ses positions et assis son artillerie et ses bombardes sur les hauteurs du Mont Mirat, attaqua la place du côté du château, pendant que son frère, le duc de Glocestre, campé à Guibray, dirigeait ses efforts sur les remparts orientaux et les portes de Bocé et de la Thuilerie. Le général Talbot prit aussi part à l'action dès le début, et se dirigea sur le Cotentin.

Pendant de longues journées les bombardes et des pierres énormes lancées par les balistes et les catapultes tombèrent comme une pluie sur la ville, entamèrent les murailles et endommagèrent les habitations et les édifices intérieurs ; la nef et le clocher de Sainte-Trinité s'écroulèrent sous cette averse de projectiles que soldats et bourgeois semblaient ne point voir, tant chacun rivalisait de zèle, de courage et d'efforts pour repousser l'ennemi que fatiguait déjà l'opiniâtre résistance d'une poignée de heros.

Henri V comprit que la famine seule viendrait à bout de l'énergie des Falaisiens, et attendit. Ce moyen lui réussit ; et, après deux mois de sublime défense, Gilbert de la Fayette, cédant à l'impérieuse nécessité, et peut-être aux lamentations des femmes et des enfants, capitula honorablement pour la ville le 2 janvier 1418. Les bases de cette capitulation avaient été arrêtées dès le 20 décembre précédent.

Il demeurait convenu entre Thomas, comte de Salisbury, sir Henri Fitz Hugh, John Cornewail et William Harrington, chevalier, représentant le roi d'Angleterre,

Et Guilhem de Melhou, Gilbert de la Fayette et le sir de Granville, ou Graville, représentant le roi de France, et autorisés par les autres capitaines, bourgeois et parties intéressées :

« Que la ville serait remise à Henri V le 2 janvier si jusqu'à ce jour le roi de France, le dauphin ou le connétable d'Armagnac ne venaient point à son secours ;

Que les étrangers se trouvant dans son sein seraient à la grâce et merci du vainqueur ;

Que la liberté serait immédiatement rendue aux prisonniers anglais qui ne pourraient être retenus sous quelque prétexte que ce soit ;

Que les capitaines, soldats et bourgeois ne prêteraient aucun concours à la garnison du château, sauf pour la nourriture ;

Qu'ils ne pénétreraient pas dans le fort dont les gens ne seraient non plus reçus par eux dans la ville, ni eux ni leurs biens ;

Qu'ils seraient maintenus en la possession de leurs chevaux, harnais et autres biens, moins toutefois de l'artillerie, traits, poudre, canons, arbalètes, etc., et qu'ils n'en feraient pas un mauvais usage ;

Qu'ils ne détruiraient aucune de leurs munitions pendant la durée de l'appointement ;

Qu'ils ne feraient aucunes réparations à leurs fortifications et murailles, et les laisseraient dans l'état où elles se trouvaient au jour du traité ;

Que les étrangers ne troubleraient point le repos des habitants, et ne commettraient aucuns larcin ni mauvaise action, sous peine d'être réprimés par les capitaines des gens d'armes et de perdre le bénéfice de leur sauf-conduit ;

Que les habitants ne détourneraient pas les ornements, joyaux et reliques des églises de la ville, ni ceux des temples ou maisons religieuses du dehors, déposés dans leur enceinte par effroi de la guerre, du pillage ou du vol ;

Que les capitaines, leurs compagnies et toutes personnes ne laisseraient sortir autres choses que leurs objets personnels ;

Qu'ils sortiraient eux-mêmes de la ville le 2 janvier, *en dedans soleil couchant*, s'ils n'étaient pas secourus,

Que les habitants pourraient continuer de résider dans Falaise, s'ils le jugeaient à propos, et qu'ils jouiraient paisiblement de leurs biens, meubles, héritages et possessions comme avant *la rendue*, sauf à demeurer *gens liges* et serviteurs obéissants du roi d'Angleterre et de ses successeurs ;

Qu'aucun acte d'hostilité ou d'agression ne se manifesterait entre les troupes anglaises et celles de la ville, la garnison du fort étant exceptée ;

Enfin que MM.de la Fayette et Guilhem de Melhou, avec le consentement de tous les capitaines de gens d'armes et de trait, livreraient douze gentilshommes, tous chevaliers et écuyers notables, comme otages, lesquels seraient remis en liberté au jour indiqué si les conditions du traité étaient fidèlement exécutées. »

Aucun secours n'étant survenu, Henri V fit son entrée dans la ville le 2 janvier pendant que ses soldats continuaient l'attaque du château qui n'avait point pris part à la capitulation.

Le roi accorda des sauf-conduits à Guilhem-Melhou, Gilbert de la Fayette, Alexandre Marguerit, la Dame de Courcy, Bertrand d'Enfernet, Michel Gourdel, Jehan Fouquet, Pierre Cappelaine, et autres personnes qui avaient vaillamment pris part à la défense de Falaise, telles que Jean de Beaurepaire, Jean de Loucelles, Jean Marguerit, Jean de Guébriant, Jean d'Esson, écuyer, Robert de Fontenay, chevalier, etc.

Pendant ce temps, le brave Olivier de Mauny, secondé par quelques gentilshommes du pays, luttait toujours dans la forteresse et refusait obstinément de se rendre. Cependant, quand il vit que ce dernier refuge était battu et miné journellement par les Anglais, que les provisions de guerre et de bouche diminuaient et qu'aucun secours ne lui arrivait, il consentit à un appointement qui fut signé de part et d'autre le 1er février 1418, après trois mois d'une héroïque défense.

Les clauses de la capitulation furent ainsi arrêtées d'un commun accord :

« Olivier de Mauny, chevalier, capitaine du chastel et donjon de Falaise, s'engage, en son nom et en celui de ses subordonnés, envers le duc de Clarence, à remettre le château aux mains du roi d'Angleterre le 16 février courant, si le dit château n'est secouru jusqu'à ce jour par le dauphin ou le connétable comte d'Armagnac ; et autorise Henri V à y mettre telle garnison qu'il lui plaira.

« Il promet de se constituer prisonnier avec sa compagnie et la garnison, mais ne s'engage pas en ce qui concerne Geffroy des Châteaux dont le roi disposera à son gré ;

« De laisser au château les chevaux, armures, bâtons et artillerie sans en rien distraire, et de réunir tout le matériel de guerre à un même endroit dans la forteresse ;

« De réparer à ses frais, à ceux de sa compagnie et de la garnison, les tours, murailles et fossés du château, à l'extérieur comme à l'intérieur, et de rétablir le fort dans l'état où il était avant l'arrivée du roi d'Angleterre ;

« De mettre en liberté et de laisser sortir du château tous les prisonniers anglais, sujets et vassaux du roi, gascons et autres, sans en retenir aucun pour quelque cause que ce soit ;

« De conserver intacts dans la place les vivres, artillerie, arbalètes, arcs, flèches, vertons, poudres, canons, bâtons, habillements, etc., et de ne prendre de vivres jusqu'au dit jour 16 février que ce qui sera strictement nécessaire, *sans nul gast ni destruction* ;

« De ne point prendre les armes contre le roi d'Angleterre jusqu'à ce que les réparations du château fussent terminées, serment fait par Olivier de Mauny, les gentilshommes, chevaliers et écuyers sur leur foi et honneur, et par les gens de la garnison sur les saints Evangiles ;

« Enfin de remettre entre les mains du duc de Clarence huit gentilshommes, tous chevaliers et écuyers, comme otages, en garantie de l'entière exécution des conditions ;

« De son côté, le duc de Clarence s'engage, au nom du roi, envers Olivier de Mauny et ses subordonnés, à les laisser libres aussitôt que les fortifications seront en état ; mais Geffroy ou Geoffroy Deschâteaux ne doit pas profiter de cette faveur ; il les autorise en outre à conserver tout ce qui leur appartient, sauf les chevaux et armures, et exige d'eux la promesse qu'ils n'emporteront du château que ce qui est bien leur propriété ;

« Comme dernière et réciproque condition, aucune tentative armée ne devait être faite pendant la durée de l'appointement qu'Olivier Mauny scella de ses armes. »

Le lendemain, 2 février, Henri V datait de Falaise des lettres patentes par lesquelles il rendait à l'abbaye d'Ardennes les revenus qui avaient été mis en ses royales mains.

Seigneur de Thorigny, de Thiéville et de Villers-Bocage, et chambellan du roi de France, Olivier de Mauny avait épousé Catherine de Thiéville dont il eut un fils et une fille. Le fils étant mort sans postérité, l'héritage revint à sa sœur Marguerite qui fut mariée le 18 avril 1421 à Jean de Goyon, sir de Matignon, mort le 22 février 1452, laissant cinq enfants de son union avec Marguerite de Mauny. Celle-ci épousa en secondes noces Jean de Mauhugeon auquel elle apporta en dot la baronnie de Thorigny, et mourut vers 1469 ou 1470. Cette deuxième alliance ne lui ayant pas donné de postérité, ses biens retournèrent à ses enfants du premier lit, Bertrand et Alain de Goyon, fils aînés, et à leur sœur Isabelle de Goyon qui épousa Guy d'Espinay. Guy mourut en 1494, et Isabelle en 1505.

Le château de Falaise n'ayant pas été plus secouru que la ville, se rendit le 16 février 1418. Mais Henri V furieux d'avoir été pendant trois mois sous nos murs, refusa d'abord d'exécuter certaines conditions du traité ; il condamna à un emprisonnement perpétuel Olivier de Mauny, le seul capitaine qui depuis son débarquement à Touques, eût eu le courage, au milieu de la consternation générale, de lui opposer une résistance opiniâtre et désespérée, et le fit jeter indignement dans un des cachots de la forteresse falaisienne.

Mais bientôt, revenant à de meilleurs sentiments, il se décida, après avoir retenu pendant neuf jours le vaillant capitaine, à lui rendre la liberté, et lui accorda un sauf-conduit ; mais, aux mois d'avril et de mai suivants, il confisquait sa seigneurie de Villers-Bocage, au profit de l'un de ses généraux, Hartaud Wauclock ou Vanclock, et son domaine de Thorigny qu'il donna à Jehan Pophan, l'un de ses bons capitaines.

Certains pensent qu'Olivier de Mauny ne fut élargi qu'en 1419 et même en 1422.

Parmi les défenseurs de Falaise dont faisaient partie Jean Le Hérissy, Jean du Castel, Alain Viéville, Robert de Préaux, Geoffroy de Malestroit, Jean Dubois, Jean de Pontbriant, Geoffroy et Alain de la Riboissière, Guillaume Costard, Drouet d'Esson, et Jean de Tréprel, se trouvait aussi un nommé Édouard-ap-Griffyth, natif du pays de Galles, dont l'attitude hostile avait porté à son comble l'irritation du vainqueur qui se montra sans pitié pour lui et le fit mourir. On coupa en quatre morceaux le corps de ce malheureux, et le bourreau de Falaise fut chargé d'en porter un au vicomte de Caen avec ordre de l'exposer au bout d'une lance sur la porte la plus fréquentée de la ville. Les trois autres furent expédiés aux capitaines de Lisieux, Alençon et Verneuil dans le même but. (*teste rege apud Villam regiam Falaisie IX dii februarie*).

Après la reddition de la ville et du château, le roi d'Angleterre fit publier une proclamation enjoignant aux gens de Normandie, absents des bailliages de Caen et de Falaise, d'avoir à comparaître devant lui, faute de quoi leurs biens seraient confisqués et donnés à ses sujets.

Redoutant un piège ou ne voulant pas se soumettre, un certain nombre de personnes subirent les conséquences de leur désobéissance :

Jehan du Merle perdit son fief de Couvrigny dont profita l'écuyer anglais Richard Hemyngen-Burgh ou Bourck ;

Guillaume Porter, écuyer, fut mis en possession des domaines de Guillaume d'Assy, rebelle, à la charge de garde avec ses hommes au château de Falaise, et d'une rente annuelle d'une épée qu'il devait apporter au dit château le 1er août ;

Jehan Perron, de Laigle, reçut les biens de Nicolas de Courseulles, chevalier, absent, à charge d'hommage et d'un fer de lance livrable au château le jour de la nativité de Saint Jean Baptiste ;
Robert Schling eut les terres d'Acqueville, Fontaine, Ussy et Bons qui appartenaient à Guillaume d'Acqueville et à Jeanne d'Aigneaux, son épouse ;
Geoffroy fitz Hugt ou Geoffroy Schling obtint le domaine de Montgommery, Vignats et les autres biens de Jacques de Harcourt, moyennant hommage et redevance annuelle d'une lance à remettre au château le jour de l'Assomption, les droits de haute et basse justice réservés ;
Gérard ou Girard Huyn, écuyer, fut doté de la seigneurie de Rouvrou et autres terres appartenant à Guillaume de Méhoudin ; il eut aussi Rânes, Briouze, St-Georges d'Asnebec, et l'hôtellerie ou Hospice situé sous les murs du château et appartenant à Jean Tartare, le tout moyennant hommage et un cygne livrable au château le jour de Noël ;
Guillaume Birmimgham, chevalier, reçut les héritages de Pierre Dupost à charge d'hommage et d'une épée ;
Jehan de Vassy conserva la libre jouissance de ses domaines ;
Edouard, comte de Mortain, parent du roi, eut les terres de Guillaume de Montenay ;
Enfin le duc de Clarence fut pourvu des vicomtés d'Auge, d'Orbec et de Pont-Audemer, avec tous les biens des absents dans ces trois vicomtés.
Un vieux manuscrit nous apprend que M. de Vauquelin, maître d'hôtel du duc d'Alençon et grenetier de Falaise, fut aussi dépouillé de ses biens, parce qu'il tenait le parti du roi de France. Ce fut lui qui avec son neveu Jean Leboucher, écuyer, sieur de Grisy, le seigneur de la Bouteillère et au-

tres gentilshommes des environs de Falaise qu'il commandait, défendit le château-Gaillard qu'il ne remit au duc d'Excestre qu'à la dernière extrémité, au mois de septembre 1418.

Une tradition de famille nous fait connaître aussi que Nicolas ou Colin de Corday, l'un des défenseurs de Falaise, eut les mains coupées par les Anglais qui les clouèrent à l'une des portes de la ville. Ce personnage aurait obtenu plus tard de Charles VII la garde du château en récompense de ses services et des mauvais traitements qu'il avait subis.

Henri V établit dans nos murs une compagnie de gens de pied et une à cheval, et donna, pensons-nous, le gouvernement général de Falaise et de la region au vaillant Jean Talbot, comte de Shrewsbury, de Wexford et de Waterford. Mais ces fonctions, en raison de la haute situation militaire de ce guerrier dont la présence était indispensable sur tous les points stratégiques, devaient plutôt être exercées successivement soit par ses lieutenants, soit par ceux des hauts personnages qui portèrent aussi le titre recherché de capitaine de Falaise.

Issu d'une famille normande originaire du pays de Caux, Jean Talbot naquit vers 1373. Ses succès et sa valeur le firent surnommer l'Achille d'Angleterre. Le roi le nomma également capitaine général des marches normandes avec pleins pouvoirs.

Henri V donna ensuite, dit-on, la charge de capitaine du château à Fitz Hugh, et l'administration de la vicomté à Girard d'Esquay. Guyot de la Villette fut nommé Sénéchal de la prévôté ; Jehan des Ys, de Falaise, sergent des Verderies de Canivet et de Bazoches ; Jean Ouvré, mesureur ; Jean Guillaume, contrôleur du grenier à sel, Thomas Fouilet, de Falaise, crieur aux plaids et assises ; Raoul le Chasseur, courtier de la poissonnerie, et Jean d'Angerville, directeur des Grandes Ecoles, situées où s'éleva plus tard le couvent des Capucins.

Le roi transféra l'officialité de Séez à Falaise où elle tint jusqu'en 1450 ; il défendit à la garnison du château de sortir de ses retranchements, et intima au capitaine l'ordre de ne recevoir dans la ville et dans le fort aucun soldat, gradé ou non, qui n'aurait pas mission de veiller à leur garde.

Les chartes d'Henri V en faveur de notre localité sont nombreuses et pour la plupart remplies de bienveillance. On voit qu'il saisissait avec empressement l'occasion de réparer les dommages que la guerre avait causés.

Il promit aux Falaisiens de construire un hospice ; confirma leurs droits sur l'église de Morteaux à laquelle ils présentaient ; les autorisa à lever un impôt sur toutes les boissons consommées dans la ville et dans les faubourgs, telles que vins de Bourgogne, d'Orléans, cidre, cervoise, bière, etc., et y ajouta même 800 écus d'or à prendre sur l'impôt du sel pour les réparations de l'horloge, des fontaines, du château, des tours, murailles, fossés. fortifications et monuments en général ; il accorda des lettres de protection aux ouvriers employés à ces travaux, et se réserva la propriété des vallons au-dessous des murs de la ville pour les convertir en étangs de défense.

Par son ordre, et sous la haute direction du général Talbot qui peut-être en donna les plans, le vicomte Gérard d'Esquay fut chargé de la construction de la grosse tour ronde qui fait encore aujourd'hui l'admiration de tous les archéologues, et qui a conservé le nom de Talbot. Les changements survenus depuis plusieurs années dans l'art de la guerre nécessitaient un nouveau système de résistance en rapport avec les moyens d attaque.

Falaise dut encore à Talbot de superbes salles auxquelles il attacha aussi son nom. Situées près de la citerne ou puits des remparts dans l'enceinte de la forteresse, elles étaient richement ornées de peintures et de sculptures remarquables. Malheureusement on n'a pas su les conserver au-delà du dernier siècle.

Pendant que d'un côté Falaise augmentait ses ressources défensives, de l'autre Henri V ordonnait à Durand de Thiéville de procéder à la démolition de *l'Hôtel fort de la Falaise* appartenant aux religieux de Cormeilles, et qui était situé vers la place du vieux marché Saint-Gervais, près du manoir ducal et de l'église, et dominait le vallon du Moulin-Elie qui sépare la ville du château de Falandre. Les fossés intérieurs protégeant cette vieille forteresse qui avait peut-être servi de limite primitive à la ville de ce côté furent également comblés.

Désireux de maintenir les Falaisiens dans les franchises, libertés et privilèges dont ils jouissaient tant en France qu'en Angleterre, le monarque attentionné fit faire le 11 avril 1418 par dix-sept personnes notables, résidant à Falaise, une enquête sur les droits qui avaient été précédemment accordés à la ville. Voici les noms de ces commissaires enquesteurs :

Sandrin Samsom Henier, d'Ernes ;
Guillaume de la Chaize, seigneur de Ners ;
Raoul de la Chaize, seigneur du Tremblay ;
Raoul de Corday, seigneur du Mesnil-Hermei ;
Raoullet de Corday ;
John Patard, écuyer, de Versainville ;
Michel Rouxel, de Martigny ;
Robert Bonnet, d'Eraines ;
Martin Leporchier ;
Laurent Meslin ;

Robert Taillebosq ;
Jehan de Cantelou ;
Girot Jehan ;
Michel de Bras de Fer ;
Jehan Bertin ;
Robin Lefoulon ;
Et Jehan de Vanembras.

De cette enquête il résulta :

« Que les Falaisiens étaient *francs et quittes* par tout le royaume de France et d'Angleterre, les villes de Mantes et de Londres exceptées ;

« Qu'ils avaient le droit de gouverner l'Hôtel-Dieu et l'Hôtel Saint-Ladre où ils avaient choisi pour curés, dans le premier, Alexandre Lasmon, et dans le second Robert Lemonnier ;

« Et de nommer à la cure de Morteaux où Pierre du Merle avait été présenté par eux ;

« Que les deux étangs, en dehors des murs, vers l'abbaye de Saint-Jean, nommés l'un, le Vivier voisin, et l'autre, le Vivier de la Boucherie leur appartenaient avec le droit de pêche, et qu'ils étaient tenus de faire 10 livres tournois de rente aux religieux pour le moulin à draps du Vivier de la Boucherie ;

« Qu'ils avaient droit de commune, et que le maire gouvernait *le fait et la justice d'icelle ville, lesquelles mairie et justice se trouvaient de présent arrêtées en la main du roi des Français par aucuns débats et noises survenues en ladite ville pour les impositions, etc.* ;

« Que les pauvres de l'Hôtel-Dieu avaient droit annuellement à une rondelle de hareng blanc, en temps de carême, payable par le vicomte sur les amendes et exploits de la mairie ;

« Que ces mêmes pauvres pouvaient prendre chaque année la charge d'un âne, de bois mort en la forêt de Canivet ; et les malades de Saint-Ladre une même charge dans les bois de Bazoches, depuis Pâques jusqu'à la Saint-Michel, et dans la forêt de Canivet depuis la Saint-Michel jusqu'à Pâques ; avec un droit de sept jours de foire, dite Sainte-Croix, en septembre, pendant la durée de laquelle le sénéchal de l'abbaye de Saint-Jean exerçait la justice, etc., etc. ».

Enfin Henri V ordonna encore la reconstruction de la chapelle du château, et donna cette chapelle aux moines de Saint-Jean pour y célébrer une messe dite du capitaine et des soldats.

Pendant que ces généreuses et diverses mesures qui ne pouvaient que lui concilier la sympathie des populations, s'accomplissaient dans la période de 1418 à 1422, Talbot continuait de faire campagne, et Gérard Huyn, déjà si largement récompensé par le roi, était appelé à la capitainerie de Falaise.

Vers cette époque, des lettres de Guillaume Alyncton, trésorier de Henri V en Normandie, nous apprennent que des montres et revues trimestrielles avaient lieu dans la place.

Nous voyons aussi que plusieurs gentilshommes anglais condamnèrent quelques bourgeois de Falaise, à être décapités et que les habitants en géneral protestèrent contre cette barbarie et adressèrent leurs réclamations à qui de droit.

Le roi d'Angleterre, après s'être emparé de Saint-Lô, Coutance, Avranches, Pontorson, Valogne, Cherbourg, Louviers, etc., arriva devant Rouen avec les ducs de Clarence et d'Excestre, et les comtes de Salisbury et de Kent. La ville se défendit énergiquement pendant 7 mois, et se rendit en janvier 1419. La reddition de Rouen assura à l'Angleterre la conquête de la Normandie dont le duc de Clarence fut nommé gouverneur.

Talbot faisait alors le siège de Caudebec.

On cite de nombreux actes de valeur et de dévouement presque individuels pendant cette désastreuse invasion de la Normandie. Le capitaine Mixoudin avec ses paysans, Ambroise de Loré, depuis Maréchal du duc d'Alençon, pierre de Fontenay et autres se signalèrent héroïquement.

Nous savons que le traité de Troyes, en 1420, donna pour femme à Henri V, Catherine de France, fille de Charles VI avec le titre de régent du royaume, et même celui d'héritier de la couronne au détriment du dauphin.

Les Anglais étaient maîtres de la capitale, et pour ainsi dire de la France entière.

Cependant le dauphin ne désespérait pas, et luttait toujours. Ses troupes commandées par notre ancien gouverneur, le maréchal de la Fayette, battirent les Anglais à Baugé en 1421. Dans cette affaire le duc de Clarence, le comte de Kent et autres trouvèrent une mort glorieuse, et les comtes de Sommerset et du Perche y furent faits prisonniers.

Quant à Lafayette, il contribua encore à la délivrance d'Orléans et à l'expulsion définitive des Anglais, et mourut en 1464.

Henri qui avait regagné l'Angleterre rentra promptement en France ; il nomma le comte de Salisbury gouverneur de Normandie, et ramenait la victoire sous ses drapeaux quand il tomba gravement malade.

Après avoir donné la régence de France au duc de Bedfort et celle d'Angleterre au duc de Glocestre, ses frères, pendant que son fils serait mineur, et recommandé expressemment à ses fondés de pouvoirs de ne traiter avec le dauphin de France que si la Normandie était accordée à l'Angleterre en toute souveraineté, Henri V mourut le dernier jour d'août 1422 au château de Vincennes.

Le 21 ou le 22 octobre suivant, l'infortuné Charles VI, rendait lui-même son âme à Dieu pendant que le fils du monarque anglais, encore au berceau, était proclamé roi de France.

1422-1461. — Le Dauphin, comte de Ponthieu, fils de Charles VI et d'Isabelle de Bavière, fut en même temps reconnu roi par ses partisans, sous le nom de Charles VII, et vit en 1423 quelques uns de ses capitaines, Jean de Harcourt, Jean de la Haye, baron de Coulonces, André de Laval et Ambroise de Loré, tailler en pièce 2,500 Anglais des garnisons de Normandie que la Polle, frère du comte de Suffolk, avait assemblés.

Charles fut moins heureux contre le duc de Bedfort à la bataille de Verneuil, qui fut perdue le 17 août 1424, par le désaccord des chefs ; le duc d'Alençon, le seigneur de Saint-Pierre appelé le Borgne Blosset, le maréchal de la Fayette et autres y furent blessés et faits prisonniers, et le connétable, les seigneurs de Graville, de Montenay, de Gamaches, de Guitry, de la Tour, de Fontenay, de Bracquemont, etc., y trouvèrent la mort. Si Pothon de Xaintrailles et la Hire n'eussent eu l'habileté et le courage de réunir les débris de la seule armée qui restait à Charles VII, c'en était fait de la monarchie.

Le 12 octobre 1426, le duc de Bedfort institua capitaine et garde des ville et chatel de Falaise haut et puissant seigneur Jean, comte de Salisbury et du Perche. Ce personnage distingué avait pour clerc et procureur Colin Fleury qui, le 2 septembre 1427, reçut du lieutenant du vicomte de Caen 1135 livres 7 sols 6 deniers tournois pour les gages de la garnison de Falaise qui se composait, vu les besoins extérieurs, de 6 hommes d'armes à cheval, 9 à pied et 45 archers.

Comme Talbot, le comte de Salisbury ne pouvait rester inactif dans sa forteresse qui fut confiée à ses lieutenants dont les comptes de Normandie, le registre des rois et les analyses de chartes par M. Châtel nous font connaître les noms :

Thomas Asourde, Afourde ou Assard ;

Thomas Gouvel ou Gower qui en 1450 défendit Cherbourg avec 2,000 Anglais contre le comte de Clermont auquel Charles VII, étant à Falaise, avait donné l'ordre de s'emparer de la ville. Gower ne rendit la place qu'à la condition que ses soldats et son fils qui avait été donné comme otage au roi de France, lors de la reddition de Rouen, auraient tous la vie sauve ;

Nous le voyons encore en 1428 et 1429 à l'occasion de montres d'hommes d'armes au service du roi d'Angleterre, commandés par Guillaume de la Barre, Guillaume Oldhallo, capitaine d'Essai, Thomas Maitresson, bailli de Caux, et Thomas Gower, lieuteuant de Falaise ; il devint lieutenant du duc de Bedfort et capitaine d'Alençon ; etc.

A cette époque (1428) Guillaume Myneurs ou Meyners était commissaire des gens d'armes de la garnison de Falaise ; d'après les comptes de Normandie il fut aussi capitaine de Harfleur.

Les années 1427 et 1428 offrent les renseignements suivants :

« Le 19 avril 1427 les trésoriers généraux des finances de Henri VI ordonnèrent au vicomte, au grenetier à sel et au contrôleur de la garnison de Falaise de recevoir les montres de 20 lances à cheval et des archers du comte de Salisbury, capitaine de Falaise, en ayant soin de recevoir trois archers à cheval par chaque lance à cheval, et trois archers à pied et à cheval par chaque lance à pied.

Signé : Vauquelin. »

« Dans le courant de la même année, Richard de Bouillonney, écuyer, Jean Leriche et Jean Gillain furent condamnés et exécutés à Falaise comme traîtres, larrons, meurtriers et ennemis du roi d'Angleterre. Ils avaient été amenés dans notre ville par James Abandon, capitaine de Gacé, sur l'ordre du comte de Salisbury qui devint lieutenant général du duc d'York.

Ce James Abandon fut plus tard capitaine de la Porte de la Tuilerie ou Mauduit à Falaise ».

« Enfin le 18 novembre, il y eût montre de seize hommes à cheval et de cinquante-quatres archers de la garnison de Falaise par Jehan de Montgommery et Thomas Gogh. Ces soldats étaient montés, armés et habillés dans de bonnes conditions, et les gains qu'ils avaient faits sur leurs adversaires consistaient en chevaux, cuirasses, paires de gantelets, avant-bras, lances, épées, salades et prisonniers ».

« 30 juin 1428. Etat de Jehan Herdeen ou Hayden, contrôleur des gens d'armes et de trait pour la garde et garnison des ville et château de Falaise sous noble et puissant Prince Monseigneur le comte de Salisbury et du Perche, capitaine dudit lieu, sur le fait des soudoyers qui sont partis ou allés hors d'icelle garnison, de nouveaux venus ou qui sont malades, et sur le fait des gains de guerre que le dit capitaine, son lieutenant ou les gens de sa compagnie ont pu faire depuis le 1er avril avant Pâques 1427, jusqu'au dernier jour de juin en suivant, soit le quart d'une année. »

« 23 novembre, montre de trois hommes d'armes et de trois archers de la garnison de Falaise mandés à Chartres par le duc de Bedfort, régent, pour être dirigés au siège d'Orléans ou ailleurs.

Signé : Guillaume Myneurs et Brouoyng. »

Après avoir échoué devant le mont Saint-Michel que défendaient cent-vingt gentilshommes commandés par le capitaine d'Estouteville, et parmi lesquels figuraient les seigneurs du Merle, de Mauny, de Moyon, de Rovencestre, de Saint-Germain, de Sainte-Marie, de Tournebu et de Viette, les Anglais, ayant à leur tête Montaigu, comte de Salisbury, le général Talbol, Suffolck et autres guerriers renommés vinrent mettre le siège devant Orléans.

De Gaucourt commandait dans la place qui fut défendue avec lui par Xaintrailles, la Fayette, Dunois, la Hire-Véroles, le duc d'Alençon, le connétable de Richemont, etc., et que délivrèrent enfin en mai 1429 et les énergiques conseils de la jeune reine Marie d'Anjou et d'Agnès Screl et principalement le bras providentiel de la glorieuse et immortelle Jeanne d'Arc qui au mois de juin suivant, battait encore le duc de Bedfort à Patay où le fameux Talbot fut fait prisonnier.

Après ces brillants succès, le connétable de Richemont vint en Normandie pour empêcher les garnisons anglaises de se joindre au duc de Bedfort qui assemblait une nouvelle armée.

A l'annèe 1429 se rattache le document suivant :

« Mémorial passé aux assises de Falaise, devant Thomas de la Balle, lieutenant général de noble homme, messire Guillaume Breton, chevalier, bailli de Caen, relatif à la composition des paroisses faisant le gué au château de Falaise.

Signé : Roussel, tabellion du roi au siège de Falaise. »

A l'exemple de Talbot et de l'illustre comte de

Salisbury qui avait été tué au siège d'Orléans, Plantagenest, duc de Bedfort, vers 1430, ajouta à sa haute dignité de régent de France les titres de capitaine de Falaise, Caen, Rouen, Bayeux, Alençon, Meulan et Cherbourg, titres qu'il portait encore à l'époque de sa mort.

Le 30 octobre 1430 le lieutenant du duc à Falaise, Thomas Hyngeston ou Leyngston qui nous est connu aussi comme capitaine de Meulan, fut autorisé à toucher la solde de vingt hommes d'armes à cheval, dix à pied et quatre-vingt-dix archers ; la même année, ou au commencement de 1431, il y eût montre d'hommes d'armes au service du roi d'Angleterre, faite par James Taillebois, chevalier, Thomas Hyngeston, capitaine de Falaise, Thomas Gower, capitaine d'Alençon et Guillaume Myners, capitaine de Falaise.

En 1431, le vicomte de Falaise Jehan Scynt, certifia qu'une montre d'une lance et de 13 archers de la garnison de Caen avait eu lieu, et que ces hommes, sous les ordres de maître Willerghby, devaient rejoindre l'armée anglaise pour l'aider à recouvrer plusieurs places qui avaient sécoué le joug le sa domination.

Nous ne parlerons pas du supplice de Jeanne d'Arc qui, lors du siège de Compiègne, après avoir été blessée devant Paris et sauvée par le duc d'Alençon, tomba aux mains des Anglais et fut baûlée vive à Rouen le 30 mai 1431. C'est à cette sublime héroïne qui avait rendu d'immenses services à la France que Charles VII dut sa consécration souveraine à Reims.

Que de responsabilités dans ce lugubre drame ! Et comme l'auréole de Jeanne se détache éblouissante de gloire et de pureté sur ce fond lugubre où la haine, la jalousie et l'ingratitude cherchent en vain à se justifier !

La mort de l'illustre enfant de Domrémy ne porta point bonheur aux ennemis de la France. Ambroise de Loré dont nous avons déjà parlé battit les Anglais à Saint-Céméri ; et sur l'ordre du duc d'Alençon qui venait de faire prisonnier le redoutable chef Matago, il partit de cette place en 1431 ou 1432, à la tête de 700 hommes, pour surprendre à Caen l'étranger qui se livrait sans inquiétude aux occupations et aux agréments de la foire établie dans le faubourg.

L'attaque fut aussi prompte qu'habile ; les habitants, marchands et curieux affolés appelèrent la garnison à leur secours ; mais le vaillant capitaine, avec 50 lances et 100 archers seulement, la repoussa après lui avoir fait subir des pertes relativement considérables ; pendant ce temps, le reste de sa troupe faisait 3,000 prisonniers et s'emparait du riche butin de la foire.

Ambroise de Loré renvoya les prêtres et les malheureux, et pour ne pas compromettre son miraculeux succès, se hâta de repasser l'Orne, et de mettre ses soldats, ses prisonniers et ses gains à l'abri de toute atteinte.

L'un de ses officiers, disent les éphémérides normandes, croyant lui être agréable, lui amena une jeune captive d'une rare beauté.

Interrogée par Ambroise, elle répondit en versant des larmes abondantes qu'elle était de Falaise ; que son père l'avait conduite à Caen pour la promener et qu'au moment du combat ils s'étaient trouvés séparés.

Comprenant le désespoir de cette innocente enfant et la terrible anxiété de sa famille, Ambroise de Loré, sans songer à ses charmes ravissants, ordonna à quelques-uns de ses fidèles de la reconduire à Falaise et de la rendre saine et sauve à ses parents éplorés.

D'autres circonstances également favorables ramenèrent peu à peu l'espérance dans le cœur des Français. Les paysans du Bessin commandés par le seigneur de Noirville, et ceux du pays de Caux se soulèvent ; les généraux du trop indifférent Charles VII multiplient leurs efforts ; toute la Normandie s'indigne des exactions et de l'insolence de ses maîtres qu'elle avait tant affectionnés ; enfin, en 1435, le duc de Bourgogne fait sa paix avec le roi de France, le régent duc de Bedfort meurt à Rouen, le roi d'Angleterre, Henri VI, qui devait plus tard épouser la princesse Marguerite d'Anjou, montre toujours l'incapacité qui ne doit s'éteindre qu'avec lui, et la trop fameuse Isabelle de Bavière, mère de Charles VII, descend dans la tombe avec le mépris général.

Certes, il n'en fallait pas tant pour diminuer les chances et les forces des ennemis du royaume.

Thomas Hyngeston était encore capitaine de Falaise sous les ordres de Bedfort au moment de la mort de ce dernier. Les renseignements suivants nous l'indiquent suffisamment :

« 26 janvier 1435. Jehan Stanlaw, bailli d'Harcourt, trésorier général, gouverneur des finances du roi, enjoint au vicomte de Falaise et receveur des octrois, ou à son lieutenant, de délivrer à messire Thomas Hyngeston, chevalier, capitaine de Falaise, la somme de 1,200 livres tournois pour être distribuée aux gens en garnison à Falaise, et les entretenir à la garde et sûreté du dit lieu jusqu'au premier avril prochain ; laquelle somme devra être prélevée sur les habitants soit en argent, soit en provisions de vivres. Donné à Rouen.

« Signé : DUFOUR. »

« 29 avril. Quittance de 1.394 livres 12 sols 6 deniers, reçus par Pierre Baille, receveur des finances du duc de Bedfort, capitaine de Falaise, et payés par Michel Durand, receveur général de Normandie, pour paiement de 2 hommes d'armes à cheval, 18 à pied, 6 archers à cheval et 54 à pied, à cause de ses capitaineries de Rouen, Caen, Falaise, Bayeux, Alençon, Meulan et Cherbourg. »

La même année, le comte d'Arondel, gouverneur de Rouen, fut blessé et fait prisonnier à l'attaque du château de Gerberoy, et mourut de sa blessure.

Les Normands, parmi lesquels se distinguèrent Jean et Robert d'Estouteville, de Brossard et autres, contribuèrent beaucoup à l'ouverture d'une nouvelle ère de succès et à la reddition d'un certain nombre de places qui à la vérité se trouvaient tantôt reprises et tantôt disputées de nouveau ; néanmoins nos troupes entrèrent dans Paris en 1436, au moment où la famine et la peste venaient encore désoler le royaume. De cette année date le mariage du dauphin avec la princesse Marguerite, fille du roi d'Ecosse Jacques Ier.

Après la mort du duc de Bedfort, son cousin Richard, duc d'York, fils du comte de Cambridge, avait été nommé gouverneur de Paris, et le duc de Sommerset était devenu gouverneur de la Normandie et capitaine de Falaise. Richard Gower lui servait de lieutenant dans nos murs vers 1439-1440. Le comte d'Eu avait aussi été appelé au gouvernement de Normandie au nom de Charles VII, et ces deux gouverneurs se trouvèrent en présence devant Harfleur que défendait Jean d'Estouteville et qui fut obligé de se rendre.

En 1441, Richard Harington est également désigné comme lieutenant du duc de Sommerset à Falaise, dans un ordre donné par Henri VI aux trésoriers généraux de lui payer sa solde ainsi que celle de Henri Reddfort, capitaine d'Essai; un autre ordre de ce monarque, du 27 avril 1444, enjoint encore aux trésoriers de France et de Normandie de payer les gages des gens d'armes commandés par le duc de Sommerset, capitaine de Falaise, qui ne paraît pas avoir conservé ce titre au-delà de cette année.

En effet, une trève de deux ans ayant été conclue à Tours en 1444, à la satisfaction des parties belligérantes qui tant en Normandie que dans les autres provinces avaient réciproquement éprouvé des revers et remporté des succès, les Falaisiens fatigués d'un guet *diurnocte* aux portes de la ville, chargèrent le messager Trompille de porter à Rouen, à noble homme messire Guillaume Oldhallo ou Oldhalle, ancien capitaine d'Essai, chevalier, chambellan de haut et puissant monseigneur le duc d'York, lieutenant général, gouverneur de France et duché de Normandie, et capitaine de Falaise, des lettres closes par lesquelles ils priaient le Prince de ne pas les astreindre à un service aussi pénible.

Cette qualité de capitaine de Falaise, prise, comme nous le voyons, par les personnages les plus éminents, prouve combien les rois d'Angleterre avaient en pieuse affection et tenaient en haute considération le berceau de l'immortel fondateur de leur puissante dynastie.

Le 9 février de la même année 1444, Richard Harington, chevalier, devenu bailli de Caen, donna connaissance aux baillis et vicomtes d'Alençon, Caen, Falaise, Gisors, Mantes, Rouen et des pays de Caux et de Cotentin de lettres de Henri VI, se disant toujours roi de France, dans lesquelles le souverain déclarait voir avec peine un certain nombre de gens de guerre troubler la tranquillité de ses sujets et vivre à leurs dépens ; et suivant l'avis de son très cher et très aimé cousin, Richard, duc d'York, capitaine de Falaise, il ajoutait :

« Vous mandons et expressément enjoignons que de par nous vous fassiez crier et publier solennellement que tous gens de guerre, de quelques nation et condition qu'ils soient, tenant et vivant sur le plat pays, eussent à se retirer incontinent à leurs lieux, c'est à savoir ceux qui sont de garnison en leur garnison, ceux qui sont laboureurs ou mestringuiers à faire leurs labours et métiers, en signifiant que dans trois jours après publication ceux qui seraient trouvés vivant sur le peuple seraient punis comme désobéissant à notre royale Majesté.

« Donné à Rouen le 3 février l'an de grâce 1444 et de notre règne le 23e. »

Le capitaine de Falaise cherchait ainsi à regagner les sympathies normandes.

En 1445, il y eut montre d'hommes d'armes sous les ordres de Jean Limbers, maréchal commandant la garuison de Falaise, et au mois de juillet de cette année, le bailli de Caen, Richard Harington, Guillaume Plompton, vicomte de Falaise, Thomas de Louraille, vicomte de Caen, et quelques écuyers, commissaires au nom du roi d'Angleterre, passèrent en revue la garnison d'Ecouché composée de 16 lances à cheval et de 48 archers.

Le 3 juin 1446 il y eut une nouvelle montre ou revue par Guillaume Fortin, receveur de Falaise, d'hommes d'armes dépendant de la retenue de messire Richard Harington. Ces hommes, logés aux forteressses de Falaise, Courcy, Thorigny, Crèvecœur, Thury, Argences, Argentan et Saint-Sauveur-de-Dives, et vivant sans gages sur le pays, étaient ainsi répartis :

15 lances à cheval, dont 3 de surcroît, sous Thomas Citon, à Courcy et à Saint-Sauveur-de-Dives ;

43 archers et 22 autres de surcroît ;
4 lances à cheval à Thorigny ;
32 archers à Falaise ;
1 lance et 20 archers sous Robert Bataille ;
13 archers à Argentan sous le dit Bataille ;
Et 5 lances à cheval et 15 archers, à Thorigny, Crèvecœur et autres places.

Les archers Guillaume Faydure et Jehan Hélisson reçurent de Guillaume Fortin 53 sols 4 deniers.

Le 26 décembre de l'année 1446, Richard Harington ordonna au vicomte de Falaise de convoquer dans toute l'étendue de la vicomté les gens de guerre vivant sur le pays et de punir de la hart tous ceux qui ne répondraient pas à cet appel.

Au mois de novembre 1447, le roi Henri VI ordonna à Richard Harington et aux vicomtes de Falaise et d'Argentan de passer en revue les hommes d'armes et de trait de la compagnie de l'écuyer Foukes Eyton ou Foukeyston, et le lieutenant du capitaine de Falaise convoqua les trois Etats pour l'obtention de 40,000 livres destinées au roi.

L'Angleterre comprenait qu'elle allait jouer sa dernière partie dans notre belle province, et l'organisation des francs-archers n'était pas de nature à lui donner des espérances.

Les comptes de Robert Johan, receveur de la ville de Falaise nous apprennent qu'à cette époque Richard Goude, Gond ou peut-être Gower était procureur de Talbot, et garde-lieutenant du château pour ce général qui paraît ainsi reprendre son titre de capitaine de Falaise, et reçoit à cet effet de Robert Johan par les mains de son procureur 120 livres tournois pour une année de gages.

Quinze bourgeois de Falaise étaient alors prisonniers dans le donjon et réclamaient en vain leur mise en liberté. Le lieutenant du château s'intéressa à leur sort, et envoya auprès de Talbot le messager Pierre Auvry pour obtenir leur grâce que le prêtre Falaisien Robert Vincent, avait déjà sollicitée à Caen auprès du duc de Sommerset.

En 1449 les comptes du même receveur font mention de noble homme Jehan Pascheley, chevalier, comme lieutenant et garde du chastel, avec Richard Beness, maître d'hôtel de Talbot, et Henry Elys, maréchal de Falaise. Talbot reçut encore à cette époque par les mains d'un de ses poursuivants d'armes une lettre des Falaisiens qui le priaient de laisser au milieu d'eux la noblesse de la ville contribuant aux réparations, guet et garde de la place.

Après le lieutenant Pascheley, nous voyons, le 8 juin 1450, son successeur Jean Appenyton, signer une quittance de 191 livres 11 sols 6 deniers pour le paiement des souldiers de la garnison de Falaise. Cet acte revêtu des signatures de Richard Collet, clerc tabellion et de Jean Appenyton, lieutenant et garde du château de Falaise, sous haut et puissant seigneur Monseigneur le comte de Shreswbury, sir de Talbot, maréchal de France et capitaine de Falaise.

La revanche se préparait en Normandie. Les années 1449 et 1450 furent témoins du succès des Français et de la délivrance entière du duché que nous venions d'envahir avec quatre corps d'armée à la fois commandés par le duc d'Alençon, le duc de Bretagne, le connétable de Richemont, Xaintrailles, le comte de Dunois, M. de Nevers, le sir de Blainville, Jacques de Luxembourg, les comtes de Laval et de Rohan, de Briquebec, de Rosévignen, le roi de Sicile, le comte de Tancarville, Pierre de Brézé, le seigneur de Mauny, Frédéric de Lorraine, le maréchal de la Fayette, Juvénal des Ursins, le comte de Dunois, M. de Saint-Paul, etc., et le roi

Charles VII lui-même que les comtes du Maine et de Clermont escortaient avec des compagnies de lances et d'archers.

Pont-de-l'Arche, Verneuil, Pont-Audemer, Beuvron, Lisieux, Evreux, Château-Gaillard, Louviers, Mantes, Vernon, Gisors, Neufchâtel, Touques, Harcourt, Essai, Alençon, Exmes, Condé-sur-Noireau, Argentan, Fécamp, Coutances, Saint-Lô, Carantan, Fresnay, Thoriguy, la Haie-du-Puits, Gavray, Valognes, etc., etc., tombèrent au pouvoir du roi de France.

Après ces rapides conquêtes, Charles VII se présenta au mois d'octobre devant Rouen, avec 50,000 hommes. La ville défendue par le duc de Sommerset et par Talbot, fut obligée de capituler, et Charles y fit son entrée le 10 novembre 1449, après avoir exigé des généranx anglais qu'ils lui rendraient Caudebec, Montivilliers, Honfleur, Arques, Lillebonne et Tancarville, et que Talbot serait donné en ôtage. Le Général, capitaine de Falaise, fut interné à Dreux.

Toutes ces conditions furent exécutées ; seulement Honfleur ne voulut pas se rendre et ne fut pris que plus tard. Bellême que défendait Matago succomba aussi le 20 décembre sous le bras du duc d'Alençon, et Harfleur subit le même sort peu de temps après. Enfin la victoire de Formigny, entre Isigny et Bayeux, remportée sur Thomas Kiriel et l'intrépide Montago ou Mathieu God, fut le signal de la défaite générale des Anglais. C'était en avril 1450.

A partir de ce moment, Bayeux, Saint-Sauveur-le-Vicomte, Vire, Avranches, Tombelaine, Caen où se trouvait le duc de Sommerset, et autres places furent prises ou se soumirent, et il ne resta alors aux Anglais en Normandie que Falaise, Domfront et Cherbourg qui devaient également leur être promptement enlevées.

Le 5 juillet 1450, veille du jour où Charles VII fit son entrée dans Caen, Pothon de Xaintrailles, bailli du Berry, vint mettre le siège devant Falaise que défendaient deux capitaines anglais, Thomas Ethon ou Cathon et André Troslot. Ce dernier qui avec Pasquin Vasquier avait capitulé à Fresnay devant les archers de Charles VII, et venait d'être chassé de Caen, s'était jeté dans la place de Falaise pour tenter de nouveau la fortune qui l'abandonnait. Le lundi qui suivit le 5 juillet, Jean Bureau, trésorier de France, commandant l'artillerie et les francs archers, vint rejoindre Xaintrailles. Déjà, il se préparait à battre les murailles quand la garnison anglaise sortit à l'improviste de la ville, et se rua sur les soldats du roi dont la surprise faillit compromettre la valeur. Il était temps que Xaintrailles se portat à leur secours pour les aider à repousser l'ennemi qui rentra confus dans ses murs.

On apprit alors que Charles VII, venant de Caen et ayant passé la nuit à Saint-Sylvain, arrivait avec son armée, et prenait ses positions autour de la ville.

Le roi etablit son quartier général à l'abbaye de Saint-André avec le roi de Sicile, le duc de Calabre et les comtes du Maine, de Saint-Pol et de Tancarville. Denis Victon était alors supérieur du monastère.

Labbaye de Villers-Canivet fut aussi occupée.

Le duc d'Alençon fut logé à l'abbaye de Sainte-Marguerite-de-Vignats, et les autres chefs Xaintrailles, Bureau, Dunois, Guillaume d'Harcourt, Jean de Lorraine, les comtes de Nevers, d'Eu, de Culand, grand-maître d'hôtel du roi, d'Orval, de Montigny, de la Forest, d'Estouteville, de Beauvais, de Laval, de Lohéac, le comte de Clermont, le maréchal de Jalongnes et autres entourèrent la ville de tous côtés, avec leurs troupes et plus de 2,000 francs-archers, et commencèrent le siège.

Pendant cinq jours le canon des assiégeants ne donna aucun répit aux assiégés ; les murailles s'écroulaient à plusieurs endroits, et l'assaut allait être ordonné, quand, le 11 juillet, les défenseurs de la ville et du château voyant qu'une plus longue résistance devenait impossible, demandèrent à capituler.

Le brave Dunois fut chargé de traiter avec eux, et on convint que les lieutenants de Talbot rendraient la place le 20 juillet s'ils n'étaient secourus avant ce jour, et que leur général, prisonnier au château de Dreux, serait en même temps rendu à la liberté.

Aucun secours n'étant survenu, André Troslot et Thomas Ethon, sortirent de Falaise le 20 juillet, selon Mezeray, avec leur garnison, et regagnèrent sains et saufs l'Angleterre.

Charles VII accorda une amnistie générale à tous les bourgeois compromis ou qui rentreraient dans la place ; il confirma les privilèges de la commune, et ne vit pas sans émotion la population saluer avec bonheur son entrée triomphante dans nos murs, entrée qui, d'après les éphémérides normandes, eut lieu le 22 juillet.

Peu de temps après la Normandie était entièrement soumise et rendue à ses maîtres naturels.

Pothon de Xaintrailles reçut alors de Charles VII, pour une année seulement, dit le registre des rois, le titre de capitaine de Falaise, et les armes du roi d'Angleterre qui étaient enluminées en un écusson au-dessus de la porte du chastel fureut abattues par Thomine, maître des œuvres du roi, et remplacées par les pleines armes de France que dessina le peintre Jehan Vavasseur, de Falaise.

Le vicomte de Falaise leur donna à chacun 60 sols pour ce travail.

Il est possible qu'en 1451, après Pothon de Xaintrailles, Nicolas de Corday ait obtenu la garde du château de Falaise; par acte passé le 4 avril 1450 devant Jean Grésille, garde des sceaux des obligations de la vicomté, ce personnage avait partagé avec ses frères la succession de son père.

Après avoir reconquis la Normandie, Charles VII dirigea ses forces vers la Guyenne où Talbot, peu reconnaissant de la générosité du roi de France, venait de paraître en 1452. Le général anglais occupa rapidement la province ; mais le 17 juillet 1453, à la bataille de Castillon, près de Bordeaux, il fut vaincu et perdit la vie dans le combat ; son fils fut tué à ses côtés.

Ainsi que la Normandie la Guyenne revint à la couronne de France.

Le précieux manuscrit d'un ancien curé de Torps nous apprend que le 7 mai 1773 des ouvriers mirent à découvert dans l'une des basses salles du château de Falaise une pierre tombale sur laquelle on lisait :

« Sous ce roc est enclos moult pieux, vailant et valeureux baronnet, Jean sir de Talbot, comte de Shrewsbury et Waterfort, de noble lignée d'Angleterre, et moult droiturier en jugement, gouverneur de l'Irlande, qu'il avait soumise à Henri V, ambassadeur devers Charles VII, maréchal de France, seigneur de cette place dont les troupes saillirent dehors au nombre de 1,500 braves d'élite à la vue des rois de France et de Sicile, le 20 juillet 1450. Icelui fut occis à la bataille de Castillon le 17 juillet 1453 et cuida que ses cendres fussent apportées dans icelui chatel, lieu de sa plaisance, etc. »

C'était une mystification que l'auteur avoua plus tard et à laquelle on ajouta foi trop longtemps. On ne plaisante pas ainsi avec l'histoire.

Talbot fut enterré avec son fils dans la chapelle de Colly, située au centre du champ de bataille. Au bout de trois mois, leurs corps furent transportés en Angleterre et déposés à Waichur dans Shrophshire.

A cette époque, le vaillant comte de Richemont avait obtenu le gouvernement de Normandie, et Juvenal des Ursins dit que cet homme illustre « vint en 1453 vers le duc Pierre, son neveu, puis retourna à Vire où se rendit Madame sa compagne, et de là s'en alla demeurer à Falaise, et y furent une bonne pièce ; puis ne se trouva pas à son aise, et de là s'en alla à Parthenay. »

Le connétable de Richemont devint duc de Bretagne en 1457 sous le nom d'Arthur III et mourut en 1458.

En 1454 Pierre Deshayes, receveur des aides à Falaise, acquitta le paiement de 600 lances.

Le 22 août 1455 Nicolas de Corday se présenta aux montres qui furent faites par le bailli de Caen ; il y produisit un mandement du roi constatant qu'il était resté pendant deux ans au château de Falaise, faisant guet et garde à ses propres dépens, et demanda à être de nouveau pourvu de cet office. Un certificat d'Alain de Gauzon, chambellan du roi, capitaine de Caen et bailli du Cotentin, prouve que cette faveur lui fut accordée.

La même année, Guiot Leteneur, dont la maison avait été encombrée de bois d'artillerie et d'engins de toute sorte lors de la recouvrance de Falaise par Charles VII, obtint, sur sa demande, 11 livres tournois de dédommagement, et ce à raison de 40 sous tournois par an.

Signé : Seran ou Servan.

Les dernières années du règne de Charles VII furent troublées par l'ambition de son fils qui, à sa mort en 1461, lui succéda sous le nom de Louis XI. La participation de ce jeune prince à la révolte de la Praguerie avait profondément affecté le cœur paternel.

Quant au roi d'Angleterre Henri VI, de la maison de Lancastre et chef du parti de la Rose Rouge, vaincu par le comte de Warwick, et par Edouard, fils du duc d'York, chef du parti de la Rose Blanche, il mourut en 1471. Edouard lui succéda.

1461-1483-1515. — Jacques d'Estouteville dut, avant ou après la mort de Charles VII, remplacer Nicolas de Corday, dans le gouvernement de Falaise. Les éphémérides normandes le citent en effet comme capitaine sans mentionner l'époque de sa gestion.

Ce guerrier appartenait à l'une des plus anciennes et des plus considérables familles de Normandie. Il était sir de Hottot et de Valmont, conseiller et chambellan du roi. On le voit en 1475 assister aux Etats tenus à Tours, et en 1484 et 1485 aux échiquiers de Normandie. Il épousa en 1480 Louise d'Albret, fille de Jean, sir d'Albret, vicomte de Tartas, et jouissait de 2,000 livres de pension sur la recette générale de Normandie en 1483.

Jacques d'Estouteville mourut le 12 mars 1489. Pendant son gouvernement qui ne fut pas de longue durée, il perdit une petite fille dont le corps fut déposé dans le couvent des Cordeliers de Falaise, auprès du grand autel.

A l'avènement de Louis XI, le duc d'Alençon, que ses ennemis personnels avaient desservi auprès de Charles VII, et dont ils avaient fini par obtenir l'incarcération, fut mis en liberté. Mais le nouveau souverain ne sut pas assez se concilier les sympathies des fidèles serviteurs de son père ; il les éloigna même des hauts emplois qu'il conféra à des créatures sans valeur ; aussi vit-il plus tard se former contre lui la ligue, dite du Bien Public, à la tête de laquelle se plaça son frère Charles, duc de Berry, et dont fit également partie l'ingrat duc d'Alençon.

En 1464, Guillaume Lachère, ancien vicomte de Falaise, devenu lieutenant général du bailli d'Evreux, se rendit à Falaise pour dresser un inventaire de l'artillerie, couleuvrines, etc., qui y étaient conservées. La ville lui fit le plus gracieux accueil, et lui renouvela ses remerciements pour sa précédente administration.

A cette époque et dès avant, d'après les comptes du receveur de Falaise, Etienne Harson, messire Antoine de Chateauneuf, chevalier, sieur Dulau et de Falaise, conseiller et chambellan du roi, et son grand sénéchal de Guyenne, était capitaine de Falaise. Il reçut pour les gages et pension de sa capitainerie, pour les mois de janvier, février et mars 1464, la somme de trente livres dont son procureur et receveur, Simon Godin, donna quittance.

La compagnie de ce gouverneur avait pour fourrier et logeur Pierre de Tournay, homme d'armes arrogant qui voulut un jour mettre Falaise à contribution pour le logement et fournitures d'ustensiles destinés à un grand nombre de gens de guerre devant occuper la ville. Mais l'autorité administrative tempéra son zèle excessif et l'obligea à se contenter du strict nécessaire. Dans cette circonstance nous retrouvons Nicolas de Corday, écuyer, sieur du lieu, Geoffroy Jodon, lieutenant du grenetier, Richard Bernier, Henri Leviandier, procureur, et Bourdon, messager.

Il est probable qu'Antoine de Châteauneuf était

en même temps chargé de l'administration de la vicomté car il est dit dans les comptes de Harson, que lorsque son lieutenant Lancelot de Honcourt, écuyer et bailli de Gisors, vint prendre possession des villes et vicomté de Falaise au nom de Monseigneur Dulau, le conseiller Le Brasseur lui offrit, au nom de la commune. quatre pots de vin blanc et quatre pots de vin vermeil.

Ce fut dans l'hôtel du receveur Harson, que le vendredi avant la fête de la Trinité 1464 se réunirent Pierre Leporchier, lieutenant général de la vicomté, Henri Levandier, procureur, Jehan Bourdon et Jehan Dumont, messagers, Richard Gallet et Adam Lebrasseur, bourgeois de la ville, Pierre de Honcourt, écuyer, seigneur de Happy, Jehan Daussencourt ou Houssencour, seigneur de Bonnetot, Bertrand de Mirebel ou Mirabel, le seigneur de Saint-Géroult et autres. Là, le lieutenant de la vicomté porta plainte contre deux archers appartenant aux seigneurs de Happy et de Bonnetot qui avaient insulté et menacé *de férir de dagues* des officiers de ville leur reprochant avec raison de vouloir battre le nommé Erneys qui refusait de les laisser enlever son lit et autres ustensiles dont ils cherchaient à s'emparer.

Après la séance, les membres de l'assemblée sortirent de l'hôtel du receveur et visitèrent ensemble le cours du douit de la ville.

Une attestation de Lancelot de Honcourt en date du 18 avril 1465 constate que Robert Guyon, sieur des Buats, faisait partie des défenseurs du château de Falaise. Le 13 janvier 1484 il épousa noble demoiselle Alix Terrée par acte passé devant les tabellions d'Hablovillé. Un autre Robert Guyon, troisième du nom, écuyer, sieur de Villers et de la Haute-Bellière, devint par contrat devant les tabellions de Grisy l'époux de dame Claude de Pendecotte, ou Putecotte, fille de feu messire Louis de Puttecote, écuyer, sieur de Réveillon, et de Madame Madeleine Levallois. Le fief noble de Corday, situé à Boucé, était dans la famille de Guyon.

Cependant la guerre civile éclatait sur plusieurs points à la fois. La bataille de Montlhéry, en juillet 1465, resta indécise entre les deux partis. Le roi se rendit alors à Rouen pour convoquer l'arrière ban de Normandie, province où la noblesse était plus nombreuse et plus chevaleresque que partout ailleurs. Il emmena avec lui les francs-archers des bailliages de Caen et d'Alençon et rentra dans Paris.

Les négociations entamées n'aboutissaient pas. Le duc de Berry demandait la Normandie, et Louis XI la lui refusait. Alors les alliés s'emparèrent de Rouen, Evreux, Caen, Coutances et autres villes de la province fatiguées des lourds impôts que le roi prélevait sur elles. Devant ces résultats favorables à son frère, Louis XI céda habilement, et un traité fut conclu le 5 octobre 1465. La dissolution de la ligue en fut la conséquence.

Le duc de Berry fit son entrée à Rouen où il fut chaleureusement accueilli, et où on l'installa magnifiquement en lui passant un anneau au doigt. Mais bientôt, l'un de ses alliés, le duc de Bretagne qui passait pour vouloir gouverner le duché à son nom fut obligé de se retirer précipitamment devant la fureur du peuple, pilla plusieurs villes sur son passage et s'implanta dans quelques autres. Falaise le reçut probablement au nom du duc de Normandie car nous voyons Louis XI, profitant de ces événements, accourir en Normandie et se faire rendre personnellement Exmes, Argentan et Falaise pendant que quelques alliés de son frère, redevenus les siens, l'aidaient à reconquérir la Normandie.

La présence de Louis XI à Falaise, à la fin de l'année 1465, dut être de courte durée, car elle ne paraît pas y avoir laissé de trace accentuée. Caen rentra aussi en sa possession, et bientôt il ne resta plus que Rouen au duc de Berry qui voyant dans cette ville les esprits partagés quitta sa cour et se rendit auprès du duc de Bretagne. C'était au mois de janvier 1466.

Vers ce temps, noble homme Rogier de la Crique de la compagnie Dulau, garde du chastel et ville de Falaise en l'absence du bailli de Gisors, Lancelot de Honcourt, et sous haut et puissant seigneur Monseigneur Dulau, capitaine en titre de la place, convoqua les trois Etats de concert avec Simon Godin procureur du capitaine Dulau, Pierre de Tournay, écuyer, Jehan Dupuis, Jeoffroy Jodon, Nicolas de Corday, Jehan de Saint-Germain, écuyer, et autres hommes d'armes et notables de la ville.

Dans cette réunion, le lieutenant intérimaire de la Crique exposa que Monseigneur de Villers, bailli du Cotentin et capitaine de Caen, l'avait informé qu'il fallait se tenir sur ses gardes ; que le duc de Berry avait quitté la cour et gagné la Bretagne ; que son dessein semblait être de lever des impôts sur certaines villes, et que Falaise étant une place forte rensmmee et de grand secours, il était indispensable, pour éviter toute surprise, de faire guet et garde jour et nuit sous les murs et aux portes, et autant que possible de ne point confier ce soin important à des personnes étrangères.

Après cette communication, des mesures défensives furent prises immédiatement, et on procéda à la distribution de fournitures, armes et ustensiles nécessaires à chaque individu.

Jehan de Houssencourt, sieur de Bonnetot, homme d'armes de la compagnie Dulau, reçut six écuelles, quatre plats, deux pots d'étain, une pelle en fer et trois paires de draps neufs. Les autres hommes d'armes furent également pourvus de lits de plume, traversins et ustensiles divers.

On acheta un cent de fagots pour chauffer les bourgeois pendant leurs délibérations à la chambre de la ville.

Robin le Prévôt, gendre de Jean Durand, messager, fut envoyé à Caen, pour acheter les hocquetons et autres habillements de guerre qui furent délivrés aux francs-archers de Falaise, de Guibray et de Saint-Laurent par suite de l'ordonnance du capitaine des dits francs-archers qui fit incarcérer le receveur Harson et le messager Bourdon pour avoir retardé ou refusé la livraison de ces effets.

Cet emprisonnement fit de nombreux mécontents, et Jean de la Villette, écuyer, Gabriel Mallet, Macé d'Angerville, Jehan de la Moricière, Jehan Dufour, de Vanembras, Le Brasseur, Leviandier et autres notables n'hésitèrent pas à intervenir et réclamèrent la délivrance des prisonniers.

Jehan Taillet reçut un hocqueton de la livrée et devise du roi et du capitaine de Falaise;

Jehan Legoullu, cinq hocquetons et une dague;

Jehan Flot, un arc, une trousse de flèches, une dague et un hocqueton;

Guillaume Desrotours, une dague, un hocqueton et une trousse de flèches;

Martin Lepetit, une brigandine, à la place de son corset d'acier, une épée, un arc, une trousse de flèches et un hocqueton à la charge de rapporter son corset à la chambre de ville;

Colin Bengamin, un arc, une trousse, un hoqueton et une dague;

Jehan Daoust, un hocqueton, ses brigandines ne pouvant plus servir;

Jehan Ozanne, une trousse de flèches, une dague et un hocqueton ;

Michel de Socquence, un hocqueton ;

Etc., etc., etc.

La ville acheta en outre :

De Jehan Decour, brigandinier, des marchandises de sa profession auxquelles il ajouta par marché un garde-bras et trois aunes de draps vermeil pour les brigandines ;

De Jehan Largesse, artillier, des flèches et des arcs ;

De Thomas Vivier, Coustelier, de Vauquelin, de Guillaume de la Perelle, et de Jehan Blanchard, des dagues et autres choses utiles ;

Enfin une épée de Jehan Cosnard.

Ce fut Legrand Collin, cousturier de Caen, que désigna le roi pour confectionner tous les hocquetons ou jacquettes des francs-archers du bailliage de Caen.

Enfin, comme il paraissait probable que Louis XI reviendrait à Falaise, on s'approvisionna de cent boisseaux d'avoine coûtant treize deniers le boisseau ; plus tard il n'en valut plus que huit.

Guillaume Lachère semble avoir à cette époque, sur l'ordre du roi, visité de nouveau l'artillerie et les pièces de canon déposées au château et dans la maison de ville. On lui offrit deux gallons de vin blanc à raison de quatre sous le gallon, et deux de vermeil à raison de six sous. Le pot de vin blanc valait douze deniers et celui de vermeil quinze. Cet usage d'offrir le vin subsista jusqu'à la Révolution.

MM. de la Crique, de Tournay et autres officiers reçurent souvent de semblables invitations pour leurs soins intelligents et dévoués donnés à l'équipement des troupes.

L'année suivante, en 1467, à l'occasion d'un

voyage à Rouen où il reçut royalement le comte de Warwick, le roi de France accorda aux habitants de Rouen, Caen et Falaise, des lettres patentes par lesquelles le transport des marchandises qui se ferait de l'une de ces trois villes avec les deux autres serait exempt de toutes impositions.

Nous croyons nous rappeler avoir lu quelque part que le duc Jean II d'Alençon aurait obtenu la capitainerie de Falaise ; de nouvelles recherches ne sont point venues confirmer ce souvenir très vague et peut-être erroné.

Selon les prévisions des défenseurs du trône, le duc de Bretagne envahit la Normandie, prend quelques châteaux sur son passage et entre dans Caen, Bayeux et Avranches avec l'aide de l'incorrigible duc d'Alençon dont le fils, René, désapprouva hautement la conduite, et conserva ainsi le comté du Perche, les vicomtés d'Argentan, Exmes, Saint-Sylvain et le Thuit, Cany-Caniel, etc.

A la nouvelle de cette invasion, Louis XI met sur pied deux armées, et commence une série de succès qui fut interrompue par les propositions de paix du légat du pape.

Les Etats généraux rassemblés à Tours en 1468, avec l'assentiment du roi, déclarèrent que la Normandie ne pouvait être démembrée de la couronne; que le duc de Berry devait se contenter d'une pension avec une terre érigée en duché, et que le duc de Bretagne rendrait les places qu'il tenait en basse Normandie.

Le manuscrit de Séez nous apprend que Falaise envoya des députés à cette assemblée dont les décisions furent acceptées de part et d'autre.

Nous croyons pouvoir passer sous silence la fin du règne de Louis XI et les règnes de Charles VIII et de Louis XII. Ce dernier souverain professait un attachement particulier pour la Normandie. On sait qu'il érigea l'Echiquier en cour souveraine et le rendit sédentaire, et que sous son intelligente et paternelle administration, le commerce normand prit une importante extension.

Mais il est de notre devoir, malgré le peu de précision des renseignements, de suivre pendant ces règnes nos gouverneurs falaisiens jusqu'à l'avènement de François Ier.

On cite d'abord Jean de Vendôme en 1467, époque où ce personnage, Vidame de Chartres, prince de Chabannais, conseiller et chambellan du roi, seigneur et capitaine de Falaise, reçut de Robert Servan, receveur du domaine de notre vicomté, dix-huit sous six deniers pour être employés aux fortifications du château. Nous pensons que ce gouverneur était le fils de Jean II de Vendôme et de Catherine de Thouars. Il épousa Jeanne de Brezé et devint en 1472 gouverneur et capitaine de Montargis.

Vers 1473, après Jean de Vendôme, nous trouvons d'après le savant abbé Delarue, Thomas Sever, ancien bailli de Caen et ancien capitaine des francs-archers de la garde de Louis XI.

Puis, en 1477, et peut-être avant, Jehan de Blosset, seigneur de Saint-Pierre-en-Caux et de Carrouges, et grand sénéchal de Normandie ; il avait été gouverneur de Domfront en 1467.

Le 15 novembre 1477, Jehan de Blosset donna quittance de 605 livres 12 sous 6 deniers payés sur la recette ordinaire de la vicomté de Falaise, ainsi que de 50 livres, pour ses gages de capitaine de Falaise, suivant extraits de chartes dus aux travaux de M. Eugène Châtel.

Il rendait hommage au roi de ses terres de Saint-Pierre et de Carrouges.

Sous l'épiscopat de Nicolas d'Angu, Jehan de

Blosset fonda avec son épouse Marguerite d'Orval, dans le château de Carrouges, une collégiale à laquelle le pape Paul III, en 1542, réunit l'église de Sainte-Marguerite de Carrouges.

Nous n'entrerons pas dans d'autres détails sur ce haut personnage. Toutefois, nous ajouterons qu'en 1482, d'après les archives du Calvados, des réparations furent faites au château pendant que M. de Saint-Pierre était capitaine de Falaise.

Selon M. l'abbé Delarue, un Jacques de Blosset, chevalier, seigneur de Saint-Pierre-en-Caux et de Carrouges, nommé gouverneur de Caen en 1474 et grand sénéchal et réformateur général en Normandie en 1482, aurait été également gouverneur de Falaise.

Nous lisons dans des lettres d'érection du Marquisat des Yveteaux données à Versailles en 1710 :

« Fraslin de Vauquelin, écuyer, qui vivait en 1464, et avait quitté les biens qu'il possédait sous la domination des Anglais pour demeurer dans la fidélité et obéissance qu'il devait aux rois Charles VII et Louis XI, eut un fils nommé Jean de Vauquelin qui n'eut pas moins de zèle que son père pour le service de l'Etat, dont après avoir donné des preuves en différentes occasions, il fut honoré du gouvernement de la ville et vicomté de Falaise dans le temps où il était nécessaire de le confier à un homme d'une fidélité éprouvée et d'une expérience consommée, pour maintenir les peuples dans l'obéissance due à leur naturel et légitime souverain. »

Ce fut ce Jean de Vauquelin qui plus tard, avec la permission de Charles VIII, acheta la terre et seigneurie des Yveteaux.

Nous reproduisons sous toute réserve ce document relatif au gouvernement de Falaise entre les mains de Jean de Vauquelin qui fut, en tout cas, lieutenant général de la vicomté. Il est possible cependant qu'il ait rempli successivement les deux fonctions.

Une copie en latin de ses lettres de noblesse obtenues du roi Louis XI en 1477 nous apprend qu'il était *habitator loci Falesiœ.*

Jean de Vauquelin épousa noble dame Marie Pitard de Saint-Hilaire. Dans la généalogie de sa famille nous le voyons figurer à l'occasion d'échanges et de partages opérés en 1482 entre lui et divers, devant Jean et Olivier Callu, tabellions au siège de Briouze ; et cette généalogie ainsi que certains auteurs le citent tantôt comme lieutenant du vicomte et tantôt comme lieutenant du gouverneur.

Quoiqu'il en soit, nous le retrouverons dans notre histoire de la vicomté où sa place semble plus particulièrement et plus sûrement marquée.

Les lettres d'érection dont nous avons parlé disent aussi que Nicolas de Vauquelin, fils du précédent, fut plus tard maintenu dans les charges et gouvernement de son père. Nous observerons la même réserve en ce qui le concerne, nous bornant à rappeler qu'un manuscrit fait mention de lui comme lieutenant général du vicomte de Falaise, Guillaume de Bissipat

Nous arrivons ainsi à 1515 sans préciser autant que nous eussions désiré le faire.

De 1515 à 1574

Le commencement du règne de François Ier offre peu d'intérêt pour notre localité ; il est d'ailleurs connu de nos lecteurs, aussi n'en parlerons-nous pas. Mais après la paix de Cambray, dite aussi paix des Dames et conclue en 1529, nous voyons le chevaleresque roi de France parcourir son royaume pour surveiller la justice, réformer les abus et améliorer la situation de son peuple. Malgré les revers qu'il avait subis, ses sujets l'accueillirent avec empressement ; être malheureux n'était pas encore un tort à cette époque ! La Normandie ne fut point oubliée dans ce voyage et, le mardi 2 avril 1532, le roi, accompagné de sa cour et du poète des Miroirs, dont nos sites falaisiens durent inspirer la Muse, faisait son entrée dans sa bonne ville de-Falaise, où la réforme luthérienne et calviniste devait bientôt pénétrer et causer tant du malheurs. En effet, favorisée par Marguerite de Navarre, elle allait fondre sur la Normandie où les relations commerciales avec l'Angleterre ne pouvaient que hâter son développement. François Ier encouragea le schisme à son début ; puis, suivant les conseils du cardinal de Tournon, il ne tarda pas à manifester contre lui la plus sévère hostilité.

A son passage dans nos murs, tout porte à croire que le monarque accorda le gouvernement de la ville et du château à Réné de Cossé, seigneur de Brissac et de Beaulieu, premier pannetier des rois Charles VIII et Louis XII, et gouverneur du Maine et d'Anjou. Le roi honorait ce personnage d'une estime toute particulière ; en 1516, il l'avait choisi pour diriger l'éducation de ses enfants, et en outre de ses fonctions de conseiller et de chambellan, il lui avait donné la charge de grand fauconnier de France, vacante après la mort de Raoul de Vernon. M. Pluquet cite Réné de Cossé comme vicomte de Bayeux en 1531, et le fait se démettre de son emploi pour devenir bailli de Gisors.

La famille de Cossé, dit Brantôme, était originaire du royaume de Naples, et fut amenée en France par Réné de Sicile ou le roi Charles VIII, qui lui accorda de grandes faveurs. De père en fils les de Cossé furent gouverneurs du château d'Angers jusqu'à Charles de Cossé-Brissac qui perdit ce gouvernement pendant les guerres de la Ligue, et vint, comme nous le verrons, s'enfermer dans Falaise.

En quittant la cité de Guillaume, le mercredi 3 avril, troisième jour après la fête de Pâques, François Ier, qui se rendait à Caen, s'arrêta à Cintheaux et dîna dans une hôtellerie où le Dauphin, qui devançait son père de vingt-quatre heures, avait également dîné la veille. La noblesse normande, sous la conduite du seigneur de Neuville, vint audevant du roi jusqu'à cette localité.

Ne pouvant remplir lui-même les diverses missions dont il était chargé, Réné de Cossé, par bail passé en 1534, devant Denis et Billard, tabellions à Falaise, en présence de Guillaume Leverrier, baron de Vassy, lieutenant du bailli de Caen, en la vicomté de Falaise, se dessaisit de l'exercice de sa charge de gouverneur de Falaise, dont il conservait le titre, en faveur de Réné Dumont, que nous ne pouvons suivre dans l'accomplissement de son mandat. Nous savons seulement que les évènements marchaient avec rapidité, que la réforme avançait en Normandie et que les instructions des inquisiteurs étaient déjà très sévères à l'endroit des protestants. Ainsi, dès 1538, on avait arrêté et emprisonné à Falaise des luthériens porteurs d'un ouvrage du chef de leur secte, et, en 1547, l'année de la mort de François Ier, Michel Labbey, official de l'évêque d'Annebault, prononçait, en la salle de l'évêché de Lisieux, diverses sentences contre des hérétiques, dont quelques-uns furent condamnés à être brûlés vifs. Mais la persécution servit les idées nouvelles auxquelles Rouen, Bayeux, Caen, etc., avaient déjà ouvert leurs portes.

Les arrestations opérées à Falaise en 1538 prouvent que la réforme était, dès cette époque, connue dans notre ville ; mais la foi des habitants l'empêcha d'y séjourner. Toutefois, elle ne perdit pas courage, revint sur ses pas, gagna insensiblement un peu de terrain et commença à élever la voix en 1555, époque où Arthur Dupont, seigneur de la Blanchère, de Mille-Savattes et de Ronfeugeray, vint occuper la charge de vicomte de Falaise, et protéger secrètement les réformés contre les attaques dont ils étaient l'objet de la part des catholiques. Enfin, vers 1558, l'Eglise protestante de Falaise paraît définitivement constituée, après avoir servi de pretexte à des querelles souvent sanglantes entre seigneurs et manants, à une tentative d'assassinat sur la personne de Ravent Morel qui se rendait à sa terre de Torps, aux tristes exploits de l'aventurier François de Fontenay, aux querelles des Vauquelin et des sieurs des Rotours, en pleine foire de Guibray, et à la sévérité du gouvernement d'Henri II, fils et successeur de François Ier et de celui de François II. En effet, un édit de 1557 frappait de mort tout individu ayant publiquement ou secrètement professé une autre religion que celle catholique.

Le début du règne de Charles IX, en 1560, ne rassura point les religionnaires, et ne promit pas la cessation des hostilités. Cependant nous voyons à cette époque ou l'année suivante, en 1561, un ministre de Calvin venir évangéliser Falaise pendant la tenue des grandes foires de Guibray. Ce pasteur rendit compte de sa mission à son chef, alors à Genève, et sa lettre très intéressante a été publiée le 13 octobre 1879 par la Société de l'histoire du protestantisme français.

Nous en devons la communication à l'obligeance de M. Louis Duval, archiviste de l'Orne, et de M. Osmond de Courtisigny, président du tribunal civil de Falaise, et nous sommes heureux de le reproduire presque textuellement ici.

Mais, comme M. Duval, nous nous demandons s'il s'agit dans cette circonstance du ministre Rocheplatte, qui évangélisa le pays de Caux au mois de juin 1561 et devait habiter Caen ? Les ministres de Caen à cette époque étaient, croyons-nous, MM. La Barre, Cousin, Jean Leflamand, Vincent Lebas et Pierre Pinchard.

Chercheur aussi intelligent qu'infatigable, M. Duval a récemment découvert un ouvrage contenant une réponse de René des Freux, religieux de Saint-Benoist, aux articles contre la messe publiés par un inconnu en foire de Guibray 1560. Parue en latin cette même année, cette réponse fut traduite en français en 1561 par le même auteur.

Quels que soient le nom du ministre et la date précise de la mission, voici la lettre adressée à Calvin :

« Très cher et honoré Frère,

« Je ne doute point que quelque bruit ne parvienne à vos oreilles des choses qui se sont advenues à la foire de Givrey qui commença le 15 de ce mois d'août. C'est pourquoi je vous en ai voulu écrire ce que j'en ai vu et ouï par expérience. Premièrement, quant à cette foire, j'estime que c'est là non pareille, je dis pas seulement de la Normandie, mais de toute la France ; car aussi gens de toutes parts y arrivent, même des royaumes étrangers... Je n'étais point d'avis d'y aller... je prévoyais une multitude... il me semblait que je n'avais pas charge de me présenter là.... le jeudi matin je trouvai que chacun m'attendait. Le cheval était sellé, ma femme était prête de partir... moi, voyant toutes ces choses, je me résignai à Dieu ; ainsi, descendu d'un cheval, me fallut monter sur l'autre, et par les chemins nous n'avions garde de brûler, car nous eûmes la pluie sur les épaules et la fange jusqu'aux jarrets. J'arrivai au soir à Falaise, bien lassé... et couchai à l'hôtellerie à la mode à Givrey.

« Le lendemain, qui était un vendredi, on me mena chez un bourgeois de la ville où je demeurai au lit jusqu'à environ trois heures après midi. On me demanda si je pourrais faire exhortation le soir ; je répondis que oui pourvu que les surveillants de Rouen et les nôtres avisent de trouver logis... il ne fut possible de trouver logis ; car la multitude qui désirait ouïr la parole était bien de 2 à 3,000 personnes, et encore en admonestant chacun de ne point divulguer la chose.

« Le lieu fut un champ près de Givrey, tout environné de murailles, qui était fort ample, ayant une seule porte bien large, et de rechef au-devant de la porte y avait un autre enclos, aussi large comme votre moulard (c'est-à-dire vieux forum genevois où la réforme avait été prêchée par Farel et Fromont).

« La prédication se fit avec bon silence et psaumes au commencement et en la fin. Le lendemain, le bruit fut par tout le camp de Givrey comme on avait prêché, et tout le monde se préparait pour s'y trouver, chacun s'enquerrant du lieu et de l'heure ; mais nous n'osions dire l'heure... on nous menaçait qu'on devait lever un guet de 200 hommes armés. Le procureur du roi de Falaise avait fait ajourner tous les libraires le même jour ; les prêtres avaient fait de grandes complaintes, à cause qu'on avait prêché, et que publiquement on avait vendu des livres de Genève, et, qui plus est, certains petits garçons avaient porté parmi les rues des placards contre les messes avec cris dont tous étaient étonnés. Le commencement desdits placards était : *Articles véritables sur les horribles abus de la messe papale...* Pour revenir aux propos, on nous menaçait aussi de la venue de M. l'évêque de Séez, nommé Duval, homme savant, comme on dit, lequel arriva le dimanche...

Pour 200 hommes armés, il s'en trouva 16 à 20 au plus, pauvres artisans avec bâtons empruntés ; on disait qu'ils viendraient à 7 ou 8 heures sur le point de l'exhortation ; mais ils vinrent à 5 et 6. Déjà nos gens s'assemblaient... mais le guet se détourne... puis on vint me quérir. J'y allai, et tout se porte fort bien. Quant aux ajournements des libraires, le même jour, à l'heure dite, ils comparurent ; ils ne trouvèrent ni procureur du roi ni autre pour parler... ils retournèrent à leurs boutiques plus hardis que devant, voilà pour le jour de samedi.

« Le dimanche notre peuple s'amasse à cinq heures du matin. On change de lieu ; on se met au milieu des champs. On estimait que cela serait le meilleur afin de voir venir les ennemis de loin... la prédication faite, chacun se retira paisiblement. Après dîner, on sonna le sermon d'un cordelier au temple de Givrey ; aucun des nôtres s'y trouvèrent ; et comme il blasphémait sur le propos des images, un coupeur de bourses fut surpris en son larcin et fut bien battu avec grand tumulte. D'autres criaient après le cordelier qu'il mentait comme un faux prophète. Il y eut quelques émotions ; mais cela se passa sans autre mal : le cordelier retournant à la ville, quelqu'un lui bailla sur la joue ; mais cela n'a point été approuvé de nous ; aussi, avons remontré que telle véhémence était excessive... De notre part le peuple fut amassé devant les cinq heures du soir le même jour.

« Or, ici il faut dire par parenthèse de quelle manière j'avais traité les trois prédications différentes : Je pris au commencement le texte du 3e chapitre des Corinthiens ; le 1er verset....

« Pour parler du sermon du soir du dimanche, j'estime que le nombre était de 5 à 6,000 personnes plutôt que moins... Mon esprit fut résolu incontinent qu'il me fallait parler de la Cène... Je tâchais de parler le plus doucement qu'il m'était possible afin de n'offenser personne, attribuant au seul Seigneur Jésus toute autorité. Voilà tantôt un tumulte qui s'élève tout soudain, de sorte que tout le peuple se leva, et les épées furent dégaînées d'un bout à l'autre, et n'y avait autre voix, sinon : Qu'est-ce ? qu'est-ce ? de moi, je ne bougeai de place ; gloire en soit à Dieu qui me fortifiait ; même je n'eus point le sens d'ôter une barette que j'avais sur la tête qui me remarquait entre tous les autres. Je commençais à crier : « Mes amis, ce n'est rien » et la voix fut bientôt en la bouche de tous. On commença de rengaîner les dagues et épées. Plusieurs me disaient : « Monsieur, ne craignez point ; s'il faut mourir, nous mourrons avec vous » et tout bellement l'émotion s'apaisa.

« L'un avait perdu son bonnet, son manteau, l'autre son soulier, son livre.... une chaîne d'or fut rompue à une demoiselle... vous eussiez vu un grand monceau de toutes ces choses devant mes pieds. Aucuns des papistes ont été contraints de dire : « Les Luthériens sont justes comme l'horloge, « il ne se perdra rien au milieu d'eux. »... Je repris mon propos... voilà pour le dimanche.

« Ce même jour, après souper, entre 9 et 10 heures, les compagnons des boutiques étaient assis auprès des pavillons en chantant des psaumes avec mélodie ; aucuns patenôtriers de Paris les appellent maillotins en se moquant, et chantaient chansons vilaines ; on leur dit qu'ils se tussent et qu'ils chantassent les louanges du Seigneur Dieu... et comme ils ne tenaient compte des admonitions, un tumulte soudain s'éleva, et la voix fut ouïe tout à coup : « Rouen, Rouen, Rouen », et une multitude de 2 à 300 personnes se trouvèrent l'épée au poing ; et tout incontinent fut crié haut et clair : « Vive l'Evangile, vive l'Evangile ».

« Tous les patenôtriers se perdirent ou pour le moins criaient avec les autres : « vive l'Evangile. » Cette multitude se pourmena par le camp de Givrey.... Cela fait, attachèrent chandelles aux carrés des rues principales, et se mirent à genoux pour faire les prières devant que s'en aller coucher, et un d'eux les fit, et ainsi ont continué depuis jusqu'à la fin de Givrey.

« Le lundi matin, M. l'Evêque fit un sermon à la ville de Falaise qui est près du camp de Givrey de un trait ou deux d'arquebutte. Son thème fut : *Non est confusionis auctor Deus sed pacis* » ; il dit qu'il y avait de bonnes choses en la messe comme l'Epitre et l'Evangile.........................
en somme, les papistes furent point contents, estimant qu'il prêchait à notre avantage ; et ce même jour il s'en alla et ne fit autre chose, tellement que sa venue a plus profité qu'autrement pour étonner les prêtres.

« Pour l'exhortation du soir qui se fit environ 5 heures, certains garçons allèrent par le camp de Givrey criant à haute voix : « Quiconque veut ouïr la parole de Dieu, qu'il aille tout maintenant. » L'assemblée se fit au lieu qui était enclos de murailles ; il y avait environ 49 hommes à la porte avec une demi-douzaine de pertuisanes ou hallebardes ; et quand on etait une fois dedans nul ne sortait jusqu'à la fin... Et comme aucuns n'ôtaient les cha peaux à la prière, je commençai à dire : « Nous adorons le Dieu vivant ; si aucun ne le veut adorer, qu'il s'en aille, » et tous ôtèrent les chapeaux....

« Le mardi... je retardai encore ce jour ; et grand peuple, principalement la noblesse du pays, s'y trouvèrent. Or, c'est la coutume que les seigneurs et dames viennent les derniers jours de la foire, quand les marchands, les uns avec les autres, ont fait leurs permutations...

Voilà pour le mardi soir. Incontinent, l'exhortation faite, celui qui était président à Caen l'an passé se présanta pour parler à moi, et je ne le connaissais point. Aucuns ont pensé qu'il voulait me livrer ; mais il n'est plus en office, et si, il y avait plus de 1,000 hommes ayant l'œil sur lui et sur moi... il demanda comment j'étais venu en ce pays. « Les fidèles, dis-je, ont fait requête à l'Eglise de Genève, laquelle m'a envoyé avec attestation. » Il demanda comment j'étais venu à Givrey ; si les marchands de Rouen m'avaiet fait venir ? Je répondis que ceux-là et autres m'avaient prié de venir... après il demanda mon nom et si j'étais la Barre... « Je ne suis point la Barre ; et vous, êtes-vous M. de Poron ? Oui. . Comme j'avais encore la parole en bouche, voici un marchand de Rouen qui vient me dire à l'oreille : « La compagnie ne trouve pas bon que vous soyez ici plus longtemps. » Ainsi pris congé de M. qui fut président ; et environ une heure et demie après je montais à cheval avec bonne compagnie, et arrivâmes auprès de la ville qui est ma retraite, après minuit. Voilà mon voyage de Givrey.

« S'ensuivent les cris de certains petits garçons qui portaient livres et papiers par la foire : *Juste complainte des fidèles de France contre les papistes et autres infidèles. Les commandements de Dieu et ceux du pape antéchrist romain. Le traité des reliques des prêtres. La doctrine nouvelle et ancienne. Epître envoyée au tigre de France* (pamphlet d'Hotman contre le cardinal de Lorraine).

« En présentant les placards aux prêtres et moines et autres personnes, ils usaient de divers cris qui s'ensuivent : *l'abolition de la messe*, etc., etc. Il y eut certains prêtres qui voulurent contester, mais tout le monde criait après. L'un disait : « Va glaner, il fait beau temps. » « Fins marchands, apprenez à travailler, vous avez trop mangé sans rien faire. » Il y a aussi que les P... avaient coutume de dresser de petites loges auprès du camp de Givrey. Cette année tout cela a été aboli. Les marchands de chasubles, de matines, de patenôtres, de cire, etc., n'ont guère profité à cette foire. »

A Réné de Cossé venait de succéder comme gouverneur de Falaise, vers 1562 probablement, Timoléon de Cossé, âgé de 19 ans, et déjà gouverneur du château d'Angers et colonel des bandes françaises en Piémont. Gentilhomme ordinaire de la chambre du roi, grand pannetier et grand fauconnier de France, Timoléon est regardé par Brantôme comme un héros précoce, marchant sur les traces de son père, dont il aurait été le digne émule si la mort n'était venue l'enlever à la fleur de l'âge. Le duc de Guise, qui l'aimait beaucoup, disait de lui : « Ce jeune homme fera un jour un gentil garçon et un homme de guerre. » Son père, Charles de Cossé, avait été, en 1550, nommé maréchal de France et gouverneur du Piémont où il était resté pendant neuf années. A son retour en France, Henri II lui avait offert une épée d'honneur et donné le gouvernement et la lieutenance générale en Picardie.

Lors de l'entrée en fonctions du gouverneur Timoléon de Cossé, les protestants de Normandie, soutenus par la reine Elisabeth d'Angleterre, qui disposait en leur faveur de 6,000 hommes, et avait envoyé à l'amiral Coligny un secours de cent mille écus, se trouvaient en situation de tenir la campagne. Leurs chefs, les Aux-Epaules, les d'Orglandes, les Sainte-Marie d'Aigneaux, Pierrepont, de Bricqueville-Colombières, de Montgommery, le vidame de Chartres, le sir de Rouvrou, Payen de la Poupellière, Vassy-Brecey, Vassy de la Forêt-Auvray, et autres, agissant sous la haute inspiration du prince de Condé dont la famille possédait une maison à Falaise, sur la place du Vieux-Marché-Saint-Gervais, en face de l'église, avaient déjà remporté quelques succès et commençaient à inquiéter sérieusement les catholiques que dirigeaient le duc d'Etampes, Jacques Goyon de Matignon, comte de Thorigny, le baron de Clère, d'Estouteville, de la Haye-du-Puits, de Grimouville-Larchant, de Fervaques, de Pellevé-Tracy et le duc de Bouillon. Ce dernier, quoique gouverneur de Normandie, passait pour s'être ménagé des intelligences dans les deux camps ; de sorte que trois partis se trouvaient pour ainsi dire en présence, animés du même esprit de regrettable hostilité.

Quand, en mai 1562, les chefs protestants François de Bricqueville, baron de Colombières, et de Sainte-Marie d'Aigneaux projetèrent de s'emparer de Falaise, dont la grande majorité des habitants était restée fidèle à son culte et à son roi, la place se trouvait dépourvue de sa grosse artillerie ; le duc de Bouillon l'avait fait transporter à Caen, non pas sans doute parce qu'il trouvait que la ville était trop faible pour soutenir un siège, mais plutôt pour faciliter secrètement les entreprises des religionnaires. Nous souhaiterions que telle n'eût pas été sa pensée, mais l'histoire nous montre le duc de Bouillon préoccupé davantage de ses intérêts personnels que de sa foi politique ou religieuse. Il devait savoir cependant que le maréchal de Matignon avait envoyé à la cour un mémoire recommandant diverses mesures et une garnison de trente hommes au moins pour les places fortes, telles que Falaise, Alençon, Valognes, Vire et Pontorson.

Justement alarmés, les Falaisiens s'empressèrent de faire connaître à M. de Matignon, lieutenant général des armées royales en Normandie, la situation qui leur était faite, et de lui demander des secours. Mais le renfort qui leur fut envoyé n'empêcha pas l'ennemi de s'emparer de la ville et de se rendre coupable des plus violents excès ; il pilla la chapelle Saint-Gervais, élevée sur la grande place de Guibray, et mit le feu à l'église St-Gervais de Falaise. Déjà l'orgue était brûlé et l'incendie menaçait de dévorer le monument tout entier, quand le ministre falaisien, Martin ou Marin Lesaulx ou Dussaux, sieur du Saussey, intervint et engagea ses coreligionnaires à éteindre le feu et à cesser le pillage. Ceux-ci obéirent aussitôt à cette voix connue et amie ; mais le portail, les chapelles latérales vers le marché et le chœur avaient tellement souffert que peu d'années après on dut procéder à leur reconstruction. D'un autre côté, trois prêtres de Saint-Gervais qui, sans doute, s'étaient énergiquement opposés à la dévastation, furent tués en sortant de l'église ; et le précieux mobilier des temples saints fut inventorié et saisi pour servir aux dépenses de ces luttes fratricides.

Deux ans plus tard, en 1564, un juge de Falaise dressa procès-verbal des excès commis dans nos murs par les protestants. M. l'abbé Lefournier, dans son histoire de l'abbaye du Val, cite ce procès-verbal, mais il ne l'a jamais eu sous les yeux, et nous l'avons vainement cherché nous-même. Quant à notre concitoyen, le ministre Lesaulx, auteur d'un poème en l'honneur de la Vierge, et que nous retrouvons ministre de Caen en 1576, il a droit à notre plus vive reconnaissance pour sa généreuse intervention.

A la fin de l'année 1562, Falaise était rentrée en possession d'elle-même; mais elle continua d'abriter un certain nombre de Huguenots qui, malgré le dédain dont ils étaient l'objet, mettaient à profit leur présence dans la place et veillaient attentivement aux intérêts de leur parti.

L'année suivante, en 1563, les hostilités recommencèrent avec avantage pour la ville. Anglais et protestants de France, sous les ordres de l'amiral Coligny, eurent à rendre compte aux Falaisiens, que le maréchal de Matignon défendait en personne, des dommages qu'ils leur avaient causés. Le roi Charles IX lui-même et la reine Catherine de Médicis qui se trouvaient dans le pays voulurent assister à la revanche de leurs troupes, et le 28 août 1563, après avoir dîné avec leur train à Villy, ils arrivaient à Falaise où ils soupèrent et couchèrent.

Dans un curieux travail analytique dû à notre savant et excellent ami M. Chatel, archiviste du Calvados, nous avons trouvé le détail de la dépense des augustes voyageurs pendant leur séjour à Falaise. Voici cette intéressante note culinaire :

Menu de la reine Catherine de Médicis

Samedi 28e jour d'août 1563

PANNETERIE. — Aux boulangers, 33 douzaines de pains	08 l.	07 s.	06 d.
ESCHANÇONNERIE. — A l'hôte de Saint-Martin :			
Pour 13 septiers 8 chopines et quarte	10	08	»
A Robert Guesnon :			
Pour 8 septiers 8 chopinets	06	08	»
A Thomas Lemaître :			
Pour 20 septiers 2 pots 8 chopinets	12	06	03
A Pierre Cap :			
Pour le charroy dudit office	»	15	»

CUISINE

Aux poissonniers :			
Pour 2 barbeaux d'un pied quatre doigts	»	15	»
5 raies	»	30	»
1 carpe de deux pieds	»	50	»
7 allauzes salées	»	28	»
6 carpes	»	15	»
2 petits saumons frais	»	15	»
1 truite d'un pied et demi	»	40	»
10 solles	»	50	»
27 vives	»	40	06
3 morues	»	20	»
3 merlus	»	12	»
3 carpes	»	7	06
3 merlus	»	12	»
3 jarosseaux (*sic*)	»	09	»

2 petites truites	» l.	10 s.	» d.
1 portion et demie de canores	»	10	09
Demi-panier moulles	»	17	06
2 plats chevrettes	»	06	08
1 quarteron écrevisses	»	»	06
2 quarterons sellerins (peut-être sardines)	»	06	03
1 barbue	»	05	»
Aux bouchers :			
Pour 4 livres beurre	»	60	»
300 et demi d'œufs	»	26	03
Six livres chandelle	»	09	»
A l'écuyer de cuisine :			
Oranges	»	05	»
Artichaux	»	06	»
Farine ordinaire	»	05	»
Lait	»	02	»
Œufs frais	»	05	»
Huile d'ollif	»	40	»
Pois-chiche	»	04	»
Fourmage Milan	»	04	»
Fourmage moul	»	»	12
Grozeil	»	08	»
Au verdurier :			
Pour verdure de ce jour	»	40	»
Au pâtissier :			
Pour neuf tartres	»	34	06
Une tourte	»	»	06
Demi-cent metier (pâte préparée)	»	02	06
A l'apothicaire			
Pour ce jour		Néant.	
FRUICTERIE : pour fruits ordinaires	»	60	»
Huit flambeaux blancs	»	42	09
Dix bougies blanches	»	08	04
14 bougies jaunes	»	05	10
3 flambeaux cire jaunes	»	11	03

FOURRIÈRE : Au sieur du Serlau, 1er maître d'hôtel de ladite dame, pour livrée de sergens pour ce jour	» l.	50 s.	» d.
Au 1er médecin	»	40	»
A l'apothicaire	»	25	»
Au trésorier et clerc d'office	»	50	»
Au tailleur et son homme	»	28	»
Au serrugien	»	06	»
Aux 2 courriers	»	24	»
Au garçon chiertier	»	05	»
Aux 2 lavandières	»	40	»
Aux porteurs de cuisine pour charbons et ballets	»	08	»
Au..... valet de..... pour ballets	»	12	»
Pour bois, fagots, paille, etc.	11	10	02
Au sommelier Turpin pour avoir fait frelater deux muids de vin (24 septiers) y compris sa dépense et frelat	»	15	»

Sous les regards de leurs souverains, les troupes royales attaquèrent les protestants avec vigueur et ne tardèrent pas à redevenir maîtresses de la ville, où elles laissèrent garnison pour mettre le pays à l'abri de nouvelles entreprises. Les Falaisiens applaudirent à cette victoire, car ils ne pouvaient pardonner aux religionnaires les dévastations commises dans leur cité et l'odieuse profanation, à Saint-Etienne et à Sainte-Trinité de Caen, des tombeaux de Guillaume-le-Conquérant et de la reine Mathilde. Un de nos concitoyens, Charles Toustain, sieur de la Mazurie, conseiller du roi et lieutenant général du vicomte de Falaise, se trouvait à Caen le jour où les protestants enlevèrent et dispersèrent les ossements du vainqueur de l'Angleterre et de son auguste épouse. Profondément ému et justement irrité, il essaya de protéger les restes mortels du héros normand, mais il ne put réussir à soustraire qu'un ossement à ces mains sacrilèges, et cet os fut plus tard replacé dans le tombeau. L'historien de Bras, qui a vu ce fragment humain, dit qu'il était plus long de quatre doigts que ceux d'un homme grand et fort.

Charles Toustain cultivait la poésie depuis son enfance ; en 1556, il avait dédié à l'évêque d'Evreux, Gabriel Leveneur, une tragédie d'Agamemnon où l'on remarque des vers de seize syllabes. On lui doit aussi des chants d'amour et de philosophie. En tête de la *Galliade*, œuvre du falaisien Guy de la Boderie, avec lequel il était très lié, Toustain est ainsi désigné : *Carolus Tustanus Mazurus, tribunitiis Falesœ comitiis supprœfectus generalis.*

Pendant quelques années, Falaise jouit d'une tranquillité relative ; mais, en 1568, elle se trouva de nouveau sérieusement menacée. On se souvient que Gabriel de Montgommery, ancien capitaine de la garde écossaise du roi Henri II, après avoir, dans un tournoi, causé involontairement la mort de son souverain, s'était réfugié en Angleterre pour se soustraire à la haine et à la vengeance de Catherine de Médicis. Là, il s'était lié avec des protestants et avait embrassé leurs doctrines. L'irritation de l'exil et l'impérieux besoin de revoir sa patrie lui mirent les armes à la main. Il envahit la Normandie à la tête de ses coreligionnaires, et ce fut lui que Falaise aperçut un jour au pied de ses murailles, la menace aux lèvres et le fer à la main ; l'intrepide Colombières l'accompagnait.

L'abbaye de Saint-Jean avait alors pour supérieur, Louis de Montgommery, frère du chef calviniste, et les Falaisiens purent croire que ce religieux chercherait à apaiser la colère de Gabriel et l'engagerait à ne pas troubler l'ordre et le calme de la cité; il en fut tout autrement. L'abbé de Saint-Jean favorisa les intérêts de son frère, convertit en forteresse l'église du monastère et embrassa publiquement la doctrine de Calvin.

Ce précieux secours et la trahison du portier Rabasse, qui ouvrit à l'ennemi la porte confiée à sa garde et à sa loyauté, triomphèrent de la courageuse résistance des assiégés, et Gabriel de Montgommery se trouva maître de Falaise qu'il se voyait enlever bientôt après.

L'autorité se montra indulgente pour le portier Rabasse ; elle le laissa aller cacher sa honte et ses regrets dans une masure située au Val-d'Ante, au milieu du côteau, entre la venelle des Cinq-Deniers et l'ancienne place Terrici-Malchael, à peu de distance du plateau connu sous le nom de Palis, à cause des palissades qui servaient de clôture et de défense à la ville de ce côté. Cette masure reçut et porte encore aujourd'hui par dérision le nom de château Rabasse. Un Guillaume Rabasse, de la paroisse Trinité, figure, vers 1499, dans le matrologue de Saint-Lazare.

La trahison de Rabasse a donné naissance à une légende que nous tenons de quelques vieillards, dont la bonne foi a pu être surprise. La voici sous toutes réserves :

Le portier falaisien avait une fille fort jolie, fiancée à un jeune homme qui demeurait en dehors des murs, à peu de distance de la porte confiée à Rabasse; redoutant pour lui quelque catastrophe pendant l'attaque, elle fut le rejoindre après avoir trompé la surveillance paternelle. Rabasse s'aperçut bientôt de sa disparition et comprit ce qui s'était passé ; sa fille était tout pour lui, et son désespoir fut aussi grand que son amour. Il gravit à la hâte les marches de sa tour et voit son enfant chérie qu'entourait et que cherchait à entraîner une bande de Huguenots. Le pauvre père jette des cris lamentables et implore la pitié des soldats ; mais le cœur de ces hommes reste sourd à ses déchirants appels. La nuit venue, Montgommery, qui avait été informé de ces détails, résolut d'en tirer parti ; il fit savoir à Rabasse que sa fille lui serait rendue saine et sauve s'il consentait à ouvrir la porte de la ville, ou qu'il ne la reverrait jamais. Entre son devoir et son affection, le malheureux père n'hésita pas et livra passage à l'ennemi.

L'année suivante, en 1569, le gouverneur de Falaise, Timoléon de Cossé, se trouvant au siège de Mucidan, était tué d'un coup d'arquebuse à la tête au moment où il voulait reconnaître la brèche ; il n'était âgé que de 26 ans. Son corps fut déposé aux Célestins de Paris où, en 1572, on lui éleva une colonne de marbre blanc, d'ordre composite, haute de 10 pieds 6 pouces, diamètre de 14 pouces, et ornée de couronnes et de chiffres. Le chapiteau de la colonne était d'un travail précieux et orné de quatre aigles. Le père de Timoléon de Cossé était mort en 1563.

La résistance et les succès des protestants sur divers points du territoire avaient porté à son comble la colère de Charles IX et de Catherine de Médicis qui formèrent et eurent le triste courage de mettre à exécution l'odieux projet de les exterminer tous. Paris et les provinces avaient reçu de secrètes instructions à cet effet, et dans la nuit du 24 août 1572, la cloche de Saint-Germain-l'Auxerrois donnait le signal du massacre.

A cette date funeste le maréchal de Matignon se trouvait à Falaise. Comprenant toute l'horreur de cette mesure à laquelle il ne voulait point s'associer. il sut épargner la vie des religionnaires et maintint la tranquillité dans la ville. Trois jours après, le 27 août, il écrivait au bailli de Caen pour le prévenir et lui recommander la prudence et l'abstention. On voit, en effet, que les regiscres des protestants de Caen continuèrent jusqu'au 31 août.

Rendons hommage à la mémoire de ce généreux capitaine dont la justice et l'humanité nous évitèrent le navrant spectacle de ces horribles scènes. L'année suivante, 1573, la ville de Caen reconnaissante lui offrait un buffet d'argent.

La Sainte-Barthélemy ne donna pas les résultats qu'on attendait, et les huguenots, dit Mézerai, semblant renaître de leurs cendres, se relevèrent plus redoutables que par le passé.

Au mois de février de l'année 1574, ils reparurent devant Falaise ayant encore à leur tête Gabriel de Montgommery dont les jours étaient comptés ainsi que ceux du roi Charles IX. La ville à cette époque, offrait un mélange de croyances très préjudiciable à sa sûreté ; le doute avait pénétré dans certaines consciences et divisait les forces ; aussi, Montgommery, se trouvant en quelque sorte en présence d'alliés et d'indifférents, s'empara-t-il facilement d'une place dont la gloire militaire commençait à s'assombrir, et dont les habitants éprouvaient un ardent besoin de concorde et de paix. De concert avec son frère, l'abbé de Saint Jean, il pilla la ville, les églises et les monastères. L'abbaye de Saint-Jean elle-même ne fut pas ménagée ; le pillage y dura trois jours pendant lesquels les titres de la communauté, les manuscrits du savant Guy de la Boderie et autres papiers importants furent volés, perdus et brûlés.

Ces excès retrempèrent le courage et la vieille foi des Falaisiens ; ils comprirent de nouveau que le respect de l'autorité et de la croyance du plus grand nombre est indispensable au fonctionnement d'une société, et ils firent des vœux pour leur délivrance. L'appel fut entendu. Informé de ce qui s'était passé, le maréchal de Matignon réunit cinq mille hommes de pied et mille huit cents chevaux avec quinze ou vingt pièces de canon empruntées, tant au château de Caen qu'aux places voisines ; puis, après avoir passé la revue de ses troupes dans la plaine de Carpiquet, il marcha sur Falaise, suivi de ses fidèles lieutenants Hautemer-Fervaques, Jean d'Hemery de Villers, de Bons, du Fraize, et des capitaines Jean Coësme de Lucé, Beaumanoir-Lavardin et Bussy d'Amboise que la cour lui avait envoyés avec leurs régiments ; un grand nombre d'autres gentilshommes avaient tenu aussi à l'accompagner.

C'était au commencement de mars ; l'armée royale reprit Falaise et chassa sans peine les troupes de Montgommery dont le frère, l'abbé de Saint-Jean, connu aussi sous le nom du capitaine Saint-Jean, et qui, les armes à la main, luttait encore avant de rejoindre Gabriel, fut tué, le dimanche 14 mars, dans la chapelle de la Vierge de son abbaye par un centurion de Caen, nommé Thomas Desplanches. Les religieux jetèrent son corps à la voirie ; mais les magistrats falaisiens leur ordonnèrent de l'enterrer dans le chœur de leur église.

Deux mois après, dans la nuit du 27 au 28 mai, deux jours avant la mort de Charles IX, Gabriel de Montgommery, après s'être défendu héroïquement dans le château de Domfront, vu ses officiers du Bressay de Saint-Vincent, de Thère, Rioult de Vaudoré, Le Hardy de la Saussaye, et de la Noë tués sur la brèche, d'autres blessés grièvement, et se sentant lui-même atteint d'une balle à l'épaule droite, consentit à se rendre à la condition d'avoir la vie sauve. Enfermé d'abord au château de Caen, il fut, par ordre de Catherine de Médicis et au mépris des conventions arrêtées, amené devant le Parlement de Paris qui le condamna à mort. Le 26 juin ce héros malheureux, mais non exempt de reproches, avait la tête tranchée en place de Grève.

La prise de Saint-Lo, le 10 juin 1574, porta un coup terrible aux religionnaires. Ce fut au siège de cette ville que François de Bricqueville, baron de Colombières, fut frappé d'une arquebusade à la tête et tomba mort entre ses deux jeunes fils qui eurent le bonheur d'échapper au carnage. De leur côté, les troupes royales firent aussi quelques pertes regrettables ; entre autres celle du falaisien Pierre Lefèvre de la Boderie, qui s'était déjà distingué à la bataille de Lépante en 1571, et dont M. de Matignon s'était félicité d'avoir utilisé le courage et l'intelligence. A la tête de nageurs habiles et choisis par lui, Pierre de la Boderie avait passé, l'épée entre les dents et l'arquebuse à la main, les vés du Cotentin que les protestants défendaient ; et quand ceux-ci furent refoulés dans la ville on le chargea de l'attaque principale, et ce fut là, sur la brèche, qu'il périt glorieusement. L'abbé Langevin rapporte que, dans cette affaire, Falaise eut encore à déplorer la mort de Vauquelin de Sassy, tué à côté de la Boderie dont il partageait le commandement, et il ajoute que leurs corps furent portés en triomphe à Falaise, qu'ils furent inhumés sous l'orgue de la Trinité et que l'armée assista à leurs funérailles. Des épitaphes en diverses langues avaient été gravées sur leurs tombeaux, mais elles ont disparu lors du repavage de l'église en 1760.

Une généalogie manuscrite de la famille de Vauquelin nous apprend que des frères Jean Vauquelin, écuyers, sieurs de Beaumont et du Désert, servirent fidèlement la royauté pendant ces discordes civiles et, qu'après avoir pris part aux guerres en Beauce et en Picardie, ils se trouvaient aussi comme volontaires au siège de Saint-Lo sous les ordres du maréchal de Matignon.

Depuis Timoléon de Cossé jusqu'à Charles de Cossé-Brissac, qui défendit vainement Falaise contre le roi de Navarre, le gouvernement resta-t-il entre les mains d'un lieutenant, ou fut-il confié à un membre de la même famille ? Nous ne saurions rien affirmer à cet égard.

De 1574 à 1590

A la mort de Charles IX, le duc d'Anjou, son frère, s'empressa de descendre du trône de Pologne pour venir ceindre la couronne de France sous le nom d'Henri III. Inhabile et faible, le nouveau monarque ne sut pas réprimer les passions déchaînées autour de lui, et favorisa en quelque sorte les desseins de ses ennemis. Le duc de Guise, dont la haine contre les Protestants et dont l'ambition ne connaissaient plus de mesure, organisa, en 1576, à l'instigation du cardinal de Lorraine, son frère, la funeste confédération, connue sous le nom de Ligue ou Sainte-Union, et dissimula à peine sous le voile de la religion, ses aspirations a la royauté. Croyant déjouer les projets de ses adversaires, Henri III se déclara lui-même chef de cette Ligue qui allait rouvrir toutes les plaies du royaume.

On vit alors s'opérer de nombreux mouvements de troupes, et les forteresses, garnies de soldats, se dresser de nouveau menaçantes. Le 21 février 1578, il y eut à Falaise revue et montre par Jéhan de Ste-Marie, sieur du lieu, commissaire avocat à ce commis par M. de Longaulnay, lieutenant-général pour sa Majesté en basse Normandie, de cinquante hommes d'armes à pied (français). Le capitaine particulier de ces hommes d'armes était Nicolas de Grimouville-Larchant, maître de camp, et ils étaient conduits par son lieutenant, le capitaine Dauphin. Cette troupe avait reçu l'ordre de tenir garnison à Falaise pour le roi. Le procès-verbal de la revue est déposé aux archives du Calvados et porte la signature : Dauphin.

Les Calvinistes qui avaient à leur tête le Prince de Condé et le Roi de Navarre, beau-frère de Henri III et héritier de la couronne par suite de la mort du duc d'Alençon, se trouvèrent en butte à de nouvelles vexations. Le Béarnais, forcé de reprendre les armes, remporta la victoire de Coutras en 1587, et vit, l'année suivante, à la fameuse journée des barricades, le roi obligé de quitter Paris et de subir la domination des ligueurs. On sait comment Henri III se vengea à l'assemblée des Etats généraux, à Blois, et quelle tempête de malédictions s'éleva contre lui. Le pape l'excommunia ; la Ligue proclama le duc de Mayenne, frère des Guise, lieutenant-général du royaume en 1589, et le monarque, finissant par où il aurait dû commencer, se rapprocha du roi de Navarre dont la loyauté, la valeur et le génie pouvaient seuls enchaîner l'anarchie et sauver la nation.

Plusieurs places fortes de la basse Normandie tombèrent à cette époque entre les mains des ligueurs ; et, pendant que ces troupes, aux cris de : *Meurent les hérétiques*, inquiétaient sérieusement l'armée royale, des bandes de paysans, au nombre de 8,000 environ, soulevés depuis 1584, pour se défendre contre le pillage de gens de guerre, parcouraient la province et formaient une petite armée dont le concours devait être précieux à l'un des deux partis. Ces paysans résolus étaient connus sous le nom de Gauthiers ; ils avaient à leur tête Vaumartel comme major-général et quelques gentilshommes parmi lesquels se distinguait M. d'Escambosq, sieur de Boisroger, dont la terre était située près de Gacé. Les Ligueurs surent se ménager habilement l'appui des Gauthiers ; et les opérations militaires furent bientôt dirigées d'un commun accord.

Dans ces circonstances, Falaise, depuis longtemps mécontente des Protestants, avait volontiers associé son destin à celui de la Ligue, et se préparait courageusement à la lutte sans cesser de déplorer les regrettables effets de ces discordes civiles. Elle savait que le comte de Cossé-Brissac venait d'être nommé par le duc de Mayenne gouverneur du château ; que les lieutenants de ce guerrier, Philippe Lefèvre de la Boderie, le baron d'Echauffour, le baron de Tuebœuf, Pierre Court, de Roquenval, Beaulieu et autres gentilshommes étaient des ligueurs habiles et éprouvés, enfin que les capitaines de sa bourgeoisie et sa population avaient déjà donné de nombreuses preuves de courage, et qu'ils n'hésiteraient pas à vendre chèrement leur vie pour le salut de sa cause. Ferme et confiante, elle attendit.

Pendant ce temps, François de Bourbon, duc de Montpensier, était à Alençon, d'où, le 30 mars 1589, il écrivait à Henri de Pellevé, seigneur de Flers, pour le remercier d'avoir conservé au roi les châteaux de Messei, Thury et Harcourt. Henri de Pellevé était tenu en grande estime par le souverain ; la baronnie de Flers était entrée dans sa maison vers 1546 par le mariage de Jean de Pellevé avec Anne de Grosparmy.

Informé des préparatifs des Ligueurs et des expéditions des Gauthiers, le duc de Montpensier partit d'Alençon le 4 avril, passa par Séez dont les portes lui furent ouvertes, évita Argentan qui tenait pour la Ligue, et vint demander à Ecouché, dont la fidélité lui était connue, l'hospitalité pendant la nuit. De là, il se dirigea vers Caen, accompagné de ses capitaines, Montmorency, seigneur de Crève-Cœur, de Halot, François de Martel, Bacqueville, Larchant, le comte de Montgommery, Pierre de Harcourt-Beuvron, de Villers-d'Emmery, le comte de Thorigny, de Longaulnay, de Vicques et Paul de Bricqueville, baron de Colombières et d'Amanville, fils de Jean de Bourgueville et de Françoise de Blosset. En 1460 Montfault avait reconnu noble un Jean d'Emmery, de Villers-sur-Mer. Chemin faisant, Montpensier rencontra une partie de la garnison de Falaise, l'attaqua vigoureusement et avec succès et fit prisonniers trois de ses capitaines, Touchet, Herclez et Normandière. Touchet avait sous ses ordres 50 lances et 100 arquebusiers. Le 7 avril, Montpensier informait le baron de Flers de l'avantage remporté sur la garnison falaisienne, et l'engageait à réunir ses forces et à se préparer.

Henri de Pellevé n'était pas de ceux dont l'ardeur a besoin d'être stimulée. Après avoir levé à ses frais un régiment, rassemblé ses vassaux et ses gentilshommes, il était venu, accompagné de son fils Jean, investir la place de Falaise. Aussi, dès le 14 avril, le duc de Montpensier, étant encore à Caen, lui adressait-il cette lettre que nous fait connaître M. le comte de la Ferrière dans son histoire de la ville de Flers :

« Monsieur de Flers,

« J'ai reçu la lettre que vous m'avez escripte par « ce porteur, et vu par icelle la bonne diligence que « vous avez faite de vous rendre à Falaise avec « bon nombre de vos amis suivant la prière que je « vous en faisais ; de quoi je ne vous puis assez « affectueusement remercier ; louant bien fort « l'affection et bonne volonté..... que je vous prie..... « vouloir continuer et demeurer ferme encore pour « deux ou trois jours dedans lesquels je vous pro- « mets et assure que je m'acheminerai par delà « avec le canon qu'il m'a été impossible pouvoir

« faire marcher plus tôt, quelque diligence que j'aie « pu faire, pour avoir été contraint le faire re- « monter tout à neuf, à quoi il faut du temps, comme « vous savez ; vous priant derechef bien fort et « tous vos compagnons de patienter encore, et « ne vous ennuyer pour ce peu de temps et croire « qu'étant de là je donnerai tel ordre à toutes « choses avec votre bon avis, que vous aurez toute « occasion de contentement, priant en cet endroit « le créateur vous donner, M. de Flers, ce que plus « vous désirez. »

Le duc tint parole. Persuadé que le peuple de Caen resterait favorable à la cause du roi, il se munit de deux canons, d'une couleuvrine, de 80 boulets de fer provenant de la tour au Landais et de 50 piques prises en la grosse tour ; puis suivi de gens de pied et de la noblesse du pays, il arriva sous les murs de Falaise le lundi 18 avril. Le lendemain 19, il fit changer ses pièces d'artillerie qu'il ne trouvait pas bien placées, et le jour même, un échevin de Caen, M. de la Fosse, par lettre datée du camp devant Falaise, recommandait la prompte expédition de nouveaux boulets et piques, et disait en terminant : « J'ai bon espoir que nous entrerons aujourd'hui « dans la ville ; toutefois ils sont fort résolus de se « défendre. » Ce document nous a été communiqué par M. Canivet, archiviste de l'hôtel de ville de Caen.

Nicolas Lepelletier, sieur de la Fosse, combattit sous les drapeaux d'Henri IV à Falaise et à Fougères ; il fut député aux Etats provinciaux, et envoyé par ses concitoyens aux États généraux de Blois avec le célèbre Vauquelin de la Fresnaye. De cette ville, il écrivit plusieurs lettres très curieuses. Sa terre de la Fosse était située à Brémoy, canton d'Aulnay.

« Le mercredi 20, d'après un récit de l'époque « la batterie fut faite, et le soir y ayant deux tours « ouvertes, on y voulait loger des soldats pour « favoriser l'assaut que l'on prétendait donner le « lendemain entre ces deux tours ; et, comme les « soldats qui étaient commandés d'y aller s'ache- « minaient, tout le reste des deux Compagnies qui « étaient seulement ordonnées pour les soutenir ne « purent jamais être retenues d'y aller sans at- « tendre qu'elles fussent reconnues ; et la noblesse « voyant la résolution des dites deux compagnies, « quelque défense que l'on pût faire, les suivit ; en « sorte que tout alla donner du ventre contre la mu- « raille. Mais il n'y avait moyen de se loger aux « dites deux tours pour être trop profondes, telle- « ment que chacun fut contraint de se retirer avec « perte seulement de quatre ou cinq hommes. »

En l'absence du comte de Brissac qui, ne comptant pas sur la présence des royaux, s'était aventuré dans la plaine avec une partie de ses troupes, il est probable que la place fut défendue par le lieutenant Philippe de la Boderie, tué l'année suivante au siège de Pont-Audemer. Mais quelles étaient les deux tours dont parle la Chronique ; et de quel côté Falaise fut-il attaqué par Montpensier ? Nous ne saurions le dire avec certitude ; cependant comme les portes d'une ville n'étaient pas faites ni pour ne pas être attaquées ni pour ne pas être défendues, il nous semble permis d'admettre que, venant de Caen à marche précipitée et en droite ligne, Montpensier eut d'abord à diriger ses efforts contre la porte Lecomte, qui protégeait la ville de ce côté, et dont les deux tours et les épaisses murailles pouvaient donner à penser aux plus braves.

Le duc ne se découragea pas de cet échec ; il réunit ses officiers, et déjà projetait de continuer le lendemain de faire brèche, quand M. de Brossard accourut informer le comte d'Harcourt que le gouverneur, comte de Brissac, prévenu par des courriers, marchait rapidement sur Falaise pour lever le siège et chasser les royaux. Le général en chef, dont les forces venaient de s'augmenter d'un régiment que le baron de Colombières lui avait amené, prit vite une détermination, d'accord avec ses gentilshommes. Ne voulant pas attendre sous les murs de Falaise Brissac, que suivait une nombreuse infanterie et une cavalerie imposante, et qui attendait de nouveaux renforts venant de Bernay, la Chapelle-Gauthier, Laigle et Vimoutiers, il se porta au devant de lui, bien décidé à en finir. Le *Journal de Falaise*, en 1837, nous apprend ainsi la défaite des Ligueurs et des Gauthiers :

« Le vendredi 22 avril, le duc de Montpensier « ayant trouvé en trois villages de cinq à six « mille hommes logés entre lesquels il y avait de « deux à trois cents gentilshommes et quelques « gens d'église, les ayant fait reconnaître par la « sieur d'Emeri, on envoya les sieurs comte de « Thorigny, Longaulnay et de Vicques se loger « entre les dits villages et Argentan, et on les fit « soutenir des sieurs de Bacqueville et de Lar- « chant, d'un côté, et de l'autre du sieur de Beu- « vron. M. de Montpensier alla avec tout le reste « droit à eux, lesquels soutinrent pour quelque « temps. Mais enfin, oyant le bruit d'une couleu- « vrine qu'on y avait fait conduire, ils commen- « cèrent à branler, puis furent chargés si vivement « que ceux qui étaient au premier village, nommé « Pierrefitte, furent tous rompus et taillés en « pièces ou prins prisonniers ; de là on s'achemina « au second village, nommé Villers, lequel fut forcé, « et ceux qui étaient dedans traités comme les pre-

« miers. Et voyant que la nuit était proche, déses-
« pérés de pouvoir, ce jour, forcer le troisième
« village, nommé Commeaux, où s'étaient retirés
« mille ou douze cents des dits ennemis, lesquels
« M. de Montpensier fit sommer de se rendre ; et
« voyant qu'ils étaient longs à répondre, il fit
« attaquer leur fort sur quoi l'un de leurs chefs,
« nommé Beaulieu, qui en était sorti, fut pris, et
« étant amené, ils se rendirent. » Etc.

Après cet important succès, le duc alla passer la nuit à Ecouché où on lui amena le lendemain tous les prisonniers, dont il laissa quatre cents dans le bourg pour travailler aux fossés. Cette affaire coûta la vie à trois mille ligueurs environ, parmi lesquels beaucoup de gentilhommes ; le nombre des prisonniers s'éleva à 1,000 ou 1,200, dont trente gentilshommes au moins, Beaulieu, le baron Tuebœuf et autres. Le major Vaumartel fut tué, et le sieur de Boisroger dangereusement blessé. Quant au comte de Brissac, il battit en retraite avec sa cavalerie vers Argentan où il avait établi gouverneur l'angevin de Boismoze à la place de M. de Médavy pourvu par le roi.

Dans une généalogie manuscrite de la famille de Vauquelin, nous lisons que ce fut bien en effet à Pierrefitte Maisons-rouges, aujourd'hui réuni à Rônai, et non à Pierrefitte-en-Cinglais, qu'eut lieu la défaite des Gauthiers. M. Dubois confirme en outre ce fait dans son histoire de Lisieux. La seigneurie de Pierrefitte était au commencement du XIIIe siècle entre les mains des seigneurs de Ri. L'Eglise était dédiée à Saint-Pierre et le patronage appartenait à l'abbaye de Saint-André-en-Gouffern.

Ce fut également à Villers, aujourd'hui réuni à Montabard, que la même bataille se continua, et non à Villers-Canivet. On raconte que le village fut entièrement détruit ; et les gens du pays en terrassant et en labourant ont trouvé de nombreux ossements et des excavations renfermant de la cendre et des ustensiles de ménage. Villers avait un vieux château et une chapelle dont l'autel est aujourd'hui dans l'église de Montabard.

Pierrefitte et Villers sont très rapprochées l'une de l'autre, ainsi que de Commeaux où se termina la lutte. Du village de Clinchamps où s'élève la gare on peut se représenter les opérations militaires engagées sur ces trois points. L'église de Commeaux est dédiée à Saint-Pierre. L'abbé de Saint-Jean de Falaise présentait à la cure, ainsi que nous l'avons dit dans notre histoire de ce monastère. En 1311, les de Trémond de Sai possédaient fiefs à Commeaux. Le vieux château subsiste encore et appartient à M. le comte de Vigneral.

Nous soumettons l'importance de cette rectification historique à l'appréciation des lecteurs.

Le duc de Montpensier regagna Caen le 23 avril ; et le comte de Brissac, sachant le chemin libre et Falaise débloqué, s'empressa de quitter Argentan et de rentrer dans sa forteresse où il espérait résister longtemps encore aux entreprises de l'armée royale.

Comptant toujours sur son appui et sur celui des capitaines de la bourgeoisie falaisienne, les dernières bandes de Gauthiers cherchèrent à tirer vengeance du désastre qu'elles avaient subi. Le 20 juillet de la même année 1589, elles envahirent le domaine de Ravent de Seran qu'elles considéraient comme un ennemi de la ligue.

Le château de la Tour, ou Tour au Gras, ainsi nommé à cause de ses premiers possesseurs, s'élevait alors à peu de distance de cette source délicieuse qu'on appelle la Fontaine bouillante, au bord de laquelle sont gravés des vers attribués à Marmontel, là ou de petits ruisseaux, au joyeux murmure, forment en serpentant le ravissant paysage qui encadre l'île d'amour. Ce manoir servait de résidence à Ravent de Seran, seigneur de la Tour au Gras, et possesseur du fief de Canivet, fief de haubert dont le chef était assis en la dite tour, ainsi que nous l'apprend le papier terrier de la vicomté de Falaise dont nos archives furent si longtemps privées et qui vient enfin de leur être rendu. Le fief de Canivet s'étendait aux paroisses de Saint-Pierre, Saint-Loup, Aubigny, Sculangy, Martigny, Pierrepont, le Détroit, Tassilly, et autres paroisses environnantes. Les Gauthiers ne respectèrent rien ; le château fut pillé et incendié.

Ravent de Seran porta plainte, et demanda 60,000 livres de dommages intérêts. Le cinq octobre suivant, la cour de Rouen, séant à Caen, rendait les bourgeois de Falaise responsables des violences exercées par les Gauthiers, et condamnait les capitaines Labrèche, Lachesnaye, Herpin, Turgot, Lefèvre de la Boderie, Sainctin de la Tour, Sainctin Bondie, Jacques Langevin, Pierre Harcourt, Philippe Bisson et autres à payer 18,000 livres à la victime, sauf par eux à exercer tout recours contre leurs concitoyens pour la répartition de cette somme.

Dans un titre de 1585, Jehan Lourry, licencié en droit, garde des sceaux de la ville et vicomté de Falaise, fait savoir que devant Pierre Clément et Nicolas Labbé, tabellions royaux au siège et tabellionnage de Falaise, honorable homme Jehan de Bougueran, receveur et intendant des affaires de Mgr le duc de Ferrare aux vicomtes de Caen, Bayeux et Falaise, a remis aux mains de Jean Herpin, marchand drapier, bourgeois de Falaise, par suite de remboursement, les héritages que Jehan Herpin, père, lui avait en 1576 abandonnés en garantie d'une dette personnelle. Ces biens consistaient en :

1° Une pièce de terre en jardin avec une maison assises au Val-d'Ante, en la paroisse Trinité, et jouxtant Noël le Laurencel, Pierre Angot et le grand chemin du roi ;

2° La moitié d'une pièce de terre en pré et plant, et la moitié d'une maison, situées en ladite paroisse, au hamel de la Chesnée, jouxtant Julien Herpin, oncle de Jean, les hoirs de Jacques Lenormand, écuyer, le sieur du Grès, etc. ;

3° Enfin une pièce de terre labourable, audit hamel, jouxtant la venelle Paulmier, Julien Herpin et ses frères René et Robert.

Dans cet acte figure également Sainctin Bondis ou Bondie, bourgeois de Falaise.

Ces noms bien connus nous rappellent encore celui du capitaine Lachesnaye qui, à cette époque de perturbation générale, pénétra avec trois cents hommes dans Argentan pour disputer cette ville aux royaux et à la fidélité des habitants. Cette tentative, dit le manuscrit de M. Mannoury qui se plaît néanmoins à reconnaître la bravoure du capitaine falaisien, resta sans succès ; Lachesnaye se vit obligé de quitter la place et de rentrer à Falaise où nous ne tarderons pas à le retrouver pendant le siège de la ville par Henri IV.

Peu de jours après le pillage et l'incendie du château de la Tour, Henri III, le 1er août 1589, était assassiné par Jacques Clément, et désignait avant de mourir le roi de Navarre comme son successeur à la couronne de France.

Informé des résistances que la Normandie continuait d'opposer à sa cause si légitime, Henri IV, étant au camp devant Dieppe, commença par punir sévèrement les Falaisiens en confirmant les lettres patentes de son prédécesseur, relatives à la translation de la foire de Guibray à Caen ; puis, trouvant le moment opportun il vint lui-même défendre ses droits et attaquer les rebelles. Son armée se composait d'environ six mille reîtres d'Allemagne, quelques compagnies de lansquenets, deux régiments des provinces unies, quatre mille anglais, six mille suisses à la solde du roi, et différentes autres troupes, tant de catholiques soumis que de protestants.

La marche du roi jusqu'à Falaise fut presque triomphale : Etampes, Vendôme, le Mans, Alençon et Argentan lui ouvrirent leurs portes. Un ouvrage de M. l'abbé Laurent nous apprend que le 25 décembre « On paya 15 sols à Jean Lecomte « pour cierge de cire pesant cinq quarterons, pour « être donné au seigneur roi en l'église d'Argentan. « et que le 27, il fut payé à l'hôtesse du Cheval- « Blanc 16 sols 9 deniers pour 9 demions de vin « clairet pour mettre en bouteille pour dire les « messes pendant que le Roi notre Sire était en « cette ville en attente du siège de Falaise. » D'Argentan Henri IV se rendit à Ecouché où nous le voyons loger à l'hôtellerie de la Corne de Cerf.

Pendant que le roi, trouvant grand plaisir à se faire connaître et aimer dans chaque ville soumise, faisait joyeusement réveillon à Argentan avec les échevins de la ville, après avoir assisté à la messe de minuit, Charles de Gontaut-Biron, l'un de ses lieutenants, obéissant à ses ordres, se dirigeait sur Falaise pour reconnaître la place et renseigner le roi à son arrivée.

De son côté, le gouverneur de Falaise, comptant sur le courage de ses troupes, sur l'intrépidité du régiment du capitaine Picard qui passait pour le meilleur de la Ligue, et sur le dévouement des bourgeois, s'était réservé l défense du château où se trouvaient déposés les objets précieux qu'il avait pu sauver du pillage du château d'Angers. M. le duc de Brissac actuel est peut-être renseigné sur la nature de ces objets dont le journal du greffier Jean Louvet et les documents relatifs aux agissements de la Ligue en Anjou ne font pas mention. Le comte de Brissac se proposait non-seulement, disait-il, de défendre énergiquement et avec succès sa forteresse, mais encore de reprendre plus tard celles que ses partisans avaient perdues ou abandonnées. Pour se rendre compte plus aisément des mouvements des bourgeois et pouvoir les diriger au besoin, il eut la regrettable pensée de faire démolir le prétoir adossé au mur du château vers la ville ; ce monument dérobait la place publique et les rues avoisinantes aux regards de la garnison du fort.

Les principaux personnages de Falaise à cette époque étaient :

Jehan de Morel, sieur de la Courbonnet, vicomte-maire, dévoué au roi.

Charles Toustain, sieur de la Mazurie, lieutenant-général du vicomte-maire.

Henri le Prévost, autre lieutenant-général, dévoué au roi.

Charles Le Verrier, lieutenant particulier.

Vincent Philippe, greffier de la vicomté-mairie.

Roland de Morchesne, lieutenant particulier du bailli de Caen à Falaise.

Guillaume d'Ouësy, lieutenant-général du bailli de Caen à Falaise.

Raoul Asse, garde des sceaux.

Mathieu Barnes, président du grenier à sel.

Christophe Lasnes, receveur des tailles.

Jean de Vieux-Pont-Challoué, abbé de Saint-Jean.

Marin d'Ouësy, curé de Saint-Gervais.
Nicolas Le Sassier, avocat, et ses trois fils, dévoués au roi.
Julien du Fay, attaché à la compagnie d'Harcourt, anobli en 1594.
Paul Varin, sieur Desperrières, soldat et auteur, dévoué au roi.
Fortin de la Hoguette, anobli pour services.
Guillaume Labbé, curé de la Trinité.
Montchrétien de Watteville, encore enfant.
Les frères Lefèvre de la Boderie.
Jean Vauquelin de la Fresnaye.
Vauquelin des Yveteaux.
Roch Lebailli, sieur de la Rivière, plus tard médecin d'Henri IV, etc., etc.

Lorsque les ligueurs apprirent que les troupes royales marchaient sur Falaise, ils résolurent d'incendier le faubourg de Guibray pour retarder leur marche et achever les préparatifs de défense. Cette mesure allait-elle être approuvée par les bourgeois? Heureusement Biron avec sa cavalerie arriva pendant la nuit à temps pour conserver le faubourg dont la foire célèbre faisait la richesse de la localité. Le feu à son début fut promptement maîtrisé, et les Falaisiens purent apprécier la générosité de leurs ennemis qui avant de les combattre cherchaient à les sauver.

Après avoir payé son tribut à l'humanité, Biron investit la ville, étudia minutieusement le terrain et donna les instructions les plus précises à ses subordonnés. Aussi, à son arrivée, le roi put-il sans hésitation établir son quartier général au château de la Cour-Bonnet, chez son aimé et fidèle Jehan de Morel, vicomte-maire de Falaise. Ce château, précieux souvenir historique que la ville eût dû et pu conserver, fut vendu à une compagnie de spéculateurs et démoli en 1816. On ne laissa debout qu'un vieux colombier qui lui aussi a disparu depuis quelques années.

De ce point assez rapproché de la citadelle dont il n'était en quelque sorte séparé que par des étangs que la rigueur exceptionnelle de la saison avait couverts d'une glace épaisse, Henri IV allait pouvoir diriger et suivre les opérations du siège. Par son ordre on plaça deux pièces d'artillerie sur le mont Mirat hérissé de rochers, et deux autres au pied de cette montagne ou peut-être à l'entrée de la rue Brette au bord même des étangs. Lorsque toutes les dispositions furent prises et que chacun fut à son poste, le roi ne voulut pas engager la lutte sans sommer le comte de Brissac de se rendre, parce qu'il tenait à ce qu'on ne pût lui reprocher les désastres que la résistance de ce gouverneur pouvait occasionner. Le comte répondit qu'il avait juré de ne pas capituler, et que dans six mois seulement il ferait connaître sa détermination. « Je changerai les mois en jours, dit Henri IV avec colère. » Et le signal du combat fut immédiatement donné.

Les historiens de Thou, Masseville, Mézerai et autres ont raconté ce siège que nous ne connaissons que bien imparfaitement encore. L'attaque sérieuse commença le 1er janvier 1590. Après quatre cents coups de canon, tout le haut d'une des tours qui protégeait le mur qu'on avait dessein de battre tomba, et il se trouva à l'autre une ouverture assez grande pour passer un homme. Alors le roi, profitant de la glace ou de la digue qui facilitaient l'accès du pied des remparts, ordonna à quelques soldats de pénétrer dans cette tour pour soutenir les troupes qui monteraient à l'assaut lorsqu'une brèche serait faite à la muraille. On voit encore aujourd'hui dans le jardin d'un propriétaire de la Roche une portion de cette digue qui s'étendait du pied des rochers à celui du château. Quant aux deux tours, que défendaient en vain un haut cavalier, l'une, ainsi que tout porte à le croire, était carrée ; l'autre est celle qui subsiste encore et qu'on désigne sous le nom de Tour de la Reine. Ces deux tours étaient reliées par un mur de peu de largeur que les boulets n'épargnèrent pas et vers le bas duquel on remarque l'encadrement d'une porte remplie par des moellons. Cette poterne devait nécessairement aussi favoriser les royaux.

L'audacieuse tentative des assiégeants réussit à souhait. Pendant que l'artillerie du mont Mirat foudroyait l'espace compris entre le château et les tours, et forçait le comte de Brissac à chercher avec les siens un abri dans le donjon, les troupes royales, dirigées par Biron et de Chastillon, s'élançaient à l'assaut par la brèche que le canon venait de faire, et, s'aidant de longues perches et de hallebardes que leur tendaient leurs camarades, pénétraient dans la tour que ses défenseurs venaient d'abandonner. Il était trop tard pour que les Ligueurs dont les boulets auraient dû d'abord briser la glace des étangs, puissent remédier à cet état de choses. Leur artillerie était sans doute trop faible ; d'un autre côté, les fortifications qui jadis avaient résisté aux puissantes machines de guerre n'offraient plus la même garantie contre le canon ; Aussi, Brissac comprit-il que toute résistance devenait bien difficile et qu'il allait falloir capituler ou se rendre à discrétion.

Le comte de Brissac
Qui tenait à son sac,
Ferma vite sa porte,
Mais le vaillant Henri,
Après avoir bien ri,
L'en décharge et l'emporte.

Cependant, si la résistance de la garnison ne paraît pas avoir été ce qu'elle aurait pu être, il n'en fut pas de même de celle des bourgeois qui se montrèrent les dignes mais malheureux descendants de leurs nobles ancêtres ; ils défendirent leurs portes avec une énergie qui leur fait le plus grand honneur.

De la tour où ils se succédaient à chaque instant, les soldats du roi, laissant à leur gauche le donjon, se dirigèrent un à un par un petit sentier qui longeait la muraille, vers la porte du château conduisant à la ville. S'ils réussirent à s'en emparer, ce ne fut pas sans difficultés, car elle était défendue par une troupe d'intrépides bourgeois dont l'ennemi put apprécier la force et le mépris du danger. Dans ce combat héroïque, Falaise perdit l'un de ses plus braves défenseurs, le capitaine Lachesnaye dont nous avons parlé. Au moment où ce jeune guerrier tombait percé d'un coup de mousquet, on vit sa belle fiancée, Charlotte Herpin, qui avait voulu partager sa gloire et ses périls, se ruer, folle de fureur, sur les royaux, pour venger la mort de son valeureux amant. Informé de ce qui se passait, le roi venait, dit-on, d'ordonner d'épargner leurs jours : mais Charlotte, n'écoutant que son désespoir et ne voulant plus de la vie, combattait toujours avec le même acharnement, et dans cette horrible mêlée se trouva mortellement atteinte. Par un suprême effort elle se traîna vers le corps de Lachesnaye, et put encore imprimer sur les lèvres de son fiancé son dernier soupir et son dernier baiser. Le deuil fut général dans la ville, et les vainqueurs eux-mêmes déplorèrent la mort si glorieuse et si prématurée de ces braves et infortunés jeunes gens. Ne serait-ce point en mémoire de ce douloureux événement que les porches de la place du Grand-Turc qui s'étendaient depuis l'Hôtel-Dieu jusqu'à la rue Trinité reçurent le nom de Porches Herpin qu'ils portaient encore lors de leur démolition ? La famille de Charlotte habitait peut-être une maison de ce quartier. Mezeray, l'imprimeur falaisien Bouquet, dans son almanach du diocèse de Séez, Lange, dans ses éphémérides normandes, et autres, ont raconté la fin tragique de ces deux héros. En donnant au quartier appelé Porte du Château le nom de Porte Herpin-Lachesnaye, la municipalité ferait acte de justice et de reconnaissance.

Il est hors de doute qu'une partie seulement de l'armée royale avait pénétré dans le château par la brèche dite d'Henri IV, et que des troupes avaient reçu l'ordre d'attaquer aussi les différentes portes de la ville. La double porte de Bocey (Tour grise) et la porte Marescot, des Cordeliers et Philippe-Jean étaient comme autant de petites forteresses qui pouvaient inquiéter sérieusement l'ennemi.

A l'une de ces portes les royaux rencontrèrent encore une vigoureuse résistance. Une note manuscrite de MM. Brée et de Malherbe, reproduite par les historiens, nous apprend qu'une jeune femme, nommée la grande Esperonnière, faisait des prodiges de valeur au milieu des bourgeois qui, après une lutte acharnée, succombaient successivement pour la défense de leur ville. Frappés d'admiration, les soldats eurent cette fois le bonheur de ménager cette intéressante héroïne et purent la conduire saine et sauve devant le monarque aussi bon appréciateur du courage que de la beauté. Le patriotisme admirable de cette jeune Falaisienne obtint du roi que la rue du Camp-Ferme qu'elle habitait, à l'entrée de la ruelle Kinquerville ou Querville, serait exempte de pillage et que les habitants auraient le droit de s'y réfugier avec leurs objets les plus précieux. Cette haute faveur fut immédiatement connue de toute la ville qui apprécia à sa juste valeur l'immense service rendu par la grande Esperonnière, et s'empressa de profiter de la magnanimité du roi Henri IV.

Je veux, dit-elle alors au vainqueur qui l'admire,
Puisque le sort fatal nous range sous ta loi,
En cet instant funèbre où notre force expire
Contre ta grandeur d'âme échanger notre foi.
Que ma rue, à ta voix, pour prix de mon courage,
Sur tes soldats fermée à chaque extrémité,
Abri sacré pour tous, exempte de pillage,
Devienne comme un camp pour notre sûreté.

La famille Davois de Kinkerville était alors très connue à Falaise. En 1815, un de ses membres possédait le château de Castillon, à Lillebonne (Seine-Inférieure).

La rue du Camp-Ferme, la plus ancienne de Falaise, est désignée sous ce nom qu'elle a probablement toujours porté, dans des titres des XIIIe et XIVe siècles.

L'autorité municipale a depuis payé son tribut de gratitude à notre courageuse concitoyenne qui appartenait peut-être à la famille du poète caennais contemporain, Angot de l'Esperonnière, l'ami de notre compatriote Jean Vauquelin de la Fresnaye.

Lorsqu'en 1869 on commença les travaux de percement d'une rue allant de la place de la Poissonnerie à la rue du Camp-Ferme, nous publiâmes dans le *Moniteur du Calvados* un article rappelant la vaillante et utile intervention de la grande Esperonnière et demandant que son nom fût donné à la rue en construction comme longeant l'emplacement de son ancienne demeure devenue plus tard la propriété des sieurs Fleury et Vardon. Le maire de

Falaise, l'honorable M. Le Guay, et son Conseil municipal dont nous n'avions pas l'honneur de faire partie encore, accueillirent favorablement cette pensée qui était celle de tous les admirateurs de belles actions, et qui reçut son exécution. Au mois de mars 1870, le même journal, par la voix amie et bonne conseillère de M. Julien Travers, nous faisait l'honneur à la municipalité et à nous des quelques lignes suivantes :

« La voix des poètes retentit parfois jusque dans « les conseils municipaux et leur fait prendre des « délibérations qui les honorent. Au mois d'avril « dernier nous avons pnblié un article de M. Meriel « relatif à la grande Éperonnière ; nous apprenons « avec plaisir que le Conseil municipal vient de « donner le nom de l'héroïne falaisienne du XVIe « siècle à une nouvelle rue reliant la rue du Camp- « Ferme à la Grande-Rue. Nous l'en félicitons. »

Ce fut le jour des Rois que les royaux pillèrent et saccagèrent la ville. moins la rue du Camp-Ferme. Le lendemain 7 janvier, Brissac forcé de se rendre à discrétion, obtenait la grâce d'une entrevue et remettait les clefs de la forteresse entre les mains du roi qui lui accorda la vie sauve à lui et à quinze des siens. Le reste de la garnison se trouvait ainsi exposé à subir le dernier supplice ; mais Henri IV ne fit pendre que sept individus en mémoire des sept jours de siège ; encore les choisit-on parmi les prisonniers qui avaient mérité la mort pour d'autres crimes, sans doute d'après les indications fournies par la cour du Parlement de Caen qui signalait au roi les sieurs Lemoine et Lefaé, procureurs, Malœuvre, Poulain et autres rebelles rouennais en ce moment à Falaise, comme passibles de la corde. Sept familles de la ville et des environs furent désignées pour fournir les instruments nécessaires à ces exécutions. Quelques bourgeois furent en outre condamnés à diverses amendes que le premier président Grouslard qui accompagnait le prince se chargea de percevoir. Brissac fut destitué de ses fouctions de gouverneur dont le roi honora Jacques de Montmorency, seigneur de Crève-Cœur-en-Auge, l'un de ses lieutenants ; ses richesses furent confisquées et données à Biron dont le courage et l'habileté venaient une fois de plus de se manifester ; enfin d'autres faveurs et d'autres parts de butin récompensèrent généreusement la fidélité de certains serviteurs, entre autres du vicomte-maire Jehan de Morell qui reçut l'autorisation de faire représenter en demi-relief sa statue équestre sur la porte principale de son manoir de la Cour-Bonnet. Henri se montra juste mais sévère ; tant de villes lui avaient appris à s'approprier la devise de César : *veni, vidi, vici*, que la longue et énergique défense de Falaise avait altéré sa joyeuse humeur et sa générosité légendaires. Il refusa de révoquer les lettres patentes d'Henri III qui avait transféré la foire de Guibray à Caen. Ce ne fut que le 19 juillet suivant que vivement sollicité par son fidèle et bien-aimé Nicolas Le Sassier. avocat à Falaise, qui de la part de ses concitoyens était allé au camp de St-Denis se jeter à ses pieds, que le monarque, dans sa bienveillance, consentit à nous rendre notre célèbre foire avec tous ses droits et privilèges. Toutefois, il n'avait pas pardonné encore à tous les insoumis, car le 26 du même mois, étant toujours à Saint-Denis, il ordonnait de saisir tous les fonds et revenus des bourgeois Guille Raoul, Guille de Cossart, Pierre Leprieur, Sainctin Bondis et Christophe Lasne.

Après la reddition du château par Brissac, Henri IV, enchanté du succès qu'il venait de remporter sur la plus forte place de Normandie, s'empressa d'écrire à la belle comtesse Diane de Guiche le billet suivant que nous font connaître les éphémérides normandes :

« Mon âme, depuis le partement de Lyceran j'ai « pris les villes de Séez, Argentan et Falaise où « j'ai attrappé Brissac et tout ce qu'il avait mené « de secours pour la Normandie. Je pars demain « pour aller attaquer Lisieux en m'approchant du « duc de Mayenne qui tient assiégé Pontoise. Mes « troupes sont crues depuis le départ de Lyceran « de bien six cents gentilshommes et deux mille « hommes de pied, de façon que, par la grâce de « Dieu, je ne crains rien de la Ligue. J'ai fait la « cène en huy que je ne pensais pas faire en Nor« mandie.

« de Falaise ce 8e janvier.

« En achevant cette lettre ceux de Bayeux m'ont « apporté leurs clefs qui est une très bonne ville. »

Ce fut donc le 9 janvier 1590 que le roi quitta Falaise après avoir fait remettre à ses troupes une partie de la solde qui leur était due, et laissé sans doute dans la place quelques soldats pour conserver sa conquète.

Une quittance faisant partie des archives du collège héraldique et historique de France nous a fourni ce document. Elle constate en même temps l'existence d'un camp royal à Guibray pendant le siège :

« Quittance de Vincent-Albertin-Michel Allet, « capitaine d'une compagnie de gens de guerre à « pied, suisses, du régiment de Soleure, d'une « somme de 4,004 écus, reçue d'Etienne Regnault, « trésorier-général des guerres pour ses gages et « une partie de la solde de sa compagnie pendant

« l'année précédente, au camp de Guibray, près « Falaise le 7 janvier 1590. »

« Signature et cachet. »

A peu de distance de la fontaine ou source de Crécy qui alimente Falaise de son eau limpide et saine sont deux pièces de terre portant l'une le nom de champ des Hallebardes, et l'autre celui de champ de la bataille. Ces dénominations remontent à l'époque qui vient de nous occuper.

Libre, grâce à la bienveillance de son souverain, Charles de Cossé, comte de Brissac, en Anjou, continua de prêter son concours à la ligue. En 1594, Mayenne lui confia le gouvernement de Paris à la place du comte de Belin ; mais l'ancien gouverneur de Falaise, comprenant que le rôle de la Ligue était bien près de sa fin, désireux de se ménager un lendemain dans les bonnes grâces du monarque, et cédant, dit-on, aux conseils de notre compatriote Antoine de la Boderie, ambassadeur des rois Henri III et Henri IV, se décida au mois de mars de cette année à ouvrir aux royaux les portes de la capitale. En récompense de ce service, il reçut le titre de maréchal de France dont son père avait été honoré, et vit plus tard son comté de Brissac érigé par Louis XIII en duché-pairie. Le comte de Cossé-Brissac mourut en 1621.

Ce dernier siège que Falaise eut à soutenir pourrait aujourd'hui, avec les poétiques épisodes qui s'y rattachent, servir de thème à une grande exhibition de bienfaisance dans laquelle, croyons-nous, n'hésiteraient pas à accepter un rôle les descendants des principaux acteurs de cette belliqueuse époque.

De 1590 à 1790

1590. — Après le siège de Falaise par Henri IV, Jacques de Montmorency, seigneur de Crève-Cœur en Auge, succéda au comte de Cossé-Brissac dans le gouvernement de la ville et du château. Fils de François de Montmorency, seigneur de Hauteville, Hallot et Bouteville, échanson ordinaire du roi, et de Claude Hébert d'Ossonvilliers, dame de Courcy, le nouveau capitaine épousa Jossine d'Ossignies. Le 5 juin 1593, année de l'abjuration d'Henri IV, Pierre Boulard, commissaire et trésorier des guerres, passa en revue, dans le château, les 60 hommes d'armes (à pied, français) qu'il commandait avec ses officiers. Cette faible garnison avait paru suffisante pour conserver la place et en assurer la tranquillité. L'année précédente, le 24 avril 1592, Guillaume de Macé de Gastines, chevalier, avait été nommé contrôleur extraordinaire des gens de guerre en garnison à Falaise et autres lieux.

Jacques de Montmorency, d'humeur joyeuse et originale, se plaisait à imposer certains devoirs à ses vassaux ; ainsi, nous le voyons, par acte devant Jean Manchon et Gilles Lechartier, tabellions en la vicomté d'Auge, pour le siège de Crève-Cœur, bailler en fieffe à un sieur Varin, chirurgien à Crève-Cœur, une pièce de terre, à la condition que celui-ci lui ferait la barbe et les cheveux ainsi qu'à ses gentilshommes, et qu'il s'engagerait à....... d'une des femmes de chambre du château, le jour de son mariage. En 1573, son père avait reçu aveu de plusieurs droits coutumiers et accepté un gâteau de mariage en remplacement du droit de jambage, à la grande satisfaction des vassaux et vassales.

La seigneurie de Falaise était depuis de longues années dans la maison de Montmorency. Jean, du nom, y avait succédé à son père mort le 2 mai 1404, et qui était en même temps seigneur de Beausault, Bretheuil, les Tournelles, et chambellan du roi Charles VI.

La situation des protestants était devenue tolérable ; Henri IV, dont le cœur leur était resté fidèle, avait publié en leur faveur, en 1598, le fameux édit de Nantes qui assurait la liberté de leur culte, le respect de leurs personnes et de leurs biens, et permettait de réparer les désastres de la guerre. Cette mesure fut un acte de justice, d'humanité et de bonne politique. Aussi, les religionnaires de Falaise en profitèrent-ils pour se réorganiser et jouir des bénéfices de cette paix si longtemps désirée et qui devait encore être interrompue. La voix des pasteurs retentit heureuse et libre dans la prêche où les institutions de la réforme furent observées sans trouble ni provocation. A cette époque, ou au commencement du dix-septième siècle, vers 1603, la province de Normandie était, dit M. de la Ferrière, divisée en six colloques, synodes ou classes : Rouen, Caux, Caen, Cotentin, Alençon et Falaise. La classe de Falaise comprenait les églises de Condé-sur-Noireau, Saint-Pierre-sur-Dives et Saint-Sylvain, Falaise, Vire, Fresnes et Athis. Crocy et Séez se trouvaient dans la classe d'Alençon. En 1604, peut-être pour opposer un frein à la propagande calviniste, il fut question d'introduire les jésuites à Caen. La ville se montra peu favorable à ce projet ; aussi, vit-on un bourgeois caennais, Gilles Quesnot, proposer de les envoyer à Falaise où l'on paraissait les désirer.

Jacques de Montmorency quitta cette année, 1604, le gouvernement de Falaise, fonction qu'il remplissait, dit Beziers, en même temps que celles de bailli et de gouverneur de Caen, ou qu'il faisait remplir par M. de Douxmaresq que nous allons retrouver comme lieutenant de son fils et successeur, François de Montmorency, baron de Bouteville.

En 1602, les bourgeois et habitants de Caen, faisant profession de tirer de l'arc au papeguay qui, de tout temps, avait accoutumé être tiré, chaque année, durant le mois de mai, adressèrent une supplique à Jacques de Montmorency, gouverneur des ville et château de Caen, maire et bailli, et à MM. les échevins, pour les prier de leur donner comme capitaine Thomas Regnault, sieur de la Fustaille, qui, aux trois années précédentes, avait abattu le papeguay avec son arc et flèche. Montmorency et Guillaume Vauquelin, sieur de la Fresnaye, conseiller du roi, président au bailliage et siège présidial, maître des requêtes ordinaire de la reine et lieutenant général du bailli, adhérèrent à cette nomination.

En 1626, Hercule Vauquelin, sieur des Yveteaux, lieutenant général des échevins et des procureurs syndics, convoqua à son de trompette, par les carrefours de la ville, les bourgeois tirant au papeguay pour élire un capitaine à la place du sieur de Moulineaux; maître André du Thon, sieur de Douxmaresq, receveur des aides et capitaine des arquebusiers, protesta contre cette convocation prétendant que la charge de capitaine lui appartenait. En 1646, Jean-Louis Lebourgeois, écuyer, sieur de Torps, recevait ses lettres de provision de S. A. Mgr le duc de Longueville; enfin, dès 1584, le garde des sceaux de la vicomté de Saint-Sylvain et le Thuit avait fait savoir que, devant les tabellions royaux en ladite vicomté, pour le siège de Vaucelles, Gilles Fillastre, pourvu en 1557 de la charge de capitaine, s'était démis de cet emploi en faveur de son fils aîné.

L'origine du papeguay est très ancienne. Les rois avaient autorisé cet exercice pour distraire la jeunesse, la familiariser avec l'arc, l'arquebuse et l'arbalète, et la préparer ainsi à défendre le pays. Le papeguay, sorte de pavois actuel, était un oiseau peint sur du carton ou sur du bois, et fixé au bout d'une perche pour servir de but aux tireurs. Ainsi que Caen, il est probable que Falaise eut son papeguay.

1604. — François de Montmorency, baron de Bouteville, vice-amiral et gouverneur de Senlis, était un duelliste aussi expérimenté qu'incorrigible. Son duel avec le marquis de Beuvron, Guy d'Harcourt, dont nous parlerons bientôt, lui valut une douloureuse célébrité. Il laissa la garde de son gouvernement de Falaise, avec le titre de lieutenant, à noble homme Nicolas Le Prévost, sieur de Douxmaresq, qui nous apprend lui-même ce détail historique dans une lettre par lui écrite aux trésoriers généraux des finances au bureau de Caen.

Voici cette lettre, qui est conservée aux archives du Calvados :

« Château de Falaise, le 18 février 1604.

« Messieurs,

« Pour réponse à la lettre que vous avez écrite du 9 février à M. de Bouteville, m'ayant fait l'honneur de me donner son commandement en son absence, je vous dirai que je n'ai reconnu avoir en ce château aucuns meubles qui fussent au roi, si non quelques pièces de fonte, de quoi M. de Crèvecœur a baillé inventaire au commissaire de l'artillerie qui fut envoyé de Sa Majesté il y a quelque temps. S'il vous plaît que je retire copie de mon dit sieur de Crève-Cœur, je le ferai et vous l'enverrai au temps que vous me l'ordonnerez, et vous supplie me tenir pour jamais votre très humble et obéissant serviteur.

DOUXMAREZ. »

Il ne paraît pas facile, à moins de demander la communication des titres de propriété d'un certain nombre de particuliers, de désigner d'une façon exacte les divers endroits où les protestants tinrent leurs assemblées à Falaise. On a parlé de Guibray, du Val-d'Ante et de Saint-Laurent ; mais les dates font défaut ainsi que l'emplacement.

Nos archives locales nous apprennent, qu'en 1606, la maison servant de temple, consistant en cave, salle et cabinet avec cour et courtil, située paroisse Saint-Gervais, faubourg de la Porte-le-Comte, fut vendue par Philippe Thomas, bourgeois de Falaise, à Michel Troterel, sieur d'Eraines, et à François Bacon, aussi bourgeois de Falaise, moyennant 370 livres. Six ans après, en 1612, Pierre d'Angerville et sa femme, Paquette Onfroy, restituaient cette maison aux protestants, conformément à la sentence des délégués du roi, et ce au prix de 383 livres 18 sols. Il est assez probable que ces différents quartiers furent choisis par les religionnaires à plusieurs reprises et selon les circonstances. D'ailleurs, le protestantisme ne paraît pas avoir jamais été très en vigueur à Falaise ; et des recherches spéciales, si elles réussissaient, donneraient sans doute peu de résultats.

La Normandie, remise des profondes secousses qui l'avaient ébranlée, commençait à jouir d'une tranquillité parfaite, quand, le 14 mai 1610, le bon roi Henri tomba sous le fer de l'assassin Ravaillac.

Tous les vrais patriotes déplorèrent cet irréparable malheur dont les conséquences devaient bientôt se faire sentir. En effet, à l'avènement de Louis XIII, la reine mère, Marie de Médicis, subissant le joug du maréchal d'Ancre et de sa femme, Galigaï, mécontenta les princes et les seigneurs qui se retirèrent de la cour, et ralluma le feu de la guerre civile. Les protestants menacés reprirent les armes, et une perturbation générale réduisit à néant les bienfaits du règne précédent. Si notre pays ne devint pas le théâtre de luttes nouvelles, il fut tellement grevé d'impôts que les germes de sa prospérité renaissante n'allaient pas tarder à être complètement étouffés.

A cette époque, les maisons du château étaient en mauvais état de réparations ; et le lieutenant Douxmarez, au mois de septembre 1613, adressait aux trésoriers généraux des finances, au bureau de Caen, une requête tendant à ce que des travaux d'entretien fussent immédiatement commencés.

Le baron de Bouteville cessa, vers 1615, d'être gouverneur de Falaise. On sait que son fils devint le célèbre maréchal de Luxembourg.

1665. -- Par suite de la démission de M. de Bouteville, les provisions des capitainerie et gouvernement des ville et château de Falaise furent, ainsi que le rapporte l'histoire de la maison d'Harcourt, expédiées à Pierre de Boutin-Victot. Mais des difficultés s'étant élevées entre lui et MM. de Bouteville et Douxmarez, le roi craignit que son service ne s'en ressentît, et M. de Victot ne fit, en quelque sorte, que passer dans nos murs. Plus tard, pour le dédommager, Louis XIII l'appela aux fonctions de bailli de Caen qu'il exerçait quand ce monarque vint reprendre le château de cette ville sur les partisans de la reine-mère.

Pierre Boutin, seigneur de Victot-en-Auge, Villiers-le-Sec et Banville, fils de Philippe Boutin, chevalier. seigneur de Victot et de Villiers, était chevalier de l'ordre du roi et gentilhomme de sa chambre. Il mourut en 1627, laissant de son mariage avec Renée Lelandais, dame d'Hérouville, deux filles, dont l'une épousa Jacques d'Oilliamson, vicomte de Coulibœuf et baron de Courcy, et l'autre, Madelaine Boutin, qui fut mariée en 1541 à Jacques de Sainte-Marie. Après sa mort, sa veuve, Renée Lelandais, épousa Richard de la Luzerne, seigneur de Brévant et gouverneur du Mont-Saint-Michel.

La famille Boutin était originaire de la vicomté de Vire. En 1595, Philippe Boutin, père de notre gouverneur, était entré en partage avec Robert de Tournebu, bailli de Lisieux, des biens du président de Croixmare, comme ayant épousé Geneviève de Boutin.

1616-1617. — A M. de Boutin-Victot succéda Pierre de Harcourt, marquis de Beuvron et de la Motte, chevalier et conseiller du roi, gentilhomme ordinaire de la chambre et capitaine de cent hommes des ordonnances royales. Il était fils de Guy d'Harcourt et de Marie de Saint-Germain, qui, vers 1546, avait reçu en dot de son père, Michel d'Argences, baron de Saint-Germain-Langot, la seigneurie de Fresney-le-Puceux et une partie de la forêt de Cinglais. Cette seigneurie devint la résidence des époux qui y demeuraient encore en 1582 avec, dit M. Vaultier, cinq garçons et une fille, et d'où Marie de Saint-Germain avait daté son testament en 1578.

Baron de Cesny et de Grimbosq, Pierre de Harcourt reconnut en 1579 qu'il possédait à Grimbosq manoir, étang, four, colombier, droit de moulin à blé et foulon, hommes, hommages, reliefs, treizièmes, domaines, prés, rentes et 300 acres de bois ; qu'il pouvait avoir un prévôt, et que ses hommes étaient tenus à faire les haies dans ses bois quand les voulait chasser, et à aider à la réparation et à la garde et guet de son châtel de la Motte. Vers 1580, il fit, dit-on, reconstruire le château de Fresney-le-Puceux, grand carré de bâtiments flanqué de hauts pavillons. La porte d'entrée crénelée et garnie de rainures recevait un pont-levis qui s'abaissait sur les douves.

Pierre de Harcourt épousa la fille du maréchal de Matignon. Il prit une part glorieuse aux guerres de religion et fut honoré de l'estime et de l'amitié des rois Henri III et Henri IV. Ce dernier, en 1590, lui donna, en considération de ses services, tous les biens meubles et immeubles de Jehan du Touchet qui avait été déclaré coupable de lèse-majesté, comme tenant le parti des ligueurs. Le même monarque aurait aussi, en 1593, érigé pour lui en marquisat la seigneurie de Thury ; mais M. Vaultier reporte cette érection à 1578 en faveur d'un Montmorency.

Le 20 janvier 1616, par lettres patentes données à Poitiers, Louis XIII accorda le gouvernement de Falaise à Pierre de Harcourt dans lequel il avait une entière confiance, et qui, dit Laroque, était d'abord entré dans Falaise sans être pourvu, mais à la satisfaction du roi. Pendant son gouvernement qui ne dura qu'une année, le marquis de Beuvron adressa une requête aux trésoriers généraux des finances, à Caen, pour qu'il fût procédé à l'adjudication des réparations à faire aux maisons habitables du château, réparations estimées par Josué Gondouin, maître-voyer et visiteur des édifices publics du baillage de Caen, à 2,300 livres. Les publications d'usage furent faites à l'issue des messes de Sainte-Trinité et de Saint-Gervais.

Pierre de Harcourt mourut en 1617, laissant, comme son père, plusieurs enfants mâles, au dire des historiens ; mais ces diverses filiations ne nous étant pas suffisamment connues, nous ne suivrons pas sur ce terrain nos savants prédécesseurs.

1617. — Comte de Cosnac, en Saintonge, baron de Sigournais et de Puybéliard et seigneur de Fontenay, Jacques de Harcourt succéda à Pierre dans le gouvernement de Falaise. Dès l'âge le plus tendre, il montra de brillantes dispositions militaires, se signala à Ostende et reçut en 1615, de Louis XIII, qui appréciait son mérite, une commission pour lever une compagnie de chevau-légers. Laissant son gouvernement à la garde d'un lieutenant, il continua de suivre la bannière royale, et dans plusieurs affaires contre les protestants et les partisans de la reine-mère, à Clérac, où il fut atteint à la bouche d'un coup de mousquet, et à Mo tauban, où une pierre le blessa grièvement, il donna des preuves d'une indiscutable valeur. Ce fut lui qui apporta à Louis XIII, lors de son séjour à Caen, où il était venu avec son frère, M. le Prince, le duc de Luynes, les maréchaux de la Châtre et de Praslin, pour la reddition du château, l'assurance de la fidélité et de l'obéissance des Falaisiens. Quelques jours auparavant, le grand prieur de France, chevalier de Vendôme, fils naturel de Henri IV et de Gabrielle d'Estrées, se rendant aussi à Caen pour encourager la résistance des gens du château, s'était arrêté et avait dîné à Falaise.

Ce fut pendant le siège de Montauban, en 1621, que Louis XIII apprit la mort du poète et capitaine falaisien, Antoine de Montchrétien de Watteville.

M. Joly, doyen de la Faculté des lettres, et M. le comte de la Ferrière ont donné de très intéressants détails sur ce personnage dont la postérité conservera le nom. Né à Falaise en 1575, Montchrétien était fils d'un apothicaire de cette ville. Orphelin de jeune âge, il eut pour tuteur Bernier de Saint-André, qu'il attaqua plus tard pour une omission d'inventaire, et auquel il fit rendre mille livres.

Attaché aux jeunes seigneurs de Tournebu et des Essarts, dont il partageait les leçons et les exercices, il se forma vite au maniement des armes, ce qui ne l'empêcha pas, dans une querelle avec le baron de Gourville, d'être grièvement blessé et laissé pour mort ; mais, il poursuivit son adversaire en justice et obtint 12,000 livres de dommages. Sa facilité d'élocution le fit choisir comme avocat par une dame qui plaidait contre son mari ; il gagna le procès et épousa sa cliente devenue veuve.

Un autre duel l'ayant obligé à quitter la France, il se réfugia en Angleterre auprès du roi Jacques Ier qui lui accorda sa faveur et sa protection. Rentré en France il fit le commerce de couteaux et de lunettes ; mais son esprit aventureux ne pouvait se contenter d'une existence aussi monotone. Comme la poésie, la guerre avait pour lui un irrésistible attrait ; il se fit recommander par un ministre normand et fut offrir ses services aux religionnaires de Gien, de Sancerre et de Châtillon-sur-Loire, qui l'accueillirent avec empressement comme étant un homme *d'esprit, jugement et diligence.*

A la tête de 200 hommes, il entra dans Jargeau, puis dans Sancerre, où les protestants s'étaient donné rendez-vous et où ils se proposaient de harceler l'ennemi et de tenir vigoureusement ; mais leurs prévisions ne se réalisèrent pas. Le prince de Condé, avec 4,000 fantassins, 500 chevaux et 12 pièces de canon, arriva sous les murs de la place au sein de laquelle il s'était créé des intelligences et où la discorde commençait à régner. Il fit appeler Montchrétien, lui montra l'abîme creusé sous ses pas par la trahison et l'engagea vivement à capituler.

Le capitaine falaisien sortit de Sancerre le 21 mai 1621 ; mais, avec les 400 hommes qui lui restaient, il réussit à s'emparer de Sully et résista vaillamment aux efforts du marquis de Rosay, du comte de Saint-Paul et du maréchal de Vitry qui appelèrent à leur aide le prince de Condé et se rendirent enfin maîtres du terrain. A la fin de juillet, Montchrétien arrivait à la Rochelle, où son éloquence ranima le zèle des religionnaires, qui le chargèrent d'organiser la résistance en Normandie. L'assemblée des Eglises lui offrit le commandement d'un régiment qu'il devait lever dans cette province et lui donna cent commissions pour former des compagnies de chevau-légers.

Les protestants de Rouen, Dieppe, Caen, Falaise, Alençon, Domfront, Pontorson, etc., etc., qui n'attendaient qu'un chef et une occasion pour payer de leurs personnes ou fournir des chevaux et des subsides, reçurent avec enthousiasme les communications de Montchrétien, qui avait quitté la Rochelle et parcourait le pays en donnant rendez-vous à ses partisans pour le lundi 11 octobre, dans la forêt d'Andaine, où il comptait rassembler de cinq à six mille hommes, et où déjà quelques bandes devaient se trouver réunies.

Pendant ce temps, le duc de Longueville, gouverneur de Normandie, et le lieutenant général de Matignon recevaient l'ordre de désarmer les religionnaires de Caen, Falaise, Alençon, etc., pour empêcher leur jonction avec le capitaine Montchrétien.

Celui-ci, tout entier à son rôle de chef de parti, accompagné de six capitaines et de son valet de chambre, tous armés de pistolets et de carabines, arrivait aux Tourailles le 7 octobre 1621, vers neuf heures du soir, et descendait dans une hôtellerie de ce bourg, où il se fit servir. Cette hôtellerie, dit M. de la Ferrière, est encore debout.

Elle avait pour enseigne, dès le quinzième siècle, l'image de Saint-Martin, patron du lieu, et on y entrait par deux portes donnant, l'une sur le chemin du roi et l'autre sur le chemin de l'église. L'hôtelier ne tarda pas à concevoir des soupçons et fit prévenir secrètement Claude de Turgot, seigneur de la localité.

Enchanté de cette circonstance qui lui permettait de manifester son dévouement au roi, Turgot, suivi de quelques gentilshommes et de ses domestiques, auxquels il avait distribué des armes, vint cerner l'hôtellerie et somma les étrangers de se faire connaître. Montchrétien, désireux de ne pas compromettre le succès de son entreprise, déclara d'abord s'appeler Champeaux ; puis, quand il eut compris que ce pseudonyme ne lui réussissait pas, que son identité était reconnue et que sa vie était en danger, il anime les siens et engage le combat. Trois des compagnons de Turgot tombent frappés mortellement ; mais l'obscurité, l'ignorance des lieux et le nombre des adversaires devaient bientôt triompher de l'intrépidité du chef calviniste ; frappé de deux coups de pertuisane, l'un à la tête et l'autre au ventre, atteint en outre d'un coup de pistolet à l'épaule, il tomba dans la salle basse de l'hôtellerie pour ne plus se relever. Blessé à ses côtés, son valet fut fait prisonnier ; quant aux autres, ils avaient pris la fuite. Le corps de Montchrétién fut transporté à Domfront, où les juges ordonnèrent qu'il fût traîné sur la claie et que les membres fussent ensuite rompus et brûlés. Après cette barbare exécution, qui eut lieu le 12 octobre 1621, sur la place de la Brière, les cendres furent jetées au vent.

M. de Turgot, qui avait en toute hâte expédié des courriers au roi et à MM. de Longueville et de Matignon, reçut de vives félicitations. Les méritait-il ? Nous n'avons pas à répondre à cette question.

Ce qui est certain, c'est que dans le parti catholique on considéra la mort de Montchrétien comme un évènement de la plus haute importance, tellement son activité, sa valeur et son influence étaient généralement appréciées ; quant au parti protestant, il venait de faire une perte irréparable.

« Par sa mort, nous croyions être en repos en Normandie, disait Malherbe que la gloire poétique de Montchrétien froissait peut-être. »

Saint-Lazare, de son côté, s'exprime en ces termes : « La ruine du sieur de Watteville ruina tous les desseins de l'assemblée de la Rochelle, car tous ceux de la religion réformée de Normandie qui avaient reçu des commissions se gardèrent bien de les exécuter. » Et le *Mercure français* ajoute : « Ainsi, cette conspiration de 6,000 hommes, qui devait mettre le feu de la guerre civile en Normandie, s'est perdue à la seule mort de Montchrétien. » C'est assez faire l'éloge de notre célèbre concitoyen.

Montchrétien a composé six tragédies : *Sophonisbe*, *l'Ecossaise*, *les Lacènes*, *David*, *Aman et Hector* ; il n'avait que vingt ans quand il publia sa dernière. Elles ont été réimprimées cinq fois. La force de la pensée, la vigueur et la concision de l'expression forment leur caractère distinctif. Ce fécond écrivain, enlevé dans toute la force de son talent, fit paraître ensuite un recueil de poésies, un poème de *Suzanne*, des bergeries, une traduction des Psaumes de David et un Traité d'économie politique divisé en quatre livres. Son Histoire de Normandie, qui devait renfermer de précieux renseignements, n'a malheureusement pas vu le jour.

Un portrait de Montchrétien figure en tête de la première édition de ses œuvres ; il serait à souhaiter que la ville s'en procurât une copie et qu'elle donnât son nom à l'une de nos rues. « Les cheveux relevés droit, dit M. de la Ferrière, dégagent un front élevé et large ; la bouche est fine et surmontée par d'épaisses moustaches ; le nez long et aquilin ; l'œil grand et ouvert, les sourcils prononcés ; la barbe à la Henri IV et séparée par le milieu. L'esprit d'audace et d'aventure se lit sur ce beau visage. » Ajoutons aussi l'esprit lui-même dans la plus large acception du mot.

Montchrétien est, sans contredit, une de nos principales gloires falaisiennes ; il a eu l'honneur de précéder et de guider peut-être Corneille dans la sublime voie de la poésie classique, plaine immense où il faisait toujours marcher de front la vérité, la justice et la raison. Le premier président au Parlement de Rouen, Claude Groulard, le gouverneur de Caen, le prince de Condé et autres grands personnages ne lui refusèrent ni leur estime ni leur amitié qu'il partageait avec celles du vicomte de Falaise, Jean de Malfilâtre, sieur de Martimbosq, l'un des hommes les plus érudits de son temps, dont il avait dépeint la douleur amère dans un poème sur la mort de Mlle de Hélins.

Lorsqu'en 1622 les troupes royales assiégèrent Montpellier, dont les calvinistes s'étaient emparés sous Henri III, Jacques de Harcourt, notre gouverneur, qui, l'année précédente, s'était distingué aux sièges de Bergerac et de Saint-Jean-d'Angély, mit de nouveau à leur disposition ses talents militaires et son dévouement. A son départ, le poète falaisien Elis de Bons lui adressa une ode dont voici quelques strophes :

Que sert de vous voir si parfait,
Si la matière vous a fait
Comme les autres vulnérable,
Qui nous fait craindre ainsi pour vous
Que cette Parque inexorable
Qui rend la mort commune à tous,

Fallaize tremble à chaque fois
Que vous endossez le harnois,
Sa crainte ne peut se résoudre ;
Jugeant qu'aux martiaux hasards
Le canon peut réduire en poudre,
Celui qui défend ses remparts.
Etc., etc.

Ainsi moururent autrefois
Les de Harcourt de sous nos rois
Qui s'acquirent par leur vaillance
Et par leurs exploits généreux
Le renom des plus grands de France
Que vous aurez bientôt comme eux.

Les appréhensions du chantre de la famille d'Harcourt n'étaient que trop fondées. Pendant ce siège long et meurtrier, et dont sa valeur assura l'heureux dénouement, Jacques de Harcourt reçut quatorze blessures et mourut sous les murs de la ville, laissant de son mariage avec Eléonore Chabot de Saint-Gelais, une fille, Gillonne de Harcourt.

1622. — A Jacques de Harcourt nous voyons succéder Charles de Harcourt, chevalier de l'ordre du roi, comte de Beuvron et de Croisy. Le 11 avril

1609, il épousa Jacqueline d'O, dame du Fresne et de Vérigny, dont il n'eut pas d'enfants ; le soin de ses intérêts à Falaise était confié à M. Herpeney, sieur de la Masure.

Avant d'occuper les fonctions de gouverneur, Charles de Harcourt avait assisté aux sièges de Saint Jean-d'Angély et de Bergerac ; il s'était trouvé également sous les murs de Clérac, Tonneins, Sainte-Foy et Montauban, où il avait su se montrer digne du nom de ses ancêtres. On n'ignore pas que Montauban résista longtemps aux efforts des troupes royales et ne fut prise qu'en 1629.

Charles de Harcourt mourut en 1624.

1624. — Le marquis Guy d'Harcourt, baron de Sierry ou Sierray et de Beuvron, successeur de Charles, naquit le 19 décembre 1601 ; il entra d'abord dans les ordres et devint protonotaire apostolique et abbé commendataire du Maz-d'Azil. Mais son tempérament le portait vers la guerre, et bientôt il endossa la cuirasse et ceignit l'épée. A dix-huit ans, il s'était fait déjà une réputation de bravoure par son duel, aux portes de Falaise, avec Jacques de Marguerit, seigneur du Bû, prévôt général de Normandie ; et cette réputation devait bientôt, sur les champs de bataille, prendre un rapide et imposant essor. Les historiens de Falaise, nous écrit le savant docteur Pépin, n'ont pas assez insisté sur le rôle et les talents militaires du marquis d'Harcourt, dont la gloire, dans certaines circonstances, égala celle des plus grands capitaines.

En 1624, Louis XIII l'appela au gouvernement de Falaise en même temps que le cardinal de Richelieu prenait en main le pouvoir et se préparait à détruire les protestants, à abattre l'orgueil de la noblesse et à abaisser la maison d'Autriche. A son arrivée à

Falaise, le poète Elis de Bons célébra ainsi sa présence dans nos murs :

Baron, que votre bienvenue
Nous soit un soleil sur la nue
Qui dissipe de ses rayons
Les nuages de nos misères ;
Afin que sous vous nous soyons
Ce que nons étions sous vos frères.

Plantez vos lauriers près l'olive,
Le roi des abeilles arrive
Dans ses palais, chargé de miel ;
Ses escadrons portent la pique ;
Le chef, sans aiguillon ni fiel,
Régit son état monarchique.

Auguste vous en sert d'exemple :
Les Romains bâtirent un temple
A sa mémoire, où le pardon
Embrassait la miséricorde...
Baron, c'est avecque ce don
Q'on s'acquiert cela de concorde.
Etc., etc.

En 1627, le duel du marquis d'Harcourt avec François de Montmorency, baron de Bouteville, ancien gouverneur de Falaise, eut un grand retentissement en France, et ses résultats durent considérablement refroidir l'ardeur des duellistes que l'édit de Louis XIII, en 1625. n'avait pas corrigés.

Voici comment les mémoires de Marion Delorme racontent le fait :

François de Montmorency, qui comptait son vingt-deuxième duel, continuait toujours de tirer l'épée pour la cause la plus frivole. Obligé de fuir, il se retira en Flandre. Dans une rue de Bruges, il rencontra le marquis de Beuvron, qui lui reprocha d'avoir tué son cousin Thorigny sur la place royale, et l'informa qu'il rentrait en France, et qu'il comptait lui percer la poitrine au même endroit.

Bouteville accepta et jour fut pris pour le 12 mai. Ils se battirent trois contre trois sur la place royale entre deux et trois heures de l'après-midi, et Deschapelles, l'un des seconds de Bouteville, tua le comte de Bussy d'Amboise, second du marquis d'Harcourt. Une patrouille étant survenue, les combattants prirent la fuite, mais Bouteville et Deschapelles furent arrêtés à Vitry-le-Français, ramenés à la Conciergerie et condamnés à mort.

Le duc de Montmorency, cousin de Bouteville, et que le cardinal de Richelieu avait dépouillé de sa charge de grand amiral de France, courut se jeter aux pieds du puissant ministre pour obtenir la grâce de l'incorrigible duelliste. « Votre cousin sera décapité, répondit l'implacable Richelieu, et vous le serez aussi si vous continuez à mépriser mon pouvoir. »

Deux princesses du sang et Mesdames de Ventadour, de Montmorency et d'Angoulême firent également le plus pressant appel à la clémence du roi qui demeura inflexible.

Bouteville et Deschapelles subirent courageusement le dernier supplice le 21 juin 1627.

Cette exécution fit trembler la France dont Bouteville avait les sympathies ; mais elle courba la tête devant la volonté de Richelieu.

Plus heureux que son adversaire, le marquis d'Harcourt avait réussi à se soustraire aux poursuites et s'était réfugié dans sa place de Falaise. Mais ne se trouvant pas là suffisamment en sûreté, il prit le chemin de l'exil, attendit que l'orage fût calmé et revint bientôt mettre sa vaillante épée au service de son pays. Nous le trouvons en effet dans Casal, assiégé par les Espagnols en 1628, et nous l'y voyons mourir, le 3 novembre, tué dans une sortie. Son ami intime, M. de Gomberville, conseiller du roi, composa ainsi son épitaphe sur laquelle M. Pépin, l'infatigable chercheur, a bien voulu appeler notre attention :

Arrête, passant, et vois ce que peut la véritable
amitié ;
Elle renouvelle cet ancien prodige qui joignit
les vivants aux morts.
Et pour ne pas séparer deux parfaits amis que la
mort a séparés,
Elle les a tous deux enfermés dans ce tombeau.
Le grand Beuvron est le mort, et Basile
est le vivant.
Le premier repose après avoir perdu
glorieusement la vie,
et l'autre n'a point de repos pour ce qu'il n'est
que demi mort.

Passant,
Je n'ai rien à te dire davantage ;
ne demande point à ce marbre la haute
naissance, les vertus héroïques
et les miracles de cœur et d'esprit
de l'un de nos derniers héros,
demande les à la France !
demande les à l'Italie !
demande les à la Flandre !
Ce monument n'est pas un monument de gloire ;
C'est un monument d'amitié.
Pleure ces deux amis, et pour ta récompense
Jamais aucun ami ne te fasse pleurer.

1627-1628. — Le marquis Guy d'Harcourt fut remplacé au gouvernement de Falaise par Odet d'Harcourt, chevalier, comte de Cisay et de Croisy, marquis de la Motte, Harcourt, Thury, et baron de

Beuvron, Cesny, Grimbosq, etc. Né en 1604, et sixième fils de Gillonne de Matignon et de Pierre de Harcourt, il fut d'abord destiné à l'ordre de Malte où il se présenta devant le chapitre du grand prieuré de France séant au Temple, muni de son extrait baptistaire, légalisé par l'évêque, du mémorial de ses preuves contenant les extraits de titres justifiant de sa noblesse au-delà de cent ans, et du blason et des armes de sa famille peints sur vélin, avec ses émaux et couleurs. En 1627, Odet d'Harcourt fut nommé maître de camp d'un régiment d'infanterie, en 1628 gouverneur de Falaise, et en 1636, maréchal de camp. Ce fut le 29 septembre de cette année qu'il épousa Marie du Perrier, comtesse de Cisay et baronne d'Amfreville.

Lorsque Lous XIII mourut en 1643, un calme relatif régnait sur la Normandie ; mais des contributions énormes continuaient de peser sur le peuple et occasionnaient de sourdes rumeurs. A cette époque, le ministre falaisien, Jacques..., sieur du Clos, issu d'une famille protestante, abandonna les doctrines de Luther et de Calvin. Cédant aux conseils de pieux personnages, et se croyant éclairé par la lecture des œuvres des Pères de l'Eglise, il embrassa publiquement la religion catholique et fit imprimer à Caen, chez Pierre Poisson, les motifs de sa détermination.

En 1650-1654, Morin et Bouchard étaient ministres à Saint-Sylvain. L'un deux, le 15 juin 1653, baptisa le fils de Jean de Courcy, seigneur de Magny-la-Campagne et d'Anne d'Aumesnil. Le mari était fils de Roulland de Courcy, et d'Anne de Paulmier de Vendœuvres, et l'épouse, fille de Philippe d'Aumesnil, écuyer, sieur de Bretteville, et de Judith Asselin.

La régence d'Anne d'Autriche avec Mazarin et la

minorité de Louis XIV furent agitées par les troubles de la Fronde ou luttes de la noblesse et du Parlement contre la régente et son ministre ; elles furent aussi assombries par des guerres extérieures avec l'Empire et l'Espagne, guerres dans lesquelles Odet d'Harcourt put signaler sa valeur et sa fidélité. On voit, en effet, Louis XIV, qui avait atteint sa majorité en 1651, lui conférer le grade de lieutenant général de ses armées, en même temps que la noblesse du baillage de Caen le choisissait pour son député. Ce fut à lui qu'en 1658 François Chauvel dédia sa fameuse gravure de la foire de Guibray, dont la magnifique planche en cuivre est aujourd'hui entre les mains d'un Falaisien amateur.

Le comte de Croisy mourut la même année que Mazarin, le 9 novembre 1661 ; il n'était âgé que de 59 ans ; son corps fut déposé dans une chapelle du transept de l'église de la Visitation de Caen, rue des Capucins. C'est là qu'il repose avec sa femme Marie du Poirier, qu'il avait épousée le 29 septembre 1636. Elle était fille d'Adrien du Poirier, baron d'Amfreville.

De ce mariage naquit Gillonne-Marie-Julie de Harcourt qui, en 1651, épousa son cousin-germain Louis de Harcourt, et en 1662, un an après la mort de son père, obtint le remboursement de 4,500 livres pour les réparations du château pendant neuf années. Louis de Harcourt, devenu gouverneur de Falaise, et son épouse Gillonne, eurent un fils, Odet d'Harcourt, marquis de la Motte, qui naquit le 26 août 1656 au château de Thury, et mourut le 1er décembre 1664, âgé de 7 ans. Il repose aussi dans le caveau de la Visitation où sa mère fut peut-être elle-même inhumée.

Le lieutenant d'Odet de Harcourt au gouvernement de Falaise s'appelait Jacques Aupois, sieur du Parc, et exerçait encore cette fonction en 1669.

C'est lui que nous voyons le 25 mars 1660, déclarer devant les notaires de Falaise que, depuis 36 ans qu'il habitait le château, les religieux de l'abbaye de Saint-Jean lui avaient toujours administré les sacrements, à lui et à ses gens. Louis XIV, à ce moment, entrait en pleine possession de sa suprême autorité.

Ainsi que ses frères et prédécesseurs, le gouverneur Odet d'Harcourt fut chanté par Charles Elis de Bons :

Comte, l'amour, la bienveillance
Sont les deux sœurs de la vaillance ;
Les plus revêches citoyens
Qu'on lie à de si douces chaînes,
Au lieu de soupirer leurs peines,
Bénissent l'or de leurs liens,

C'est ainsi que dessous vos frères
En plaisirs passaient nos misères ;
Tous nos travaux étaient si doux
Que nous les regrettons encore ;
Si vous voulez qu'on vous adore
Arborez l'olivier chez nous.
Etc., etc.

Comme on peut le remarquer, le poète Elis était un philantrope animé des sentiments les plus sages et les plus pacifiques. Il a composé des odes, stances, sonnets et autres poésies qui ne brillent ni par la pensée ni par le style ; les éloges qui lui sont adressés dans le volume dont il est l'auteur par Fresné-Marguerit, le Houx, et Elis d'Aurigny, son frère, sont certainement exagérés. La bibliothèque de Falaise possède ce volume, imprimé à Rouen chez Jacques Cailloué, en 1628 ; les essais poétiques de François Elis d'Aurigny sont aussi sans valeur.

1661. — Fils de François d'Harcourt, qui ne figure pas parmi nos gouverneurs, et successeur de son oncle, le comte de Croisy, dont il était devenu le gendre en 1651 ou 1655 en épousant, avec dispense du pape, sa cousine-germaine, Gillonne-Marie-Julie, Louis de Harcourt, marquis de Thury et de la Motte, baron de Cesny, Grimbosq, Saint-Martin-de-Salen, Méry, Cléville, etc., était en 1652 lieutenant général de la compagnie des chevau-légers de la reine Anne d'Autriche, et prétendait avoir l'oriflamme.

En l'absence de plus amples renseignements sur ce gouverneur de Falaise, auprès duquel nous retrouvons encore le lieutenant Jacques Aupois, de Fresney-le-Puceux, revenons pour un instant aux protestants de notre contrée.

Dans une transaction de 1664, relative à des fenêtres ouvrant sur le jardin du Temple, figurent les noms de quelques familles falaisiennes appartenant à la religion réformée :

Louis-Jacques Fourneaux, apothicaire ; sa fille, Elisabeth, nièce de Jacques du Merle, écuyer, sieur de Grandchamp, capitaine d'une compagnie de gens d'armes de la garde du roi, épousa en 1667 Michel Sinard, fils d'un apothicaire de Condé-sur-Noireau ;

Jacques Angot, sieur de la Noë ;

Jacques Fierville ;

Jacques Levavasseur, sieur du Manoir ;

Jean Fierville, chirurgien ;

Philippe Filleul ;

Pierre Angot ;

Pierre Davois ;

Jean-Antoine Levavasseur, médecin ;

Jacques Hauton ;

Joseph et Abraham Bacon, etc., etc.

Le 27 juin 1668, un arrêt du Parlement de Rouen annula une donation faite douze ans auparavant par

Françoise des Buats, au profit des réformés exerçant leur culte à Guibray, et pour subvenir aux besoins des ministres et des pauvres. Le lieutenant à Falaise du bailli de Caen avait validé cette donation très régulière.

En 1669, M. de la Croix, ministre de l'église réformée de Saint-Sylvain, baptisa le fils de Henri de Neufville, seigneur d'Ernes, et de noble dame Suzanne du Chapelet. Ce fut Michel Moisson, l'un des anciens de ladite église, qui, cette année, apporta au greffe du bailli d'Alençon, au siège de Saint-Sylvain, le registre de l'état civil qu'y déposèrent plus tard Philippe d'Aumesnil, écuyer, et Fergant, greffier. En 1684, M. de la Croix était encore ministre à Saint-Sylvain.

Le 13 octobre 1671 eut lieu à Rénémesnil, en présence du ministre Huprix, l'inhumation de Pierre Besnard, écuyer, sieur de Rénémesnil, conseiller du roi, lieutenant général de M. le vicomte de Saint-Sylvain. Les paroisses de Saint-Martin-des-Bois et de Mezières comptaient aussi un certain nombre de protestants. Le 23 juin 1672, nous voyons Anne Osmond, femme de David de la Noë, ministre de Falaise, assister avec Louis de la Noë au baptême du fils de Jacques Osmond, écuyer, sieur de la Rochelle. David de la Noë était déjà ministre en 1667.

A un synode tenu à Condé-sur-Noireau le 6 juin 1674, la classe de Falaise fut représentée par le ministre de la Noë, celle de Saint-Sylvain par le pasteur de la Croix, et celle de Saint-Pierre-sur-Dives par M. du Mesnil.

A cette époque, la noblesse de Falaise et des environs pouvait encore mettre sur pied plus de 1,500 gentilshommes qui formaient cinq compagnies dont M. de Turgot, des Tourailles, était colonel. L'une de ces cinq compagnies de la noblesse de l'élection de

Falaise était commandée par Etienne de Vanembras et ne comptait pas moins de 300 gentilshommes ; elle était la plus belle et la mieux montée du bailliage. Le 18 juin 1674, M. de Turgot, ayant sous ses ordres le baron du Repas, le marquis de Rabodanges, le marquis de Saint-Germain, le marquis de la Luzerne et le seigneur de Ségrie, passa ces cinq compagnies en revue sur la bruyère de Noron. C'était au moment où l'Espagne, l'empereur et l'électeur de Brandebourg se liguaient contre la puissance de Louis XIV et nous préparaient de nouveaux succès en Franche-Comté.

Jusqu'à quelle époque Louis d'Harcourt resta-t-il gouverneur de Falaise ? Nous l'ignorons ; nous croyons seulement qu'il se retira en son château de Thury, au pays de Caux, où il mourut au mois de juin 1719, âgé de 104 ans 3 mois et 9 jours. Dans la propriété d'un habitant de Falaise, située lieu du Moulin-Hélie, nous avons découvert des débris de pierre tombale, formant marches d'escalier, sur lesquels on peut lire encore qu'un gouverneur de Falaise, brave au combat et conciliant dans l'administration, mourut en 1674.

Le morceau portant le nom n'a pas été retrouvé ; mais nous pensons que cette inscription pourrait peut-être s'appliquer à messire Achille de Morell, marquis de Putanges, qui devint aussi gouverneur de Mortagne.

Avant 1683. — Dans son histoire de la famille de Grancey. M. Victor des Diguères rapporte qu'Antoine-Achille de Morell, appelé aussi Noël de Morell, marquis de Putanges, Sainte-Croix, Barou, etc., fils de messire Achille de Morell, susnommé, chevalier, seigneur et marquis de Putanges, brigadier des armées du roi, capitaine au régiment des gardes françaises, gouverneur de Mortagne, et de haute et puissante dame Marie Ollier, était gouverneur de Falaise, succédant sans doute à son père. Marie Ollier, lors de son veuvage en 1674, ayant la garde-noble de ses enfants mineurs, avait affermé à Pierre Leclerc, sieur de Launay, bourgeois de Falaise, la tierce partie du greffe de la vicomté ancienne de Falaise, mairie dudit lieu, sénéchaussée de Guibray, vicomtés de Saint-Pierre-sur-Dives, Briouze et Meheudin, moyennant 600 livres tournois par an.

Par contrat en date du 25 juin 1683, Antoine épousa Henriette-Léonore Rouxel de Médavy, née en 1660, fille de Pierre II de Grancey et d'Henriette de la Pallu-Bouligneux. La bénédiction nuptiale eut lieu dans le château de Médavy, et le *Mercure galant* rendit compte des fêtes splendides de ce mariage. De Médavy, les époux se rendirent à Argentan, où ils dînèrent chez la marquise de Grancey, qui les reconduisit ensuite jusqu'à Falaise.

Le chevalier de Corday, lieutenant du château, se porta à leur rencontre, accompagné d'un gros escadron de cavalerie et de 2,000 bourgeois sous les armes, avec tambours, fifres et hautbois. Puis, cette troupe se rangea en bataille dans la place du château et défila devant la famille après avoir fait une décharge de mousqueterie, canons, mortiers et boîtes. La nouvelle mariée reçut les compliments du clergé, par M. Gabriel Corbet, curé de la Trinité ; du corps de ville, par le vicomte-maire ; du baillage par M. de Noirville, lieutenant général ; de M. de Saint-Basile, président, et de toutes les communautés religieuses représentées par leurs supérieurs. La soirée se termina par un magnifique régal, et le vin ne fut pas épargné à la population. La danse seule fut exclue de la fête.

Le marquis de Putanges eut quatre fils de son union avec Mlle de Grancey. Un seul, messire Hardouin-Théodore de Morell, marquis de Putanges, brigadier des armées du roi, survécut et hérita de la terre d'Yvoy-en-Berry, faisant partie de la succession de Marie Ollier, sa grand'mère.

A cette époque le protestantisme était en décadence. Déjà, en 1679, un grand nombre de temples avaient été démolis, et lorsqu'en 1685 Louis XIV eut impolitiquement révoqué l'édit de Nantes, on vit un grand nombre de familles réformées s'expatrier, emportant avec elles le secret de leurs industries dont l'étranger profita à notre détriment; puis les pamphlets et les châtiments recommencèrent à pleuvoir sur ces malheureux religionnaires pour lesquels toute espérance de paix et de prospérité devait être éteinte jusqu'en 1789. Ainsi on vit un poète de la Carneille, le sieur des Iles-le-Bas, perdre son temps à rédiger une pauvre satire contre les protestants. Cette satire était intitulée les *Huts*. Dans son manuscrit, M. de Brossard explique ainsi cette qualification :

« Il était arrivé au prêche de Falaise que le ministre avait prêché sur le miracle de la multiplication des pains d'orge et des cinq poissons, et qu'il avait dit que chaque pain pouvait être gros comme le temple où il prêchait, et chaque poisson plus grand que baleine. A quoi un des assistants avait dit : hust. Sur ce, le ministre s'était fâché et avait répondu que hust était un démenti, et il avait quitté la chaire. Aussi, depuis ce moment, quand on voyait un huguenot, on criait : hust. »

Les protestants de Falaise évitaient avec soin de donner prise à toute espèce de répression ; mais la persécution devait néanmoins les atteindre. A défaut d'autre motif, on incrimina en 1684 un sermon du ministre Cairon, qui n'avait cependant rien de blâmable, et l'autorité ordonna la suppression du culte et la fermeture du temple. On voit, en effet, qu'après la révocation de l'édit de Nantes, le temple fut vendu et transporté, par ordre du roi, au bénéfice de l'Hôtel-Dieu.

L'adjudication eut lieu, en 1686, en faveur d'un sieur Beaumais ; il était à cette époque situé à Saint-Laurent, car nous lisons dans un vieux titre qu'en 1687, devant Jean Auber et François Laugeois, notaires garde-notes à Basoches, Georges Voisin, de Falaise, demeurant à Argentan, vendit à Nicolas Verrier, de Falaise, une maison sise à Saint-Laurent, jouxtant d'un côté la cour ou jardin du prêche, etc. Le cimetière des protestants fut aussi, dit-on, donné à l'Hôtel-Dieu qui le transforma en jardin. Il est situé sur le chemin de la Tour Grise, à Guibray, à l'angle de la rue conduisant à la place Saint-Michel.

Dès le 1er mars 1683, deux arrêts du conseil d'Etat avaient ordonné la démolition des temples de Crocy et de Fontaines. A Crocy, le protestantisme était observé avec une foi, un respect et une résignation dignes de nos martyrs ; aussi, M. de Pommereu, intendant de la généralité d'Alençon, se montra-t-il pour ces pauvres religionnaires d'une sévérité que nous ne saurions approuver.

Il condamna Salomon et Daniel B... et Benjamin G... aux galères perpétuelles ; Suzanne C... à faire amende honorable, la torche au poing et la corde au cou, devant les portes de l'église Notre-Dame d'Alençon et de la chapelle des nouvelles converties de cette ville, et là, à demander pardon à Dieu et au roi du crime de relapse, à être en outre battue de verges par trois jours de marchés dans les carrefours et lieux accoutumés de la ville, enfin à garder son ban sous peine de la hart; Madelaine P... au bannissement, etc., tous comme convaincus d'avoir assisté à une assemblée réunie à Crocy dans l'étable du sieur P... et d'y avoir fait l'exercice du culte de la R. P. R. Le même jugement condamnait aussi par contumace le ministre qui tenait l'assemblée, à être pendu et étranglé *jusqu'à ce que mort s'en suive.*

Nous aimons à penser que si le pasteur eût été présent, les juges n'auraient pas prononcé une aussi terrible condamnation; on voulait épouvanter les protestants et les forcer à se convertir. Des peines sévères furent encore infligées à un certain nombre d'habitants de cette énergique paroisse. Falaise eut aussi ses quelques victimes d'une intolérance qui n'observait plus de ménagements.

Aussi vit-on les conversions s'opérer peu à peu jusque vers la fin du XVIIIe siècle, soit dans les maisons de nouveaux catholiques, soit dans les prisons et dans nos hôpitaux où les parents et enfants étaient enfermés jusqu'à abjuration, et d'où les uns réussissaient parfois à s'échapper, sauf à être poursuivis et réincarcérés par la maréchaussée. Un mémoire des curés du doyenné de Falaise contre les religionnaires motivait encore en 1741 plusieurs arrestations sur lesquelles nous ne croyons pas devoir nous étendre davantage.

Les descendants de ces familles si arbitrairement inquiétées sont très honorablement connus dans notre pays.

Pendant le gouvernement d'Antoine de Morell, que nous avons un peu perdu de vue pour clore notre trop court récit relatif aux protestants, nous voyons la noblesse de Falaise continuer ses revues et se tenir toujours prête pour le service du roi. A ce sujet nous lisons dans les mémoires de Dunot de Saint-Maclou :

« Nous, capitaine, commandant une compagnie de gentilshommes de Falaise, avons donné le présent ordre, à nous envoyé, au sieur de Saint-Maclou afin qu'il se trouve lundi 28 de mars sur les *brières* de Noron, près Falaise, monté sur le même cheval sur lequel il a fait le service à Cherbourg, selon le commandement de M. de Matignon, chevalier des ordres du roi et gouverneur de Normandie.

« Ce 23 mars 1689. Signé : DE VIETTE. »

Puis : « Nous, Alexandre Salles ou Sallet, chevalier, seigneur du Repas, colonel de la noblesse du bailliage de Caen et commandant le détachement des gentilshommes de Falaise et de Vire, attestons que Nicolas Dunot, sieur de Saint-Maclou, sert dans notre détachement. En foi de quoi, etc.

« Fait à Saint-Lo, le premier jour de juillet 1689.

« Signé : DU REPAS-SALLET. »

Enfin, le 18 mai 1691, le marquis de Dampierre-Longaulnay, commandant la noblesse du bailliage de Caen, certifiait, étant au Pont-d'Ouilly, qu'Adrien Dunot, écuyer, sieur de la Donnerie, servait dans la compagnie des gentilshommes de Falaise. La même année, Réné de Montreuil, chevalier, seigneur de la Chaux, capitaine commandant le détachement des gentilshommes de Falaise et de Vire, pour l'arrière-ban, délivrait un certificat semblable à Adrien de Saint-Maclou.

En 1696, un édit supprima les anciens gouvernements dont le roi accordait les provisions sans appointements ni gages, et en créa de nouveaux. Celui de Falaise se trouva compris dans cette réforme, et Antoine de Morell, marquis de Putanges, dut alors, vers cette époque, d'après une lettre de l'intendant d'Alençon au garde des sceaux, racheter ce nouveau gouvernement à finances moyennant la somme de 10,000 livres. A sa mort, dit encore la même correspondance, son fils Hardouin-Thérèse ou Théodose de Morell, aussi marquis de Putanges, obtint le gouvernement par droit de succession avant 1704.

En 1702, les Anglais ayant tenté une descente sur les côtes de Normandie, la noblesse prit les armes, et un régiment de Falaisiens, après avoir inscrit le nom de la ville sur son drapeau, rejoignit le maréchal de Matignon qui était chargé de repousser l'ennemi. L'Anglais ne débarqua point et les troupes furent licenciées ; mais elles donnèrent dans cette circonstance un nouvel exemple de patriotisme et de dévouement.

Nous voyons, en 1704, le gouverneur messire Hardouin de Morell de Putanges nommer Jacques Vallée, bourgeois de Falaise, lieutenant ou garde du château, avec mission d'exécuter ses ordres et ceux du roi. Il vendit ensuite sa charge à son parent, Marc-Antoine de Morell, comte d'Aubigny, et nous le retrouvons gouverneur de Péronne depuis le 24 juin 1748 jusqu'au 24 juin 1762.

1709. — La vente du gouvernement de Falaise eut lieu le 2 juin 1709 devant les notaires du Chatelet à Paris, où se trouvaient à ce moment le marquis de Putanges et le comte d'Aubigny, le premier chez le comte de Médavy, et le second à l'hôtel de Chastillon ; leurs résidences habituelles étaient Putanges et Aubigny.

Cette vente comprenait en outre le château, les maisons, cours, jardins, fossés, gages de 400 livres et un minot de sel, redevances et fiefs divers, places vagues, moulin foulon, l'étang du château, le petit logis, les prés de l'étang, rentes en argent, chapons, poulets, chandelle, bougie, sucre, moulin à blé derrière le château acheté du roi en 1689 et affermé au sieur Chauvel, et en une part des greffes des vicomtés de Falaise, Briouze, Saint-Pierre-sur-Dives et Meheudin.

Le tout moyennant 26,000 livres dont partie devait servir au paiement annuel par M. d'Aubigny d'une rente de 200 livres à M. Charpentier, maître des comptes, et de 250 livres aux religieuses de Sainte-Clair d'Argentan.

Parmi les débiteurs des rentes transportées se trouvaient MM. Alexis de la Roche, de Noirville, François Chennevières, Guillaume Jarry, de la Fresnaye, Guillaume de Montville et autres.

Notons qu'à cette époque la chandelle valait six sous la livre,

Les chapons 10 sous la pièce,

Les poulets 5 sous,

La bougie 30 sous la livre,

Et le sucre 15 sous.

Marc-Antoine de Morell, comte et patron d'Aubigny, marquis de Neuvillette, seigneur de Saint-Pierre, Saint-Loup, Soulangy et Tassilly, considérant son gouvernement comme héréditaire. dépensa personnellement, toujours d'après la lettre de l'intendant d'Alençon, 14 ou 15,000 livres pour restaurer les appartements du château, qu'il habitait, et qui se trouvaient dans le plus mauvais état. Ces frais considérables et ces améliorations importantes n'empêchèrent pas Louis XV, en 1722, la septième année de son règne, de supprimer encore le gouvernement de Falaise sur la tête du comte d'Aubigny et de le créer de nouveau.

Le comte d'Aubigny, ne croyant pas devoir laisser un étranger profiter des restaurations coûteuses qu'il avait entreprises, racheta une seconde fois son office pour le prix de 33,000 livres, au moyen duquel il lui fut accordé de nouvelles provisions pour trois années, avec honneurs, prérogatives et logement dans le château, mais sans appointements. Ses dernières lettres de provision lui furent adressées en 1726.

Marc-Antoine de Morell mourut fort âgé et revêtu encore de cette fonction qu'il avait remplie avec distinction. Il laissa, de Jeanne de Marguerit, veuve du marquis de la Luzerne, deux fils dont l'un, l'aîné, était capitaine très estimé au régiment de dragons de Condé, et le cadet chevalier de Malte. Ce fut l'aîné qui lui succéda au gouvernement de Falaise peu de temps avant sa mort; de sorte que la fin de son existence, indiquée en l'année 1724 dans la première édition de notre *Notice sur Aubigny*, serait le résultat d'une erreur que l'inscription tombale a fait commettre.

1732. — Jean-Marc-Antoine de Morell, marquis et seigneur d'Aubigny, St-Loup, Soulangy, Tassilly, Rouvres, Saint-Laurent-de-Vaston, Fourneaux et Yvoy-le-Pré, en Berry, naquit à Falaise le 22 octobre 1700. Il fit ses études au collège des jésuites à Paris et obtint son brevet de capitaine de dragons au régiment de Condé le 11 janvier 1719.

A la mort de son père, le marquis d'Aubigny présenta un placet à M. le comte de Lévignen, intendant de la généralité d'Alençon, pour obtenir la grâce de devenir titulaire du gouvernement paternel. L'intendant en référa au garde des sceaux en spécifiant que ce gouvernement était sans gages et appointements, que M. d'Aubigny, père, avait fait dans le château des dépenses considérables, et qu'il y aurait justice à accueillir favorablement la supplique de son fils, d'autant plus que ce dernier, par ses *gros biens*, était en mesure de disposer des ressources nécessaires pour le parfait exercice de cette fonction.

Le roi fit droit à cette demande, et, le 1er mars 1732, le marquis d'Aubigny recevait ses lettres de provision ainsi conçues :

« Louis, par la grâce de Dieu, etc.

« La charge de gouverneur des ville et château de Falaise étant vacante par le décès du sieur Marc-Antoine Morell d'Aubigny, et étant nécessaire d'y pourvoir, nous avons cru ne pouvoir faire un meilleur choix que de la personne du sieur Jean-Marc-Antoine Morell d'Aubigny, capitaine de dragons au régiment de Condé ; bien informé de sa valeur et expérience, de son zèle, fidélité et affection à notre service ; persuadé qu'à l'exemple du sieur d'Aubigny, son père, il nous servira utilement....

« Nous avons audit sieur d'Aubigny donné et octroyé, et par ces présentes, signées de notre main, donnons et octroyons ladite charge de gouverneur des ville et château de Falaise, pour pendant 3 années l'avoir, tenir, exercer, en jouir et user avec honneurs, autorités, prérogatives, prééminences, franchises, libertés, pouvoirs, droits accoutumés, tels et semblables que ledit feu sieur d'Aubigny en a ci-devant joui et dû jouir, avec pouvoir de commander, sous l'autorité du gouverneur et notre lieutenant général en notre province de Normandie, tant aux habitants de ladite ville de Falaise qu'aux gens de guerre qui y sont et seront ci-après en garnison, et dans ledit château faire tout ce qui sera nécessaire pour le bien de notre service et la conservation de ladite place sous notre obéissance, etc., etc.

« Donné à Versailles le 1er jour du mois de mars 1732. »

Le 4 avril suivant, M. d'Aubigny prêtait serment entre les mains du garde des sceaux, et le mercredi 15 juillet de la même année il faisait son entrée dans Falaise.

A cette époque, un sieur Faucon, capitaine au régiment de Limousin, avait chargé un de ses soldats les plus intelligents de faire recrue à Falaise. Ce soldat entra en pourparlers avec un sieur Malines, et lui proposa 100 livres sur 200 que Malines demandait; enfin tous deux s'entendirent pour 120 livres; mais pendant que le recruteur était à chercher cette somme, Malines réfléchit et changea d'avis. Le capitaine Faucon prétendit que Malines était bien engagé; mais l'intendant d'Alençon, consulté à ce sujet, répondit que l'engagement était nul.

Dans cette même année 1732, nous voyons M. Dutellier, lieutenant de la compagnie du capitaine de Saint-Hilaire, au bataillon de la milice de Falaise, demander à être relevé de ses fonctions. Avant M. de Saint-Hilaire, l'emploi de capitaine était rempli par M. du Boulay.

En juillet 1733, deux compagnies du régiment de Saint-Simon étaient en quartier à Falaise, et deux cavaliers de ce corps furent accusés d'avoir assassiné à coups de couteau, un sieur Rose, de la paroisse de Breteuil.

Rappelons encore que MM. de Saint-Cyr, de Bois-Bénard et de Beaurepaire étaient lieutenants au bataillon de la milice falaisienne; que deux compagnies de cavaliers du régiment Royal-Allemand tenaient garnison à Falaise, et que le 4 août 1733, l'intendant d'Alençon reçut l'ordre de faire partir pour Cambray le bataillon de la milice de Falaise, dans le but, pensons-nous, de porter secours au beau-père de Louis XV, Stanislas Leczinski, roi de Pologne. Il paraît que les brigades de maréchaussée escortèrent nos miliciens pour éviter des désertions ou des désordres qui, sans doute, n'étaient pas à redouter.

En diverses circonstances, Jean-Marc-Antoine d'Aubigny, dont l'un des gardes ou lieutenants fut M. Jacques-André Benoist, s'était attribué le droit de nommer les officiers de la milice bourgeoise, disant que le marquis de Putanges et son père l'avaient constamment exercé. Les maires et échevins de la ville s'opposèrent à cet empiètement, d'accord avec l'intendant d'Alençon, qui tenait à ce que les attributions de chacun fussent scrupuleusement définies.

En effet, des édits de 1692 et du 16 novembre 1694 rappelaient que le droit de nomination des officiers de la milice bourgeoise appartenait, de temps immémorial, à titres onéreux, aux villes et communautés qui payaient pour l'exercice de ce droit une somme de 600 livres pour un capitaine et de 400 livres pour un lieutenant.

A l'appui de la réclamation des autorités falaisiennes, l'intendant ajoutait :

Que l'édit de création des gouverneurs héréditaires de 1696 attribuait seulement à ces gouverneurs le droit de prendre place dans toutes les assemblées publiques, soit à la tête des officiers de justice ou des corps de ville, à leur choix, de commander la milice bourgeoise et de donner des ordres aux colonels-majors et capitaines dont ils auraient reçu le serment, d'allumer les feux de joie à la tête du corps de ville, etc., etc. ;

Que les prisonniers envoyés à Falaise dans les dernières guerres n'avaient été gardés ni par M. de Putanges, ni par M. d'Aubigny, père, mais bien par les maire et échevins, à qui le soin en avait été confié, et qui les firent surveiller par les compagnies de milice bourgeoise sous les ordres de leurs officiers ;

Que si les prédécesseurs de M. d'Aubigny fils

avaient exercé ce droit, c'était par pure complaisance de l'administration municipale ;

Enfin, que la prétention de ce gouverneur à élire les officiers était dénuée de fondement, et qu'il avait seulement le droit de commander la milice nationale pour le service du roi. En 1743, Achille Hardouin de Morell. chevalier d'Aubigny, habitait le château de Falaise pendant le gouvernement de Jean-Marc-Antoine de Morell.

Dans une notice sur la commune d'Aubigny, nous avons fait connaître les diverses affaires dans lesquelles notre brave concitoyen, M. d'Aubigny, signala sa valeur et sa tactique, et particulièrement celle de Saint-Cast contre les Anglais en 1758, qui lui valut le grade de lieutenant général des armées, le titre de commandeur de l'ordre royal et militaire de Saint-Louis, et la dénomination, par le peuple, de : grand comte d'Aubigny ; le titre de comte lui appartenait depuis la mort de son père. Nous ne reviendrons pas sur ces faits assez longuement décrits et dont notre antique et glorieuse cité doit, à juste titre, être fière.

Le comte Jean-Marc-Antoine de Morell avait épousé Mlle Marguerite-Victoire de Marguerit de Saint-Pavin. Leur union que forma une longue chaîne d'incidents pittoresques a fait battre plus d'un cœur jeune et sensible. De ce mariage naquit un fils, Jules-Marc-Antoine, qui devint maréchal des camps et armées du roi et chevalier de Saint-Louis.

Un acte de vente, de 1772, nous montre notre héros, habitant tantôt son hôtel de la paroisse Saint-Gervais, tantôt son château d'Aubigny, et aussi les bâtiments du château de Falaise qui restèrent jusqu'à la Révolution à la disposition de son fils, le vaillant Jules-Marc-Antoine, et de son petit-fils,

Marc-Antoine de Morell, dont la notice sur Aubigny et notre brochure sur la mairie et commune de Falaise nous rappellent l'energie, les bienfaits et les services pendant la période à la fois patriotique et douloureuse de la Révolution.

Le grand comte mourut le 1er mars 1777, trois ans après l'avènement de Louis XVI ; il avait, pendant soixante années, servi la France avec un dévouement à toute épreuve, et l'histoire militaire de Falaise finit avec lui.

Avant de terminer ce récit historique, nous croyons devoir placer sous les yeux de nos lecteurs quelques renseignements recueillis dans les archives du Calvados et de l'Orne, et relatifs à l'administrotion militaire, depuis 1727 jusqu'en 1789 :

1727. — Le bataillon de Grenedan, des milices de Bretagne, part de Falaise pour la Bretagne par Condé-sur-Noireau. Mortain, Saint-James, etc.

1732. — La compagnie Charnel, de l'hôtel des Invalides, se rend de Falaise en Bretagne.

1746. — Le régiment de Lally va de Falaise à Caen.

Le régiment de Berwich, de Falaise à Bayeux.

Réclamation de Thomas, concierge des prisons de Falaise, exposant que les officiers du régiment Royal-Vaisseaux font sortir de prison leurs soldats sans lui payer les 26 sols 6 deniers qui lui sont dus.

1747. — Des cavaliers du régiment de Fitz-James se rendent de Falaise à Avranches.

Désaccord entre M. d'Aubigny, lieutenant-colonel du régiment de dragons d'Egmont, et de M. de Bois-Hébert de Villaunay, lieutenant au régiment de Vermandois, au sujet du sieur Gourdel, fils du président au présidial de Falaise.

1748. — Le régiment d'infanterie de la Couronne, en garnison à Falaise et à Argentan, reçoit l'ordre de partir pour la Flandre. Le chirurgien de ce régiment s'appelait Antona.

1749. — Ordre du roi pour délivrer 60 livres de poudre à chacun des escadrons des régiments de cavalerie de Talleyrand et de Lusignan, en garnison à Falaise.

1753. — Délivrance de 120 livres de poudre à chacun des régiments de Conti, Berry et Bussy-Lameth, en quartier à Falaise, Nogent-le-Retrou et Orbec.

Procès-verbal de visite du magasin de Falaise établi pour le dépôt d'armes, effets d'habillement et d'équipement du bataillon de milice de cette subdélégation.

1755. — Des compagnies de Dagay et de la Monneraye passent par Falaise pour aller en Bretagne.

Besnard, concierge des prisons de Falaise, se plaint de ce que le sieur Turquetil, capitaine d'une compagnie nouvelle du régiment de la Fère, refuse de payer les droits de geôlage pour les soldats qu'il fait mettre en prison.

Demande d'élargissement du sieur Dubuisson, soldat de la compagnie d'Aubonne, au régiment des gardes françaises, détenu dans les prisons de Coutances, à l'occasion de l'homicide qu'il a commis à Avranches sur le sieur Gourdel, de Falaise, et pour lequel il a obtenu des lettres de grâce.

1756. — 300 hommes de recrues vont de Falaise à Avranches.

Lormelée, greffier en chef du baillage, et Lechoix, greffier de l'hôtel de ville. se plaignent d'insultes à eux adressées par le sieur Morizot, capitaine au régiment d'Enghien.

1758. — Le régiment de Bulkeley part de Falaise pour Valognes, par Caen, Bayeux, etc.

Le premier bataillon de Limousin traverse Falaise, venant de Coutances et se rendant à Alençon.

1759. — 200 canonniers de la brigade de la Pelleterie se rendent de Falaise en Bretagne.

1760. — Le régiment de Chartres va de Falaise à Caen où il doit attendre les ordres du duc d'Harcourt, commandant en Normandie.

1761. — Le régiment d'infanterie d'Eu se rend de Falaise à Caen.

La compagnie de du Bourguet (marine), avec un capitaine d'armes, 3 sergents, 4 caporaux, un tambour, un fifre et 42 soldats, venant du Havre, séjourne à Falaise et de là se rend à Brest.

Les premier et deuxième bataillons du régiment d'infanterie de marine se rendent de Falaise en Bretagne.

1762. — Le régiment de grenadiers royaux va aussi de Falaise en Bretagne.

Un détachement de 50 hommes de la batterie de Beausire suit le même itinéraire.

Jean-François Lesassier de Survllle, devient colonel de la milice bourgeoise.

1763. — Le régiment Colonel-Général-Dragons part de Falaise pour Caen.

1764. — Des escadrons du régiment d'Autichamp, en quartier à Verneuil et à Nogent-le-Rotrou, reçoivent l'ordre de venir à Falaise. Le geôlier Besnard se plaint du refus du sieur de Flavigny, capitaine, commandant les quatre compagnies de ce régiment, de lui payer le droit de geôlage pour les dragons emprisonnés.

1765. — Le régiment d'infanterie de Berry part de Falaise pour la Bretagne.

1766. — La compagnie invalide de Courcelles, *idem*.

1767. — Revue des brigades de maréchaussée de Falaise.

1769. — Départ de Falaise pour Schelestadt du régiment Royal-Cavalerie.

Le régiment d'infanterie d'Artois se rend de Falaise en Bretagne.

Le régiment de dragons d'Orléans, rassemblé à Saint-Lô, vient à Falaise.

1769-70-71. — Dépense du casernement du régiment d'Orléans en garnison à Falaise.

1770. — 95 hommes de recrues du 2e bataillon du régiment de Limousin arrivent à Falaise.

1773. — Revue à Falaise du régiment provincial

d'Argentan, et conseil de guerre y assemblé pour le jugement d'un soldat provincial.

1774. — Le régiment de cavalerie de Roussillon quitte Falaise pour aller à Fougères.

1776. — Le régiment de dragons de Condé de cinq escadrons reçoit la même destination.

1777. — Deux bataillons du régiment de Bresse partent de Falaise pour Antrain, en Bretagne.

1778. — Le régiment de dragons à pied de la reine se rend de Falaise à Caen.
Le régiment d'infanterie suisse de Castella va de Falaise à Avranches.
Inventaire des fourrages et ustensiles existant dans les magasins du régiment de Monsieur-Dragons, en garnison à Falaise.

1779. — Un détachement de dragons de Noailles vient d'Antrain à Falaise.

1780. — Le régiment de dragons de Penthièvre part de Falaise pour Bayeux.

1781. — Le régiment de Bourbon-Dragons quitte Falaise pour aller à Antrain.

1785. — Etat de ce qui est dû à la ville pour fournitures de lits à la remonte du régiment de Chartres.

1788. — Enfin, dépense pour le casernement de deux compagnies du régiment d'Artois, détachées à Falaise.

Dans sa statistique monumentale du Calvados, l'illustre M. de Caumont dit que le château et la terre de Vaux-la-Campagne furent achetés en 1804 par M. Rioult d'Avenay, chevalier de Saint-Louis, ancien gouverneur des ville et château de Falaise. Il est possible que ce personnage ait été lieutenant du château sous les ordres d'un d'Aubigny, mais nous ne le voyons nulle part figurer comme gouverneur de Falaise.

FORTIFICATIONS

Bâtie par des géants sur sa roche escarpée, la vieille forteresse falaisienne, heureusement classée aujourd'hui parmi les monuments historiques pour la conservation de ses ruines imposantes, fait encore après de longs siècles d'existence l'admiration des archéologues, et comme un historien d'autant plus fidèle qu'il a été témoin des faits, rappelle sans cesse à nos sens fascinés les merveilleuses épopées du passé.

Gloire à ces habiles architectes du moyen âge qui, bien qu'admirablement secondés par la nature, n'en firent pas moins des prodiges de force herculéenne et de haute intelligence défensive en opposant ce rempart aussi mystérieux que redoutable aux invasions de l'ennemi.

L'enceinte religieuse des prêtres gaulois se transforme successivement en un camp fortifié défendu par des précipices, de hautes murailles, des étangs et des fossés. Les donjons carrés s'élèvent majestueux et menaçants, et se remplissent d'hommes d'armes. Autour, vient se grouper une population qui, si elle a besoin d'appui, peut également prêter un concours efficace à la défense du pays.

La ville se forme, des rues s'ouvrent, resserrées entre d'épaisses murailles flanquées de tours cintrées, et dissimulant sous les pas d'envahisseurs possibles de vastes souterrains correspondants, suprême espérance des assiégés. Des portes sont ménagées dans ces murs, munies de herses et de ponts-levis, et assistées d'une double tour formidable d'où les signaux renseignent le donjon, de concert avec les veilleurs des clochers de St-Gervais et de la Trinité.

Ouvrages avancés, cavaliers, barbacanes, poternes, remparts, chemins de rondes, casernes, casemates, courtines, meurtrières, machicoulis, citernes, digues et monuments religieux, au besoin tout concourt à la sûreté du *clausum castrum*, que domine la grosse tour ronde bâtie par Talbot, chef-d'œuvre d'une élégante et énergique beauté.

Essayer de reconstituer aujourd'hui ce type ancien du génie de la guerre, de rétablir ces audacieuses et attrayantes constructions dans leurs sévères et prévoyants détails, et d'assigner avec certitude les emplacements et les dates, n'est pas l'œuvre d'un pygmée ; nous ne l'entreprendrons donc pas, laissant au lecteur indulgent et connaisseur le plaisir de consulter nos savants devanciers.

Bornons-nous à rappeler d'utiles souvenirs, à combler quelques lacunes, et à mettre en lumière certaines révélations de vieux parchemins restés jusqu'à ce jour dans l'obscurité, en tenant compte de ce que nous avons déjà pu dire à ce sujet dans les pages précédentes.

Vers 1210. — Un précieux document latin, extrait des inventaires des forteresses de Philippe Auguste par le savant administrateur général de la bibliothèque nationale, M. Léopold Delisle, nous fait connaître les munitions et provisions du château de Falaise à la date sus-indiquée :

« Quatuor Loriculæ, XIX Capelli ferri, V Galeæ duplices, V Vestariæ ferreæ, XX scuta, XXII targiæ, III Balistæ ad tornum et V ad estrif et VIII ad duos pedes, et VIII Balistæ ligneæ, et IV crois, et duo torni, et X^{m} quarelli ad duos pedes, et IV^{c} ad tornum, et XX^{m} ad estrevium, et VI carra, et Duæ petrariæ et duæ Manguenelli, et L paria cordarum et III modi et X sextaria frumenti, et V modii avenæ, et XL sextaria frumenti et XL sextaria et I quarterium ordei, et I tonel salis, et XI sextaria fabarum, et XX bacones, et XXXIII cazei anglici, et I costerez ferrorum equi, et III^{m} clavi, et V chaabla et XIV^{xx} pecias corde.

Vers 1340. — Payé à Colin Rupichon et Jean Hérault 18 sols pour trois douzaines d'ais employés en la salle du Tinel (salle basse), et en plusieurs autres lieux du châtel.

Payé à Macié la Cordière pour 2 cordes neuves destinées au puits, 6 sols.

Payé à Guillaume le Gravey XL sols pour avoir coupé LX *carretées* de bois en la forêt de Quennivet (Canivet) pour échauffer les cheminées du châtel, et 2 sols 6 deniers par chaque charretée rendue au château.

Payé à Guillaume le Butour et Châles du Veiz XL sols pour avoir fendu et mis en.... le bois apporté.

Acheté de Raoul Daguet XVI livres d'étain pour être employées ès gouttières du châtel, à raison de 22 deniers la livre.

Acheté du même 14 livres de ciment pour encimenter lesdites gouttières, moyennant 12 deniers la livre.

Gages d'un valet servant, 12 deniers par jour.

Acheté de Robert Voisin, moyennant 3 sols, 8 verges de fer mises ès fenêtres de la chapelle du châtel.

Accordé XL sols à Guillaume le Paulinel pour faire en tâche et par rabais :

Un dreceour (dressoir) pour la dépense (office) du vicomte, en la manière que autrefois y a été ;

Une chaëre toute neuve ;

Un huis tout neuf en la chambre dudit vicomte ;

Une petite fenêtre à 2 couples, et deux chevrons mis en une chambre près le vieil comptoir du vicomte ;

Pour réformer les sièges où ledit vicomte tient ses plaids ;

Et pour refaire le colombage du vieil comptoir.

Payé à Robert Malvoisin 4 sols pour 2 gonds et 2 vertevelles (anneaux de fer) mis en l'huis de la chambre au vicomte par devers le comptoir.

Payé audit Malvoisin 8 deniers pour avoir ressoudé et appareillé les anneaux de la chaîne du puits du châtel.

Acheté 1 picois pour la garnison.

Payé 3 sols à Pierre le Clavier pour 3 clefs, dont 2 mises en la salle du bailli, et une à la porte de sous la chapelle.

Payé audit Clavier 18 deniers pour une clef mise en l'huis de la chambre où sont les armures, et pour les gardes de la serrure.

2 sols au même pour une serrure mise en l'huis de la chambre où sont les arbalètes de la garnison du châtel ; XX deniers pour une serrure en l'huis dessus le *chellier* au vicomte ; 2 sols 6 deniers pour une autre serrure mise en la porte de vers le vivier, et une clef en celle de la barbacane ; 3 sols aussi pour une serrure en la tourelle couverte de tuiles.

Mis un *tauroil* (tourniquet) en l'huis de la chambre au vicomte, et appareillé celui de la porte sous la chapelle.

Payé 3 sols pour un loquet à 2 clefs et une barre de fer mis en l'huis jouxtant la chambre du vicomte.

Payé 3 sols 6 deniers pour 3 clefs à loquet mises en l'huis du vieil *comptoir*, et une petite clef mise ès armoires où l'on met les rouleaux des plaids.

XV deniers pour la serrure du *tiroir* où l'on met les haubergeons (cottes de maille).

6 deniers pour une clef à la porte derrière les près de la barbacane.

X sols à Guillaume le Paulinel pour nettoyer les gouttières du châtel et faciliter l'écoulement des eaux.

Payé à Troitesme pour 4 verges de draps dont on a couvert le *comptoir* du vicomte, trente-deux sols, y compris le petit clou dont on a bordé ledit comptoir.

1350. — Nicole Pommeraie et Richard de la Bruyère sont chargés, moyennant 100 livres, d'abattre et de refaire le pont de l'entrée du châtel qui menace ruine, d'élever une maison sur ce pont, et de fournir tous les matériaux nécessaires.

1385. — Payé à un charretier 49 sols tournois pour avoir apporté du bois de la forêt de Canivet au château pendant 3 jours 1/2 avec 5 chevaux.

1397. — Jehan Guillois reçoit 4 livres 11 sols 8 deniers pour avoir abattu à la Ferté-Macé des bois destinés au pont-levis de la barbacane du châtel ; et des scieurs de bois sont payés 100 sols tournois pour le plancher de ce pont.

1410. — Jehan Prunier, portier du château, reçoit 6 livres 6 sols 10 deniers.

1416. — Payé 18 livres 6 sols au charpentier Delaunay pour travaux au château.

De 1421 à..... — Construction de la merveilleuse tour ronde confiée par le général anglais Talbot aux soins du vicomte de F laise. Elle est reliée aux donjons carrés par un mur très épais dont l'exhaussement, aujourd'hui disparu et qu'il serait utile de refaire, empêchait l'ennemi de voir du dehors les manœuvres militaires et les allées et venues des hommes d'armes. On la divisa en quatre étages percés de meurtrières, et destinés à recevoir les défenseurs. Dans les planchers formés par des voûtes en pierres on ménagea au centre une ouverture correspondante qui devait servir à transmettre les ordres et à approvisionner chaque étage. Un escalier tournant pratiqué dans l'épaisse muraille facilitait l'accès de toutes les parties de l'imposant édifice.

Au-dessus de l'étage inférieur s'étend un sombre espace rempli de décombres et connu vulgairement sous le nom d'oubliettes. Les oubliettes datent du moyen âge. C'étaient, dit-on, de lugubres cachots d'où les prisonniers ne devaient plus sortir. L'imagination s'est donné carte blanche à ce sujet. On a prétendu que des criminels qui méritaient la mort étaient précipités de l'étage supérieur de la tour Talbot dans ce gouffre horrible où ils tombaient sur des pointes de fer qui déchiraient et mutilaient leurs membres.

Ces récits, variant au besoin et déjà transformés en tradition, pourront paraître un peu fantaisistes, jusqu'au jour où les oubliettes elles-mêmes, si le temps n'a pas encore accompli son œuvre de complète destruction, nous révèleront, après un minutieux déblaiement, le secret de leur origine et de leur mission.

Un puits d'une profondeur inconnue communiquait à chaque étage de la tour que surmontait un toit en tuiles.

Indépendamment de cette grosse tour de défense, Talbot fit aussi construire de vastes salles dont parlent avec éloge Moreri, Duchesne et l'abbé Expilly. Fort belles et ornées de peintures remarquables, elles étaient, dit le manuscrit de l'évêché de Séez, situées auprès d'un second puits creusé sur les remparts.

De son côté, un lieutenant de Talbot, Gérard Huyn, fit élever un pont sur l'étang à peu de distance de l'hospice de Jean Tartare que le roi d'Angleterre, Henri V, venait de lui donner. Ce pont conserva son nom. Le nom de Tartare est aussi resté à un aqueduc qui en traversant le Grand Cours et les Barcaignes conduit les eaux de l'hospice actuel à la rivière d'Ante.

1422. — Des ouvriers employés aux divers travaux ci-dessus donnent quittance au tabellion Jean Roussel de sommes reçues pour leur salaire.

1427. — Jehan Besseray reçoit seize livres douze sols tournois pour avoir charroyé le merrain de la grosse tour du donjon de Falaise, savoir : 9 livres 12 sols pour voiture et charroyage du merrain et d'une tâche de couverture, et 7 livres pour la voiture et charge de vingt charretées de merrain amenées du bois de Basoches. Chaque charretée au prix de 5 sols tournois, et 40 sols pour 16 journées d'un homme, chaque journée étant de 2 sols 6 deniers.

Paiement d'une somme due pour 76 livres de fer, gonds et réparations aux huis de la citadelle.

1430. — Jehan Fouasse donne quittance au vicomte Girard d'Esquay d'une somme à lui due pour avoir bûché et chargé dans la forêt de Canivet, 123 charrettes de bois destiné au château.

1440. — Le 3 juin, aux assises de Falaise, Philippe Lecloutier, lieutenant de Richard Harrington, bailli de Caen, adjuge à Jean Chevalier, maçon, les travaux de réparations d'un gros mur de la forteresse, vers le grand étang, entre la tour du Four et les deux tours.

Le 14 septembre de la même année, ledit Jean Chevalier donne quittance au vicomte Guillaume Plompton, devant le tabellion Jean Roussel, de 200 livres tournois, pour travaux par lui faits au gros mur dont il est ci-dessus parlé.

1449. — Le sieur Eudes fournit des palis.

Johan Huet et Guillaume Girard, son valet, charpentier, placent un nouveau palis près de la porte des Cordeliers.

Thibault, Catherine, maçon, répare les tours.

Robin Cesny, serrurier, s'occupe des canons des tours et des portes.

Robin Freslon et Jacques Duval, couvreurs de tuiles, fournissent tuiles et lattes, et couvrent la grande maison sur la porte de Bocey, les maisons d'auprès la porte du Château, la haute maison de la porte Mauduit, celle des Cordeliers, et travaillent à une construction nouvellement faite entre le château et la tour au Besnier, ainsi qu'à celle près de l'hôtel de Jehan de Boons.

On cite les charpentiers Pierre Duval, Jehan Biart, Etienne Castillon et Girot Sorel.

Jehan Fouasse, marchand de bois.

Etienne Marie, guetteur de jour en la tour St-Gervais.

Jehan Carré, Thomas Davois et Perrin Hurel, travaillent à asseoir les canons de la ville.

45 pieds de palis pour la défense de la ville sont placés près de la porte aux Frères.

Thomas Desrotours et son valet apportent dans un banel attelé de deux chevaux, du sablon de la porte Mauduit (mauvais chemin), à la porte de Bocey (ce mot est aussi écrit Bossy).

Girot Sorel, de Basoches, vend du bois de chêne pour le nouveau boulevard de la porte de Bocey.

Johan Saalles fournit 10 tonneaux de chaux.

Guillaume Mouton et Jehan Largesse, fléchiers, ferrent et empennent un certain nombre de traits pour arbalètes qui étaient déposés dans un coffre à l'Hôtel-Dieu.

Perrot Bonvoisin et Johan Graignet, charpentiers.

L'abbé de Saint-Jean livre trois banneaux de chaux et 18 de sable.

Guillot Delacour, Guillot Potier, Jacques Pichon, Jean Legastelier, Louis Lequen, Jean Leprieur et autres, servent les maçons.

Nicolas Lepeltier et Jean Regnault, son valet, fournissent bois et merrain pour être employés à la porte nouvellement faite au boulevard de la porte aux Cordeliers.

Perrin Doulle, boursier, fournit 18 sacs, grands et moyens, pour mettre les poudres à canon délivrées aux capitaines qui ont des canons en la ville ; et 4 autres sacs plus grands, dont l'un fut laissé au maréchal pour la porte Lecomte ; le second à Richard Courssuin pour la porte aux Frères ; le troisième à James Abandon pour la porte Mauduit, et le quatrième pour mettre de la poudre de souffre destinée à rafraichir les poudres à canon de la place. Le canon de la porte aux Frères portait le nom de Courssuin.

Robin Truchement, maçon, vend 112 pierres à canon de plusieurs sortes.

Le canonnier Cowenstry et deux hommes de sa compagnie reçoivent 48 sols et 9 deniers, pour avoir réchauffé 2 barils ou rondelles et une demi coudelle de poudre à canon, et y avoir mis du souffre et salpêtre sortant des magasins de la ville. Cette poudre fut passée et pilée de nouveau et mise au four dans *un grand pot* pour être encore réchauffée.

Colin Doubley, Jean Malherbe et Michel Olivier, terrassiers, font une terrasse sur une des tours de la porte de Bocey.

La poudre est déposée à l'Hôtel-Dieu, dans une chambre basse où le feu prend.

Jean Leseigneur livre des fournitures destinées à la grosse tour de la porte de Bocey, et au canon de la tour Grimoult.

Jean Moisson, tuilier, livre des tuiles pour la réparation de la tour Bertin, et pour les maisons nouvellement faites au boulevard de la porte de Bocey.

Thibault Catherine et ses gens font une ouverture en la chaussée du vivier voisin près la porte de Bocey, afin d'avoir entre les deux portes, de l'eau du dit vivier par un conduit de plomb qu'ils recouvrent. Ils fournissent également chaux et sable pour relever un gros mur tombé récemment près la porte aux Frères, devant leur petit cimetière.

Jean Chevalier, estamier, met une canelle au conduit de plomb ci-dessus, ce qui fait sans doute donner à un pré voisin le nom de pré de la *Quenelle*.

Johan Germont vend 4 douzaines et demie de viretons pour la garnison.

Collin Lesellier et Michel de Saint-Gilles fournissent du pain blanc et 272 pots de cidre, pour être distribués aux charpentiers, maçons et manœuvres, venus *besoigner* en la ville, pour les fortifications et réparations d'icelle.

James Barbe enlève les vidanges sous le pont-levis près la porte du châtel.

Jehan Gauche transporte du château 2 canons dans la ville.

3 charretiers de Bonœil, Saint-Pierre-du-Bû et Fourneaux apportent des pièces de bois de devant les halles, en l'hôtel de Périn Duval, qui fait les sièges des canons.

Colin Lemonnier relie un baril de poudre à la porte Lecomte.

Robin du Boislibout et Girot Hébert vont à Saint-Pierre-du-Bû, à Vanembras et à la Vallée, chercher Regnault Delavigne, Jean Leroux et Colin Pierre, charpentiers, pour réparer les moulins de la ville.

Jean Lambert fauche les herbes, près le jardin de la colline, et Thomas Lepicard, celles du vivier voisin.

Les poudres sont portées à l'hôtel Taupin. Des canonniers les passent, et reçoivent pour ce travail un pot de cidre, 4 pains, et un balai pour nétoyer la chambre.

Une gouttière est mise à la porte de Bocey.

Achèvement d'un grand fossé près de la porte du château, par devers le vivier voisin.

Un colombier est établi en la chambre sur la porte du château.

Jean Lenormand et Jean Lebarbier fauchent les

herbes, orties et chardons, depuis la porte des Cordeliers jusqu'à celle de Bocey.

Michel Legros livre un millier de fûts de traits d'arbalète, que ferre Jehan la Vitesse.

Raoullin Alexandre, canonnier.

Vincent Moutier fournit mille têtes de viretons.

Le maçon Thibault-Catherine fait une grande fenêtre à la porte Lecomte.

Les tours Anquetil et Acqueville sont défendus par les capitaines Robin Thomas et Guillaume Vauquelin.

Johan Besnard, autre capitaine d'une tour.

Il y a deux canons à la porte Lecomte.

Chaussée établie entre la porte de Bocey et la tour Vaudin, près le vivier voisin.

Fraslin Durocher est capitaine de la tour Verboys. Jehan Delahaye et Jehan de Bons, capitaines de la tour Huet-Luce.

Un canon est placé à la porte du Val d'Ante.

On cite à cette époque (1449), le nom de plusieurs tours qui défendaient la ville.

La tour Guérard le Goullu.
— au Rebêtre, avec un canon.
— Clérice.
— près la porte Lecomte.
— Catherine de Saint-Evroult.
— Thomas de la Baille.
— Hermeu le Bec ou le Bel.
— la blonde Fouquil.
— Abot (1 canon).
— Anquetil (1 canon).
— Maillet ou Maillot (1 canon).
— Bertin (1 canon).
— au Porchier (1 canon).
— Acqueville.
— au Brun.

La tour Guy Lefoulon (1 canon), neuve.
— au Parisien.
— Huet-Luce.
— Verboys.
— Girard Gautier.
— Vaudin.
— Davoys.
— Grimoult.
— Coinctet.
— Monnet ou Moynet (1 canon).
— Pierre de la Pierre.
— au Tenneur (2 canons).
Et le caboret Macé Dubysson.

1452. — Thomine, maître des œuvres du roi de France, et le peintre Jehan Vavasseur, reçoivent chacun du vicomte de Falaise 60 sols tournois, pour aider à enlever et abattre les armes du roi d'Angleterre qui étaient enluminées en un écusson dessus la porte d'entrée du châtel, et les avoir remplacées par les pleines armes de France, enluminées en un écusson.

1464. — D'après les comptes du receveur de la ville, Etienne Harson, le sieur Lancelot de Honcourt, lieutenant du capitaine de Falaise, Antoine de Châteauneuf, ayant appris que des bruits de guerre circulaient, ordonne aux bourgeois de mettre leurs portes en bon état de défense, et fait entreprendre divers travaux, dont nous citons les suivants :

Curage par Raoullin Pion et Jehan Paris de l'étang près le château, qui était rempli de terres éboulées empêchant le cours de l'eau à travers la ville ;

Simon Robin et Jehan Beaufils enlèvent des

immondices à la porte des Cordeliers et autres endroits ;

Jehan Biart et Thomas Morin, charpentiers, et le manœuvre Guillot le Porchier, réparent des crevasses et des ouvertures faites par la *vieillesse*, aux ponts des portes de Bocey et Lecointe, les bourgeois n'osant plus y faire passer les chevaux. Le pont de la porte Lecomte avait 47 pieds de large et 37 pieds de long ;

Travaux à la porte du guichet du Val d'Ante, que l'on ne pouvait ni ouvrir ni fermer ;

Ouverture d'un huis au mur du boulevard de la porte aux Frères, sous la tour Saint-Evroult, pour *yssir* sur les fossés devers la porte du Guichet ;

Etablissement de guérites closes et couvertes à la tour pavée et sur la porte du Guichet, pour y faire le guet de nuit ;

Entretien des loges des portiers à chaque porte de la ville ;

Pose de ferrures aux portes, par Jacques Lelaurent, serrurier, avec fourniture d'une clef pour le coffre de l'Hôtel-Dieu.

Dans le courant de cette année, Falaise reçoit la visite de son ancien vicomte, Guillaume Lachère, devenu lieutenant général du bailli d'Evreux ; il est chargé de se rendre compte de l'état de l'artillerie, des canons et des couleuvrines.

1481-1482. — Devant Gervais Thiévin et Guillaume Troterel, tabellions à Falaise, sont présents : Colin Mouchet, carrier, de la paroisse d'Aubigny, et Jean Lepetit, charretier, de la paroisse de Saint-Laurent, près Falaise,

Lesquels reçoivent du vicomte de Falaise, par les mains de Jean Vauquelin, écuyer, son lieutenant général, la somme de 114 sols tournois à eux due, comme suit :

A Mouchet, 24 sols tournois, pour 49 charretées de pierre neuve prise en la carrière d'Aubigny, lesquelles aux prix de 6 deniers tournois pour chaque charrette, forment ladite somme de 24 sols tournois ;

Et audit Lepetit, 4 livres 9 sols 6 deniers tournois pour la voiture et charroyage desdites 49 charretées de pierre qui, au prix de 22 deniers pour chacune, rendue au château de Falaise, valent la somme de 114 sols tournois ;

Laquelle pierre mise et employée ès œuvres et réparations faites en la grande salle du château.

Mouchet et Lepetit donnent quittance en présence de Colin Hache, maître des œuvres et réparations pour le roi en la vicomté.

Monseigneur de Saint-Pierre, alors capitaine de Falaise.

14 mai 1482. — Devant Jehan Lebroutier, se présente Jehan Poitevin, maçon, demeurant à Guibray, se faisant fort de Girard Lefoulon, Jehan Toustain, maçons, et Aubin Levessé et Jehan Hèche, dit Hugault, manœuvres,

Lequel Poitevin reçoit de Jehan Vauquelin 27 livres 5 sols tournois, dus auxdits maçons et manœuvres, pour 147 journées et demie employées aux réparations du château aux endroits ci-après désignés, c'est à savoir :

Pour avoir abattu le mur de devant la porte du donjon d'icelui châtel à l'endroit de la voûte, et avoir refait cette voûte ;

Avoir remis les *litées* et refait l'avant mur de dessus icelle porte et voulte ;

Avoir abattu et rompu le mur en la grande salle d'icelui châtel ;

Avoir assis et fait une demi croisée en icelle

salle ; laquelle demi croisée porte de hauteur 11 pieds environ, et 2 pieds et demi de large ;

Avoir fait en ladite salle, une croisée semblablement de taille de Carrel de la hauteur de la demi croisée ; avoir construit un mur tout neuf de 9 pieds de haut et 13 de large à une *défense* qui est près de ladite grande salle devers le courtil ou jardin, lequel mur a été mis au lieu et place d'un colombier de bois qui était pourri de *canes* (moisissures) ;

Et enfin avoir rembâsé et maçonné dessous une sole neuve mise à la tour d'auprès la maison de Carpenterie ; laquelle sole a 22 pieds de long.

(La journée de maçon était de 3 sols 4 deniers tournois).

1589-1590 et années suivantes. — Après le siège de Falaise par Henri IV, les fortifications cessèrent peu à peu d'être entretenues ; les fossés et étangs se comblèrent et se desséchèrent successivement, et les habitants, en présence de cet abandon, réussirent insensiblement à s'emparer de partie de ces murailles et de ces terrains restés sans mission, et les transformèrent en terrasses et jardins. Aussi, ne fit-on aucune difficulté pour donner aux capucins, lors de la fondation de leur couvent, tout l'emplacement qu'ils sollicitèrent. L'autorité ne déposséda personne, mais une ordonnance de l'intendant d'Alençon obligea chacun à entretenir les murs en bon état de réparations, à ses frais.

Un arrêt décharge les ducs de Guise et de Mayenne, engagistes des domaines de Bayeux, Caen et Falaise, des réparations à faire au château moyennant une somme de 300 livres.

Requête de la duchesse de Nemours et de Chartres, aussi engagiste, pour être également déchargée desdites réparations, et pour que défense soit faite à M. de Douxmarais, lieutenant du capitaine-gouverneur, Jacques de Montmorency, d'user à ce sujet d'aucune contrainte contre ses receveurs et fermiers.

Procès-verbal de travaux à faire au château, dressé par M. de Bernières, trésorier général des finances à Caen.

—

Les faubourgs de la Roche, du Val d'Ante, des Maisons Blanches et de Saint-Laurent, se développent sur l'emplacement des fossés.

1613. — M. de Douxmarais demande des réparations.

1617. — Josué Gondouin, maître voyer et visiteur des édifices publics du bailliage de Caen, établit aussi un état de lieux.

—

Requête du marquis de Beuvron et de la Motte-Harcourt, capitaine de 100 hommes d'ordonnance du roi, gouverneur des ville et château de Falaise, pour faire procéder à l'adjudication des travaux à exécuter aux maisons habitables de l'enceinte du château, lesquels travaux sont estimés à 2,300 livres par le maître-voyer ;

Publications à cet effet à l'issue des messes de Saint-Gervais et de la Trinité par Marguerite, sergent royal en la vicomté, et ensuite acceptation par le sieur Collet, lieutenant général du vicomte, du rabais de 100 livres, proposé par le sieur Herpeney, sur les réparations en question.

—

On sait que malgré l'abandon de la tour et des deux donjons, les gouverneurs continuèrent néanmoins de résider avec leur famille dans l'enceinte du château. Les bâtiments du vieux collège dont nous regrettons la démolition récente, et la jolie chapelle du château, presque sacrifiée, restèrent affectés à l'habitation du gouverneur, au logement des gens de guerre, au culte religieux, et à tous autres usages de circonstance. Ces constructions scolaires encore solides, rappelant de si précieux souvenirs, et qui depuis 1802, après le cliquetis des armes, avaient entendu la voix éloquente de professeurs éminents, et vu sortir de leur sein tant d'élèves distingués, n'ont pas trouvé grâce devant le luxe irréfléchi de notre époque, et sont tombées sous la pioche inconsciente de vulgaires démolisseurs.

Peut-être sommes-nous dans l'erreur ; mais il semble que de simples réparations bien comprises eussent pu nous conserver ces intéressants débris d'un glorieux passé, et ménager aussi les ressources des contribuables sans porter préjudice au développement de l'instruction.

Au commencemt du XVIIIe siècle, M. le comte d'Aubigny fait de grandes améliorations dans ses appartements.

1738. — Le vicomte-maire Nicolas de Sainte-Marie, assisté de Jacques-Théodore Lecomte, greffier, de Pierre Bourcier, architecte, et de Marc-Antoine Delaunay, visitent les murs, tours et portes de la ville, et constatent que des réparations sont indispensables.

—

Correspondance de l'intendant de Lévignen avec les contrôleurs généraux des finances Orry et de Moras, au sujet d'une demande en concession de partie des murs de la ville pour en réduire la hauteur, et du don de terrains vagues fait par le roi.

1757. — Le 6 novembre, les lieutenants, échevins et officiers municipaux, en vertu d'une autorisation du conseil, en date du 30 octobre 1727, fieffent une portion des remparts de la ville à Madame Elisabeth de Seran, veuve de Jacques du Buisson, seigneur de Longpré, ainsi que les terrasses et jardins situés derrière son hôtel de la paroisse Trinité, mais à la condition que cette dame maintiendra les murs à leur hauteur, et qu'elle n'y fera aucune porte ni ouverture.

—

M. d'Aubigny demande la concession des murailles du château et d'une maison nommée Saint-Adrien.

Demandes en permission de bâtir sur les murs.

—

Le troisième étage du grand donjon est abattu.

—

Demande en concession d'une partie de la chapelle du château pour la démolir (triste pensée !)

1775. — Le pré qui vers 1700 avait remplacé un des étangs sert à l'établissement du Grand Cours. De ces étangs de défense il ne reste aujourd'hui que l'abreuvoir.

1780. — Construction de la maison du portier de M. d'Aubigny.

—

M. d'Aubigny demande une clôture pour remplacer la porte démolie pour la construction de l'Hôtel de Ville.

—

Un certain nombre de boulets sont découverts dans les fossés du château.

—

Digues et écluses rompues depuis longtemps.

L'une s'étendait du pied de la tour Talbot au pied de la chaîne de rochers vers lesquels il en reste encore une partie, formant élévation, et qui a conservé le nom de digue.

1790. — Le 2 novembre, l'administration, avec la regrettable pensée de démolition et de vente les matériaux, désigne les sieurs Antoine Crespin et Philippe Guérin pour dresser un procès-verbal estimatif du château, maison, cours, jardins et fossés en dépendant.

Les experts, après avoir prêté serment devant M. Boscher, lieutenant général du bailliage, se rendirent au château le 8 du même mois, et informèrent Mme d'Aubigny de la mission dont ils étaient chargés. Puis, ils procédèrent à l'examen des lieux, et déclarèrent que le travail de démolition des donjons et de la tour Talbot coûterait plus que les matériaux en provenant, et qu'il y avait intérêt pour le gouvernement à laisser les choses dans l'état où elles étaient.

Cet avis fut suivi, et le grandiose monument échappa ainsi au danger qu'il avait sérieusement couru.

1795. — Le vieux château est utilisé comme magasin public.

Nous ne nous étendrons pas davantage sur ce sujet ; disons seulement en passant un mot des souterrains, avant de clore notre modeste travail, par une description succincte de l'aspect général de notre vieille enceinte fortifiée.

Les souterrains forment la partie la moins connue de notre système de défense ; mais cette partie ne doit pas être la moins intéressante. Ces chemins voûtés et couverts, établis probablement en même temps que nos rues, et mettant la forteresse principale en communication avec les tours, les portes, les moulins, certaines maisons particulières, et même les fossés et la campagne par des poternes et des issues mystérieusement ménagées, étaient d'un grand secours en temps de guerre, et permettaient, entre autres avantages, de brusques et efficaces sorties contre l'ennemi.

Le hasard a fait constater leur existence sous la rue du Camp-Ferme, sous les rues Basse et des Capucins, à la porte Lecomte, sous la grande terrasse du château, etc., etc.

Quand on élargit la ruelle du vieux marché Saint-Gervais (rue d'Argentan), on découvrit un souterrain, venant de la porte Marescot, traversant le marché et se rendant à la porte des Cordeliers où il formait carrefour avec le chemin couvert de la rue du Camp-Ferme.

Il est regrettable que, lorsque des crevasses se sont produites dans nos rues, indiquant l'existence d'un souterrain, on se soit trouvé obligé de combler le vide en entassant des matériaux jusqu'au niveau du sol. Il eût été à souhaiter qu'on eût pu rétablir la voûte, à chaque place mise à jour, pour ne pas intercepter une circulation souterraine, qui, en admettant qu'elle fût encore possible, nous eût permis de visiter et d'entretenir ces énigmatiques retraites de nos ancêtres.

ASPECT GÉNÉRAL DE L'ANCIEN FALAISE

En tête de la ville, au-dessus du précipice de Gouffern, et faisant face au mont Mirat, se dresse sur un roc la citadelle, agrandie et restaurée à diverses époques, et défendue par de hautes murailles, des escarpements naturels, des tours, des portes avec leurs herses en fer, des ponts-levis, des fossés, des étangs et des glacis.

A la suite, vers la Roche et le Val d'Ante, s'étend avec ses tours, de distance en distance, un rempart sur lequel on rencontre d'abord les prisons royales signalées dès 1413.

L'église des templiers où l'Echiquier tint quelques-unes de ses assises, où eurent lieu également les audiences de l'Election et du grenier à sel, et où se refugièrent probablement pendant les troubles du XIVe siècle les religieux de Saint-André, (c'est l'imprimerie actuelle du *Journal de Falaise*).

A côté, la porte du Guichet, dite aussi du Val d'Ante, Saint-Martin et Philippe-Jean.

Cette porte, faisant face au Val d'Ante, était défendue par une double porte et un cavalier. Une inscription trouvée le 31 juillet 1866 sur l'un des piliers de l'édifice, rappelle la date (1740) de sa dernière reconstruction ou restauration ainsi que les noms des personnes qui s'intéressèrent à ce travail :

MM. Nicolas de Sainte-Marie, vicomte-maire, Hébert de Garencières, lieutenant général, de Cotival et Thomas de la Barberie, échevins.

Les archives de la ville nous apprennent que ce passage fut alors élargi, que la pierre d'Aubigny fut employée, et que la porte neuve en bois de chêne fut percée d'un guichet.

En 1753 le portier était Jean-François Leplantis. De l'autre côté de la porte du Val d'Ante s'élevait séparée de leur église, la maison des templiers; plus bas celles des sœurs grises et des religieux de Saint-Evroult; puis le premier établissement des Ursulines, fondé en 1622, et la porte des Cordeliers, dite aussi Ogise et Ogier. Cette double porte, précédée de son cavalier, fut bâtie, dit-on, par Ogier-le-Danois que le duc Rollon avait nommé gouverneur de Falaise. Elle était flanquée d'une belle tour, appelée tour Raoul, du nom de Raoul, frère du maire de Falaise, Pierre du Pont-d'Ouilly.

Vers 1250 les religieux cordeliers ou frères mineurs vinrent fonder leur monastère auprès de la porte Ogier qui prit alors le nom de porte des Cordeliers.

Elle ouvrait sur la rue des Herforts et dominait le quartier des Maisons Blanches. Jacques-Alexandre Loriot en était gardien en 1753.

A la suite de la porte Ogier, sur l'emplacement appelé quartier de réserve, s'élevaient le manoir ducal et le couvent des cordeliers avec l'église, le cimetière, les jardins et un colombier. Dans ces diverses dépendances l'Echiquier tint aussi ses séances, et le prétoir s'y installa après le siège de Falaise par Henri IV.

Ce quartier de réserve était protégé d'un côté, comme nous venons de le voir, par la porte des Cordeliers, et de l'autre par une imposante construction, dite l'hôtel fort de la Falaise, qui se dressait entre la chapelle ducale ou église Saint-Gervais et le vallon du Moulin-Hélie. Cette forteresse fut démolie par ordre du roi d'Angleterre, Henri V.

De là, en suivant toujours la muraille depuis le château, nous arrivons à la porte Lecomte ou d'Enfer, qui domine le faubourg Saint-Laurent.

Le manuscrit de l'évêché de Séez dit positivement que le comte Robert, père de Guillaume-le-Conquérant, après s'être emparé de Falaise, fit construire cette porte sur laquelle existait autrefois une statue rappelant son image. Au dernier siècle on voyait encore une statue représentant un homme vêtu d'une robe, et ayant une épée au côté.

La porte Lecomte, flanquée de tours dont l'une avait environ 50 pieds de hauteur, était sans contredit la plus belle et la plus forte de la ville. Sur cette porte régnaient des chambres qui communiquaient avec les tours, dans l'intérieur desquelles serpentaient des escaliers correspondant à chaque étage. Les murs de ces tours dont les rapports s'établissaient par des galeries que dissimulaient des pans de maçonnerie, avaient de 7 à 8 pieds d'épaisseur. Les bois de construction étaient en châtaignier. Du haut de ces tours les signaux d'avertissement étaient faciles avec le château que l'on découvrait parfaitement.

A peu de distance et vers le faubourg une autre clôture ainsi que les écluses de la vallée concouraient à la défense de la porte Lecomte dans laquelle on a trouvé quelques boulets en pierre.

La porte Lecomte fut fieffée en 1703 au sieur Beuzelin, architecte de la ville, moyennant 40 sols de rente ; puis on la fit abattre en 1776 pour élargir le passage de la route de Caen et de Lisieux qui suivait alors cette ligne à travers le faubourg Saint-Laurent. Ce fut une regrettable précipitation ; car le projet changea, et le tracé de la route actuelle fut adopté par l'administration qui fit une ouverture dans le cadre du vieux marché Saint-Gervais, et poursuivit et acheva son œuvre de ce côté en coupant une dépendance des Cordeliers.

L'aspect actuel de la porte du Guichet, de celle des Cordeliers, avec sa tour et son grand escalier, et les ruines encore plus éloquentes de la porte Lecomte peuvent nous donner une idée du génie constructeur de nos ancêtres.

L'une des tours de la porte Lecomte fut démolie en 1834 ; celle qui nous reste, sauf l'étage supérieur qui a disparu, offre assez d'intérêt et rappelle trop de souvenirs pour que nos édiles puissent songer à nous en priver.

Les autres portes de la ville ont entièrement disparu.

De la porte Lecomte, dont Michel Liard était portier en 1753, revenons maintenant vers le château fort, mais en suivant le mur d'enceinte opposé à celui que nous venons de suivre, c'est-à-dire le rempart faisant face au parc de la Fresnaye, aux champs Saint-Michel et aux jardins de la Fleurière.

Nous rencontrons sur cette ligne l'établissement des grandes écoles que remplaça le couvent des Capucins.

A l'extrémité de la rue à laquelle ces religieux ont donné leur nom, s'élevait entre cette rue et la rue Basse, faisant face intérieurement à la ruelle du vieux marché Saint-Gervais et extérieurement au chemin dit de Sainte-Honorine, qui passait devant le château de la Fresnaye et conduisait à Guibray, s'élevait, disons-nous, la porte de la Tuilerie, Marescot ou Mauduit.

Le nom de la *Tuilerie* qu'elle portait en 1405, vient d'une pièce de terre appartenant aux religieux de Saint-Jean qui l'exploitaient pour la fabrication de la tuile ; la gare et le jardin public sont établis sur l'emplacement de ce champ, dit aussi de la Tuilerie, ce qui permettrait de donner à notre belle promenade publique le nom de *jardin des Tuileries*.

Le nom de *Mauduit* attaché aussi à cette porte indique peut-être un mauvais chemin ou le souvenir d'un capitaine ou d'un gardien.

Enfin celui de *Marescot* rappelle un abbé de Saint-Jean en 1623.

Une statue de la Vierge donnée par Jacques Fouasse, figurait anciennement sur cette porte dont James Abandon, écuyer, commandant la place de Gacé, devint capitaine en 1426. Le sieur Lormelet en était portier en 1753.

Un pont-levis et un cavalier la défendaient.

Au-dessous de cette porte se trouvait une glacière qui, dès 1759, était en très mauvais état. La ville la céda plus tard à son maire, M. Brunet de Mannetot, à la charge de l'entretenir.

Dès 1778, le fossé de la porte Marescot était comblé, et la route d'Argentan achevée depuis la rue des Capucins jusqu'au haut de l'abbaye de Saint-Jean.

Enfin en 1779 la porte elle-même fut abattue entièrement, et remplacée par une barrière que la municipalité fit rapprocher de la ville en 1782.

De la porte Marescot, longeant toujours la même muraille, nous arrivons à la porte de Bocey qui emprunte peut-être son nom à un abbé de Saint-Jean, en 1252. On l'appela plus tard porte de Guibray.

A cet endroit la ville était défendue par deux

portes. La première, dans la ligne d'enceinte, vers l'Hôtel-Dieu, était reliée à la seconde par une chaussée connue sous le nom de boulevard de la Bastille de Bocey ; la deuxième s'élevait à l'extrémité du boulevard, aux angles des chemins du Champ-Saint-Michel et du Val Buquet. Une grosse tour élevée entre ces deux portes, à gauche en venant de Guibray pour entrer en ville, en défendait l'approche, avec les fossés et les viviers *Voisin* et de la *Boucherie*, creusés de chaque côté du boulevard. L'une de ces profondeurs s'appelait *la fosse de la Bastille.*

Après le siège de Falaise par Henri IV, la deuxième porte de Bocey fut avec la grosse tour fieffée par l'administration municipale, et transformée en une hôtellerie à laquelle le sombre manteau des siècles fit donner le nom de *Tour Grise*, nom que son emplacement et le quartier portent encore aujourd'hui. Toutefois, il fut convenu qu'en cas de guerre cette vieille fortification serait laissée à disposition pour la défense commune.

En 1776 un mémoire fut rédigé sur la nécessité d'en faire abattre l'arcade sous laquelle passait le chemin actuel de Falaise à Guibray, et qui menaçant ruine depuis longtemps, effrayait la population. Le sieur Beaudoin, propriétaire de l'auberge, reçut l'ordre de la démolir ; mais il n'en fit rien, et les échevins se virent obligés de faire exhausser les chaussées voisines pour que les voitures ne puissent plus circuler sous l'arcade qu'on se décida à faire disparaître en 1778.

Quant à la première porte de Bocey ou de Guibray vers la ville, porte dont les années avaient aussi sapé les fondements, elle fut démolie au commencement du XVIIIe siècle et reconstruite en 1747 avec les armes royales d'un côté et celles de la ville de l'autre. Jacques Chauvin en devint portier en 1753.

La révolution de 89 a fait disparaître également cette reconstruction.

Nous arrivons enfin à la sixième et dernière porte fortifiée, dite porte du Château et de Bretagne.

Elevée avec son cavalier au pied des remparts du Château Fort, aux angles du jardin de l'Hôtel de Ville et du chemin de la Trigale, elle faisait face aux étangs transformés aujourd'hui en promenade appelée le Grand Cours et que traverse la route de Bretagne.

Le sieur Ségouin en était portier en 1753.

Cette porte fut abattue en 1779, et remplacée la même année par une barrière, à la demande de M. le gouverneur d'Aubigny.

Les vieux titres, et entre autres ceux du xve siècle parlent d'une porte dite *aux Frères*. Ainsi, en 1449, nous rencontrons le document suivant : *Ouverture d'un huis au mur du boulevard de la porte aux Frères sous la tour Saint-Evroult, pour yssir sur les fossés devers la porte du Guichet*.

Cette porte aux Frères nous paraît être la même que celle des Cordeliers, d'autant plus que les religieux voisins portaient la double désignation de Cordeliers et de *Frères Mineurs*, et que Falaise, à la connaissance de tous, n'a jamais eu que six portes

C'est donc à tort que l'ouverture pratiquée dans le marché Saint-Gervais pour le passage de la route de Caen a été considérée comme étant une sœur de celles que nous venons de décrire. Une simple barrière lui servit momentanément de clôture.

Le percement de la rue de Caen eut lieu vers 1779, et entraîna la démolition de l'auberge Saint-Christophe qui faisait face au marché, et le bouleversement du jardin des Cordeliers qui se trouva ainsi séparé en deux parties. L'auberge fut reconstruite un peu plus bas et prit le nom d'hôtel du Grand Cerf.

L'établissement du pont de la chaussée à la suite de cette rue eut lieu vers la même époque ; il sépare le Moulin-Hélie du quartier des Maisons-Blanches et relie la ville à la route de Caen qui, achevée en 1748, depuis Caen jusqu'au hameau de Hautmesnil, vers Cintheaux, et continuée en 1768, depuis ce hameau jusqu'à Pôtigny, arrivait aux murs de Falaise en 1779.

La rue de Caen prit d'abord le nom de rue d'Aubigny qu'elle échangea en 1786 contre celui de *Louis XVI*, à l'occasion du passage du roi.

Le nom de *Louis XVI* pourrait lui être rendu depuis le marché jusqu'au pont de la chaussée ; et à partir de ce pont jusqu'au bas de la côte, la route devrait recevoir la dénomination de *boulevard comte d'Aubigny*, en mémoire des services rendus à notre localité par le comte Marc-Antoine de Morell d'Aubigny pendant les crises les plus douloureuses de la révolution.

www.ingramcontent.com/pod-product-compliance
Ingram Content Group UK Ltd.
Pitfield, Milton Keynes, MK11 3LW, UK
UKHW022050260726
13993UKWH00001B/27

9 782019 954802